本书受国家自然科学基金面上项目(71372016,71672009)、教部博士点基金项目(20131101110053)、北京理工大学"双一流"导专项经费资助,特此致谢!

XBRL 应用
与公司治理研究

RESEARCH ON THE ASSOCIATION BETWEEN XBRL IMPLEMENTATION AND CORPORATE GOVERNANC

陈宋生 严文龙◎著

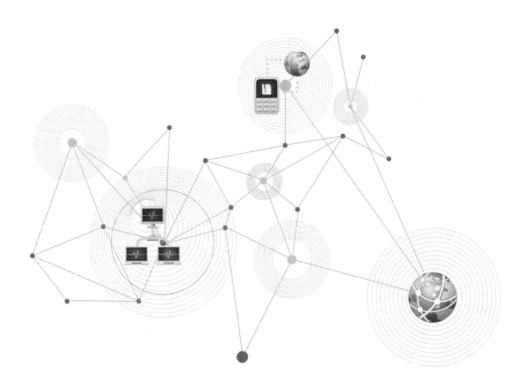

经济管理出版社
ECONOMY & MANAGEMENT PUBLISHING HOUSE

图书在版编目（CIP）数据

XBRL 应用与公司治理研究/陈宋生，严文龙著 . —北京：经济管理出版社，2017. 10

ISBN 978-7-5096-5451-4

Ⅰ. ①X⋯　Ⅱ. ①陈⋯②严⋯　Ⅲ. ①可扩充语言—应用—公司—企业管理–研究

Ⅳ. ①F276. 6–39

中国版本图书馆 CIP 数据核字（2017）第 261111 号

组稿编辑：张　艳

责任编辑：赵喜勤　张莉琼

责任印制：黄章平

责任校对：陈　颖

出版发行：经济管理出版社

　　　　　（北京市海淀区北蜂窝 8 号中雅大厦 A 座 11 层　100038）

网　　　址：www. E-mp. com. cn

电　　　话：（010）51915602

印　　　刷：三河市延风印装有限公司

经　　　销：新华书店

开　　　本：720mm×1000mm /16

印　　　张：17. 5

字　　　数：287 千字

版　　　次：2017 年 10 月第 1 版　　2017 年 10 月第 1 次印刷

书　　　号：ISBN 978-7-5096-5451-4

定　　　价：59. 00 元

前　言

老制度经济学派经济学家汉密尔顿指出，人类在某一领域中探索的进展常常与其他领域中的进展是互补的，如果某一领域中的突破是划时代的，它就会对许多其他领域中人类的思维习惯产生深远的影响。可扩展商业报告语言（XBRL）、人工智能、区块链、物联网、大数据、云计算、虚拟现实和增强现实（VR 和 AR）、量子计算、云端计算和社交网络等信息技术在企业管理中的应用，被看作是具有广泛应用前景和重要影响的基础性技术变革，这些新技术已经也必将深刻地影响企业的管理思想，还将波及企业之外其他许多领域，并对其思维习惯产生深远影响。

20 世纪 30 年代以前人们为了不影响生产，常常多备库存，占用过多流动资金，为此采用再订货点法，只考虑单个物料，没有考虑物料之间的比率关系。20 世纪 60 年代美国库存协会正式提出物资需求计划（Material Requirement Planning，MRP）。闭环的物资需求计划考虑了需求与能力，基本上解决了生产混乱问题，但是不知道生产出来的产品是否盈利。80 年代末，人们又将生产活动中的主要环节销售、财务、成本、工程技术等与闭环 MRP集成为一个系统，成为管理整个企业的一种综合性的制定计划的工具。美国的 Oliver Wight 将其称为制造资源计划（Manufacturing Resource Planning，MRP Ⅱ）。90 年代提出了企业资源计划（Enterprise Resources Planning，ERP），将管理视野从企业内部延伸到企业外部供应链，加强企业同客户、供应商、合作伙伴的联系和协作，达成多赢。然而，企业与供应链上下游之间还存在着诸多信息孤岛。从作用领域分析，ERP 系统作为企业资源管理系统，强调对企业内部流程再造，却难以涉及一般企业组织间以及企业与外部市场的互动域。从信息报送视角观察，ERP 对投资者等委托人的影响有限。从技术视角分析，ERP 技术强调对包含财务模块的内部供应链等各个环节的资源管理，其实质是对各个动态环节资源信息的切片式静态整合，有利于对企业内部各个环节综合信息的动态掌控，难以唯一性地识别单个资源或信息，无法捕捉到单个资源、信息在中间环节的处理过程。因而，ERP 能够有效地增强企业内部的管理运营效率，但无法完全杜绝信息流程中可能存在的道德风险。基于此，1998 年 Hoffman 提出基于 XML 的 XBRL 概念，在力图改进产业内涵的同时，也通过其信息的加速与透明改变传统的治理流程，其表现为：信息数据处理更加标准化，降低了信息格式差异的影响，更加深入地进行数据挖掘；信息加工、报送等系列流程更加扁平化，个人干预的空间逐步减少，信息数据质量提升；信息数据的传递更加及时，信息公告对象的可控性增强。理论上分析，这一系列优势都必然降低市场的信息不对称，进而对委托—代理关系及公司治理产生巨大影响。一方面，信息技术可能替代部分传统治理工具或一定程度上减少部分传统治理工具的必要性，甚至使得部分传统治理工具变得无效。另一方面，信息技术使信息加工过程扁平化的同时，也可能使得部分传统道德风险前置或位移，从而出现新的治理问题。

XBRL 作为一种专门的商业报告语言，其本身就是连接企业内外部信息披露的纽带，天然地能够影响到投资者等外部信息使用者的决策。其可扩展分类的特征能够将市场共同的需求与企业个性化的情况结合起来。这既能满足外部市场的标准化分类信息披露需求，又能个性化地满足企业内部管理与信息披露的需求。其标签库系统，能够通过标签定义实现对单个资源和信息的唯一识别，真正做到对企业信息的精准掌握。此外，XBRL 本身并不依赖于任一软硬件平台，它承载的信息具有更高的独立性与可靠性，对公司内外部信息不对称与信息链管理的影响比较显著。

公司治理的前提是存在代理关系与信息不对称。XBRL 对信息不对称、代理关系的影响必然会影响到公司的治理水平。21 世纪以来，随着我国引入并推广 XBRL，相关研究也就变得丰富起来。财务领域对 XBRL 的理论研究往往停留在理论论证与零散视角的简单效果验证阶段。XBRL 影响公司治理的研究尚未形成系统的研究框架。国内的研究虽然紧随国际研究与国内实务发展的话题，但相关研究缺乏足够的前瞻性。公司治理是一个非常宽泛的话题。要分析 XBRL 公司治理效应的研究框架，首先需要辨析公司治理本身。鉴于代理关系是公司治理的核心前提，本书依据代理关系或代理主体关系的不同将公司治理分为组织内部治理、组织间治理、资本市场治理与监管机构治理，并分别论述 XBRL 在各类代理主体关系下的治理影响。组织内部治理关注的是企业内部管理层与员工以及大股东或董事会与管理层等代理关系；组织间治理关注的是组织成员与成员间的代理关系；资本市场治理主要关注的是外部市场利益相关方、外部投资者与公司管理层或公司整体的代理关系；监管机构治理主要关注监管机构与监管对象的代理关系。在此基础上，运用传统公司治理理论与行为金融理论，对XBRL 的各类型治理机理进行全面的刻画。

XBRL 以其潜在优势必将潜移默化地影响当前的企业实务。观察这些新兴技术对公司治理产生的影响，才能更加适应当代组织管理关系的需要。可以预见，信息技术的发展将不断对传统公司治理与运营产生冲击。尽管信息技术影响公司治理的主轴大同小异，但是在具体功能效用上却可能存在一些差异。本书谨以 XBRL 的公司治理效应以点带面，尽可能全面地分析作为一种典型信息技术的 XBRL 对不同层次公司治理的现实与潜在影响框架，为以后分析人工智能等新信息技术的影响提供一定的理论参考与分析框架。

中国 XBRL 应用处于世界领先水平，并得到 XBRL 国际组织的大加赞赏。为什么是中国？经济思想史发展告诉我们，一种信息技术发展的萌芽可以在主流经济理论锁定非常严重的国度被发现，如美国信息技术发展，但是它的成长和壮大可能转移到其他国家，特别是如果某个国家的经济将来在世界上处于领先地位时，那么这个国家的经济发展模式也会成为大家模仿的对象。当今中国的 GDP 已为世界第二，以"BAT"（互联网公司三巨头）为代表，以当今所谓"新四大发明"（共享单车、微信、高铁与网购）引领世界潮流，给我们提供了得天独厚的机会。根据进化生物学中的异地物种形成原理，同一物种之间的竞争有利于渐进的、"有效率"的突变和选择，但这种竞争却阻止了一套具有互补性突变新物种的形成。当自然选择的压力有利于现有的每一物种对环境的适应并与其他物种共赢时，它禁止新物种的形成，甚至导致演化过程的停滞。新物种的形成要远离竞争激烈地区，这是异地物种形成的条件，这也是"新四大发明"在中国的诞生与发展的原因所在。以 SAP、Oracle 为代表的西方企业管理软件在欧美国家占垄断地位，因而 XBRL 这种新的管理软件难以在这些地方发展与成长。尽管 XBRL 格式的财务报告在应用中经常会遇到一些困难与挑战，如一些用户并未全面推广，一些分析师与机构投资者并不关注 XBRL 报告等，但是经由中国证监会、上交所与深交所，再到财政部会计司的大力推介，使得我国 XBRL 应用不仅在外部得到大力支持，企业内部也广泛推广应用起来。其发展与应用正以其思想触及企业管理本质，在很多企业得以运用。很多企业以 XBRL 为核心的二维码思维与管理思想正一步步进入企业管理殿堂，并以大数据、云计算或财务共享中心的名义呈现出来。

不可否认，会计信息化研究始终不是正统会计研究者关注的重点。Jewkes（1958）认为，经济学家对技术和创新缺乏足够的关注有三个方面的原因：自然科学知识的匮乏；对经济周期和就业问题的过度关注；相应统计数据的缺乏。会计主流研究学者的专业背景大都是会计学科，对信息技术不太了解，这是先天的不足；相应数据的缺乏也是关键所在。现有高校实施发表或灭亡（Publish or Perish）考核机制，使得学者无暇顾及耗时耗力的信息化项目研究。另外，技术创新与技术变迁对经济行为的影响是长期和不确定的，而现行会计研究问题都是以新古典经济学理论为基础，随时发挥作用的是价格机制。因而在分析中，把 XBRL 这样的技术变迁视同外生变量或者剩余因素来处理。最先强调并对技术创新如何影响社会经济生活做出初步理论解释的是 Schumpeter（1921，1942）。他认为技术创新存在不确定性，而不确定性是竞争的关键因素，在竞争中起核心作用的是技术创新过程中产生的产品、生产工艺和企业经营方式的差异，而不是价格。强调企业之间的创新竞争，即熊彼特式竞争。他曾用"徒手推门"和"用炮轰门"两种方式比较竞争的差异，价格竞争是静态的、短期的，而创新竞争是动态的、长期的和根本性的。他认为需要以技术创新为核心概念构筑经济增长或发展理论。目前发展到用技术创新与技术变迁解释经济现象，也可以说本书试图提供一个熊彼特式的分析。

目　录

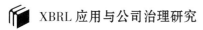

1 引 言

　　20 世纪 80 年代以来，在改革开放的大潮中，国家鼓励引进外资，催生了大量中外合资企业。国外合资方遇到的第一个难题就是我国采用的资金平衡表与国际会计准则迥异。旧式的资金平衡表无法提供合资方所关注的收益与权益划分等信息。为了合资顺利实施，必须将资金平衡表转换成国外合资方能够读懂的资产负债表格式。为此，1980 年国家有关部门批准成立上海会计师事务所，由以上海财经大学娄尔行教授为代表的、当时在国外受过现代会计教育的专家学者协助事务所开展业务。由会计师事务所协助中方企业重新编制资产负债表格式的新报表，以便于外方看懂报表，顺利兴办合资企业。这些中外合资企业在引进国外资金与技术的同时，会计账务处理也尽力模仿国外企业实施会计信息化（当时我国称会计电算化）。当然，会计电算化几乎从零起步。上海一些企业借助改革开放的先发优势，从当时国外企业最为流行的物料管理系统（即 MPR）起步，开始了艰难的会计电算化之路。1988 年国内的会计电算化先驱用友会计服务公司成立，后来的金蝶、新中大、金算盘等逐步成长发展起来。当时，只是利用计算机将账务处理电算化，将会计人员从繁重的日常工作中解脱出来。20 世纪 90 年代初，企业资源管理（Enterprise Resource Planning, ERP）系统开始在企业中逐步推广，不仅是会计账务处理，库存管理、应收账款管理及人力资源管理也逐步电算化。自 1998 年 Hoffman 提出 XBRL 概念以来，世界各国先后进入了将业务与财务一体化趋势，其基本理念是将发生的业务打上二维码并"颗粒化"，使得相关数据尽量详细具体化，整个信息系统呈现"数出一门，资源共享"局面，大大便利了会计信息处理与决策。近年来，各种新的技术如 AI（人工智能）、区块链、大数据与云计算的广泛运用，使得会计信息化建设迈上新台阶。这些新技术的应用，其关键就是将业务数据"颗粒化"，即打上 XBRL

的二维码标签，数据处理更加便利，新技术应用更加灵活与方便。

可见，在学术大家庭中，会计信息化充其量只是一个新生儿。尽管从 1494 年卢卡·帕乔利的《算术大全》总结出借贷记账法以来，现代意义上的会计已经有 500 多年历史。《会计信息化》或《会计电算化》作为教材在大学课程中出现也不过 40 多年的历史，但不论是教学单位还是选择这门课程的学生人数却是在成倍增长。反观 XBRL 的发展却不容乐观。从 1998 年 XBRL 概念提出至今也不过 20 年，且由于其应用涉及会计学与计算机学科，其诞生与发展就注定了其边缘与交叉学科的性质，研究 XBRL 的学者在相关学术杂志上所受的重视程度与其对会计学科的发展所做的贡献是不匹配的。本书期望在总结 XBRL 发展与历史沿革的基础上，选择 XBRL 对公司治理影响的视角，为 XBRL 的研究进行总结与展望，希望有更多的学者加入到这一研究中来，为这一不太"拥挤"的领域提供一个研究框架。

1.1　研究的性质与目的

由于 XBRL 的快速发展，学术研究无法跟上实务的发展。但实务的发展需要一个较为稳定和一致的 XBRL 理论框架，它的存在也足以保证学术研究之所需，以免错误地理解实务。

本书关注有关 XBRL 实务及其对公司治理的影响。尤其是 XBRL 应用如何影响公司治理，包括 XBRL 在资本市场的应用，使得个人或机构投资者、监管部门、分析师与其他利益相关者使用 XBRL 后产生的经济后果，以及对客户公司治理产生的直接或间接影响；XBRL 在公司内部使用后，管理层及内部中层等相关人员对内部治理结构产生的直接影响。此外，本书还拓展了 XBRL 治理功能的研究范畴，并关注 XBRL 应用对组织间关系的治理作用。

本书研究目的在于使人们更加便利地接近用户的 XBRL 实务工作，同时引导用户关注学术界的研究成果。这也将有助于用户厘清他们所遇到的一些理论和实践问题。期望理论界与实务部门能够找到一个更好的沟通桥梁，互勉共进。尽管本书研究聚焦于 XBRL 的治理功能，鉴于当代信息技术日新月异，本书同样寄希望于通过 XBRL 技术应用的治理效应，以点带面，为以后分析商业信息领域的新兴信息技术应用的治理机制提供分析框架。

本书并非从总体上总结 XBRL 实务与理论，主要关注的是学术界可能感兴趣的话题，以及对实务界也可能有所帮助的一些理论。而对会计界与计算机学科中的理论表述的差异、纯粹的技术细节，以及两者的协调等问题的研究是极为艰巨的任务，本书不予涉及。

1.2　XBRL 的定义

根据《XBRL 技术规范 2.1》对 XBRL 的表述，XBRL（eXtensible Business Reporting Language，可扩展商业报告语言）是一种用于业务信息进行电子交换的语言，主要助力于业务信息的编制、分析和交换。XBRL 是 XML 语言家族的一员，而 XML 是一种用于企业间或在互联网上进行信息交换的标准方式。XBRL 的恰当使用可以改善信息的准确性和可靠性，提高信息使用者的工作效率，节约交易成本。目前，XBRL 在商业领域的应用，主要集中于财务报告和账簿两个层面。

XBRL 既不是会计信息系统（潘琰，2003），也有别于传统意义的会计方法（张天西，2006），与规范实务的会计准则也不一样（彭屹松、周文玉，2014）。对 XBRL 的认知，可从以下几个方面理解：

首先，XBRL 是一种信息生产的标准范式。作为企业管理信息系统中的一个子系统，会计信息系统针对业务数据进行采集、存储、加工、传输并输出会计信息，满足不同会计信息需求者的需要，达到公司内外部治理目标。在整个会计信息系统运作过程中，XBRL 被视为规范会计信息传输的一套标准语言。在不改变原始输入数据本质特征的情况下，标准化数据加工、信息生产流程，使得输出信息物理结构保持基本一致，逻辑设计采用基本相同的方法。

其次，XBRL 是优化会计核算方法的桥梁。XBRL 本身并不具备核算和监督职能，但它能为核算、分析、预测和决策提供一座通用桥梁。例如，XBRL 财务报告分类标准（XBRL Financial Reporting Taxonomies）连接了不同监管部门对企业财务报告的报送要求。最常见的包括 IFRS 分类标准、US-GAAP 分类标准和其他一些地区或者国家的分类标准。XBRL 全球分类账分类标准（XBRL Global Ledger Taxonomies）的设计满足了商业信息数据的整合和分配，为财务信息从交易层面到报告层面的高效汇总提供了桥梁，企业可以通过 XBRL 生产标准化会计信息，并完善会计方法的运用。

最后，XBRL 是展示报告标准内容的平台。作为一种财务信息载体，XBRL 并不会与企业会计准则相抵触。在遵循企业会计准则的前提下，通过对底层数据的标准化，实现信息的传递和汇总，最终以 XBRL 财务报告的形式呈现给财务信息使用者。主要参考文献概述见表 1-1。

表 1-1　主要参考文献概述

作者	年份	概况
潘琰	2003	● 标准报告语言对于网上报告的必要性 ● XBRL 起源、XBRL 含义及基本技术特性和优势 ● XBRL 对企业网上报告的发展和会计职业的影响 ● XBRL 的发展趋势、存在问题及建议
彭屹松、周文玉	2014	● 实证研究各国政府与国际组织之间以及 XBRL 信息相关利益人之间的博弈 ● XBRL 信息产权是各国政府会计机构与国际组织共同协调的结果 ● XBRL 信息供应链用户的合作将提高各自的产权收益，从而促进 XBRL 财务报告的推广

1.3　XBRL 的运行机理

XBRL 的工作原理基于三个技术要素：XBRL 技术规范（Specification）、XBRL 分类标准（Taxonomy）、XBRL 实例文档（Instances）。三者构成 XBRL

的技术框架，也是会计信息化标准体系的基础和核心。

1.3.1　XBRL 技术规范

XBRL 技术规范作为 XBRL 的基础是定义一系列 XBRL 分类标准（Taxonomies）和 XBRL 实例文档（Instance Documents）所要参考的规则。简言之，XBRL 技术规范主要用于定义各类专业术语，规范 XBRL 文档的结构和基本数据类型等语法要素，并说明如何建立分类标准以及实例文档。XBRL 分类标准的质量很大程度上决定了其财务报告体系的质量。

迄今为止，XBRL 国际组织已经发布了 XBRL 1.0（2000 年 7 月 31 日公布）、XBRL 2.0（2001 年 12 月 14 日公布）和 XBRL 2.1（2003 年 12 月 31 日公布）三个版本的技术规范。为配合企业会计准则国际趋同的工作目标，财政部于 2010 年 1 月 1 日起规定实施了《中国 XBRL 分类标准架构规范》规范的分类标准制定和实例文档创建规则。2010 年 10 月 19 日，参照 XBRL 的国际技术规范，国家标准化管理委员会发布了《可扩展商业报告语言（XBRL）技术规范》（GB/T 25500-2010）等系列国家标准。既实现了国际趋同，又适应了我国国情，提高了 XBRL 规范的权威性和执行力，更便于推广和应用。

1.3.2　XBRL 分类标准

XBRL 分类标准建设是构建完备的 XBRL 财务报告体系的基本保障，决定着 XBRL 财务报告体系的发展方向与质量。财政部 2010 年发布的《企业会计准则通用分类标准》，就是在构建完备的 XBRL 分类标准体系的目标中迈出的第一步。XBRL 分类标准的建设可以看作是一项系统工程，需要在财政部的领导下有计划、有步骤地逐步推进。2015 年财政部发布的新版《企业会计准则通用分类标准》，是我国 XBRL 分类标准建设之路上的又一座里程碑。

从分类标准的通用程度而言，XBRL 分类标准包括通用分类标准、行业分类标准和企业分类标准三个层面。XBRL 分类标准的制定以国家层面核心通用分类标准的构建为起点，依次向行业和企业层面扩展，三个层面逐层深化、相互作用并相互关联。国家层面的《企业会计准则通用分类标准》旨在满足企业通用财务报告目的。若行业、企业要进行更为详尽的信息披露，必须对通用分类标准加以适当扩展，即需要加强行业分类标准和企业分类标准的建设。行业、企业对分类标准的扩展过程需要适时总结和归纳，在此基础上逐步调整和完善通用分类标准，使之不断细化，避免对信息的可比性以及使用效果造成负面效应，发生"巴别塔"① 现象。正如Bovey 等（2002）所言："如果分类标准汇总程度比企业编好的汇总程度高，企业或许按分类标准编制报告，这将导致信息损失；企业采用不同的扩展分类标准（不同的企业很难采用一致的扩展标记）来编制报告，这又将会导致企业间信息可比性的损失。"

从分类标准的颗粒度而言，XBRL 分类标准包括财务报告分类标准和账簿（含凭证）分类标准两个层面。以该分类为前提的标准构建次序以财务报告分类标准为切入点，继而再向账簿分类标准层面扩展，两个层面相互联系、相互制约。财务报告分类标准的颗粒度较低，其构建是为实现 XBRL 财务报告体系的基础功能。账簿分类标准则具有较高的颗粒度，可以引导XBRL 财务报告向纵深拓展，实现报告实体内外平台的整合统一，真正做到数出一门，资源共享。充分发挥 XBRL 技术的延展性，使得向下挖掘轻而易举，向上汇总水到渠成，在不同报表之间、报表项目和附注之间、总括信息与明细信息之间切换自如，很大程度上提高财务报告的有用性。

从会计准则角度而言，鉴于会计准则体系中有企业会计准则、小企业会计准则、行政事业单位会计准则和非营利组织会计准则的分类，XBRL分类标准相应可分为企业、小企业、行政事业单位和非营利组织会计准则分类标准。总之，各细分标准可以企业会计准则分类标准为基准，在积累经验的基础上逐步带动其他层面分类标准的建设。

此外，作为一种商业报告语言，XBRL 不仅应用于财务报告领域，还可应用于证券、金融、保险、税务、统计等领域。如何协调各领域的分类标准，避免重复分类，提高分类标准的统一性也是分类标准构建过程中需要予以关注的。

---

① "巴别塔"概念来自《圣经》。传说古巴比伦时期，人们想知道"神"的意志，于是不惜一切财物修建通天塔。眼看通天塔就要接近天堂时，"神"感受到了人类的力量，认为人们对上天存在威胁。于是一夜之间施展魔法，让人们语言不通，由此导致思想和意志无法统一，再也无法一致行动。而无法继续修建通天塔被后人称为"巴别塔"。"巴别塔"现象引申"巴别塔"的含义，指语言文字对人类行为的抑制、规范人类行为的边界，以及统一、区别人类族群的存在。本书引用"巴别塔"现象意在说明各企业、行业、地区采用不同的财务报告编制语言，会影响财务报告的可比性和可理解性。

1.3.3　XBRL 实例文档

XBRL 实例文档是以"xbrl"为根元素的 XML 片段，包含若干事实，每个事实对应一个概念，概念定义在支持这些事实的可发现分类集（DTS）之中。XBRL 实例通过四个元素识别可发现分类集，这四个元素分别是 schemaRef 元素、linkbaseRef 元素、roleRef 元素和 arcroleRef 元素。schemaRef 元素、roleRef 元素和 arcroleRef 元素用于发现分类模式，所有 XBRL 实例必须至少包含一个 schemaRef 元素，且所有 schemaRef 元素必须先于 XBRL 的其他子元素出现。linkbaseRef 元素用于识别实例文档所使用的链接库。如果 linkbaseRef 在实例文档中作为子元素出现（还可以用在分类标准模式中），必须在 schemaRef 元素之后所有其他 XBRL 子元素之前。在 DTS 的基础上，实例文档通过 item（数据项）和 tuple（元组）表达事实值。每个数据项都必须由 context 元素（上下文）加以描述。context 元素用于说明数据项所处的上下文信息，包括 period（时期）、entity（实体）和 scenario（场景）三个子元素，数字型数据项还应通过 unit（计量单位）元素加以描述（如图 1-1 所示）。

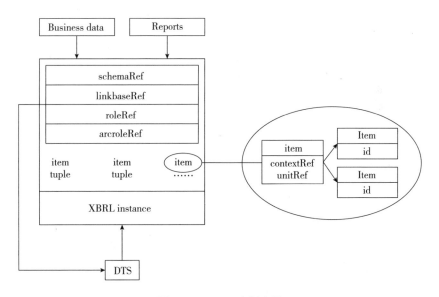

图 1-1　XBRL 实例文档

总之，XBRL 实例文档是根据 XBRL 技术规范和分类标准制作的实际财务报告数据文件，主要包括财务报告中的标签和数据（还包括 unit、context 等元素，以反映计量单位、上下文信息）。实例文档不含有显示格式信息，根据实例文档生成的财务报告格式取决于样式表的设计。XBRL 实例文档必须经过验证，确保符合 XBRL 技术规范以及 FRIS 的规定和限制。

1.4　XBRL 的发源

恩格斯曾说过：社会一旦有技术上的需要，则这种需要就会比十所大学更能推动社会的进步。XBRL 的发展，正是因实践的需要而产生。

XBRL 发展最早可以追溯到 20 世纪 30 年代以前。当时人们很少考虑计划问题，一方面为了不影响生产，常常多备库存，导致占用过多流动资金，企业财务费用增长；另一方面，又想提高资金利用率，就需要减少库存。人们一开始采用再订货点法，只考虑单个物料，没有考虑物料之间的比率关系。20 世纪 60 年代左右，IBM 有位工程博士对物料清单（Bill of Material，BOM）深入研究后，提出独立需求物料和相关需求物料这两个概念以及一个设想。将产品 BOM 表放到时间轴上，计算出不同时间段上各个物料的需求量和采购量，减少了资金占用与物料库存。但这又出现新问题，产能安排与订单需求不匹配，主要是没有考虑到企业自身生产能力问题，物料需求与加工能力之间不匹配与不平衡。20 世纪 60 年代美国库存协会正式提出物资需求计划（Material Requirement Planning，MRP）。闭环的物资需求计划考虑了需求与能力，基本上解决了生产混乱问题，但是不知道生产出来的产品是否盈利。80 年代人们将视线转移到财务会计上，将财务会计与企业内部供应链结合起来考虑，寻求不同的方案，进行有效的财务经营决策，这个阶段被称为制造资源计划（MRP Ⅱ）。但是它只解决了企业内部主要矛盾，没有涉及深层次矛盾，如质量控制、人力资源管理等。此外，其更没有涉及企业外部问题，比如加强与供应商的联系和协作、建立战略合作关系、降低采购成本，以及如何加强与客户的沟通与交流，满足客户需求等。90 年代提出了企业资源计划（Enterprise Resources

Planning，ERP），将管理视野从内部延伸到企业外部供应链，加强企业同客户、供应商、合作伙伴的联系和协作，达成多赢。但是 ERP 只解决了供应链上下游之间的关系，企业与资本市场的联系还存在诸多不便。以前主要是通过 XML 格式或者 PDF 格式披露各种财报信息，个别采用 Word 格式，但是这些格式最大问题是标准不统一。信息使用者获取数据时，需要在各种不同格式之间转换或复制粘贴，耗时费力且容易出错。

1998 年 4 月美国注册会计师 Charles Hoffman 正式提出 XBRL 构想。Hoffman 基于审计实践的需要，提出将不同格式的信息披露转换为统一格式的技术构想。基于 XML 技术在电子财务报告中的作用及其影响，Hoffman 尝试利用 XML 技术设计财务数据和审计计划原型。当年 7 月 Hoffman 向 AICPA（美国注册会计师协会）提交 XML 技术在财务报告中的应用价值报告。在评估了 XML 技术的实用价值后，AICPA 于同年 9 月成立专项小组，促成 XML 电子报告原型的实现。同时，AICPA 为该项目设立专项资金，由 Hoffman 和 XML 解决方案专家 Jeffery Ricker 等共同协作，成功构建出使用 XML 作为编制财务报表工具的原型。

AICPA 主导 XBRL 构建。1999 年 6 月 AICPA 开始投资创建以 XML 技术为基础的财务报表框架标准。该框架标准最初被命名为 XFRML（eXtensible Financial Reporting Marked Language，可扩展财务报告标记语言），并得到美国六大信息技术公司、五大会计师事务所及其他机构的支持；随后 AICPA 将 XFRML 更名为 XBRL（eXtensible Business Reporting Language，可扩展商业报告语言）。

AICPA 推动 XBRL 技术的全球应用。为测试 XBRL 的实务运用，AICPA 与微软、EDGAR 在线、普华永道等 12 家公司共同组建 XBRL 指导委员会，并于 1999 年 10 月通过了 XBRL 原型试用版测试。此后，AICPA 设计 XML 财务报告规范并开始实施其拓展计划。2000 年 7 月 XBRL 指导委员会发布了适用于美国工商业企业财务报告的 Specification 1.0（XBRL 技术规范第 1 版）及 Taxonomy（XBRL 分类标准）。同时，AICPA 联合专业协会、会计师事务所、投资组织、软硬件供应商、会计软件机构等 60 多个单位，宣布成立全球联盟形式的非营利组织——XBRL International（XBRL 国际组织），旨在为各国 XBRL 的研发提供授权和技术支持，标志着 XBRL 开始在全球范围内得到应用。

1.5 研究内容、创新点与方法

以 XBRL 为代表的新技术的引入和应用，给会计研究与实践活动带来了极大挑战。为理解这些新技术应用效果和最终结果，本书选择对公司治理影响视角进行经济学分析。

XBRL 的产生及其扩散源于注册会计师（CPA）对不同格式报告带来的不便利，亦即原来的披露方式使得 CPA 之间在获取数据方面存在差异，也即存在非均衡状况。后来企业对于 XBRL 的应用，则是为了在满足自身发展的需要与 CPA 获取数据方面之间的达到均衡状态。

如果把信息扩散比作病毒传播，XBRL 是一种新技术的信息扩散应用，可以采用传染分析移植过来。由于 XBRL 的应用提升了企业绩效，需求也会增加；随着更多的企业采用，供给也会增强，特别是企业内部应用 XBRL，会传染得很快。尽管目前似乎并不乐观，但是这应当是暂时现象。

关键技术的引入能够刺激一系列的派生创新（Rosenberg，1976、1982）。XBRL 首先在对外披露中使用，后延伸至用户内部。大企业在经济增长和技术创新中是主要推动力量。它是黏性技术知识积累和技术变革的载体（Pavitt et al.，1989；Pavitt，2000）。因而，XBRL 一般也是在大企业中先行采用，如中石油集团，并取得成效。

XBRL 内部应用需要符合创新经济学原理。它需要投入专用的资源如人力资源进行研发，获得外部知识，利用这一技术，产生局部知识。局部知识包括 XBRL 使用积累的经验和干中学、用中学，并在与供应链上下游企业、监管部门的互动中产生外部性而形成。只有当 XBRL 使用与现有企业的技术融合时，才能提升现有水平。

XBRL 内部应用除了成本效益起作用外，作为一项新技术，内部必须远离均衡的市场条件才有可能获得超额收益。只有更多技术的投入，以及 XBRL 供应链上下游企业能够互补时，内部应用才可能产生，并带来报酬递增。XBRL 才更有可能从众多技术中胜出，并扩散到系统中其他主体（Authur，1989、1994）。因而，这些系统内企业之间的共同选择在很大程度上将影响 XBRL 变革的速度和方向。XBRL 也是众多技术互补创新的结果，如互联网发展，甚至可以说没有互联网就没有 XBRL，并且拓宽了其应用范围，从外部到内部的应用，还提升了企业内部 ERP 的使用效率。两种新旧信息处理技术存在技术的传承与发扬。

本书结合 XBRL 的中国实践与公司治理的基础理论分析 XBRL 的公司治理效应。依据治理关系与主体的不同，将公司治理分为组织内部公司治理、组织间治理、资本市场外部治理与 XBRL 监管机构等不同的治理关系主体（高芳，2016）。就每个治理关系主体，尽可能地从 XBRL 的技术支持、理论基础与具体的治理机制、该治理关系下细分的治理主题、研究成果与展望等不同视角对现有及预期的 XBRL 公司治理研究进行全方位的总结与探索。内容结构如图 1-2 所示。

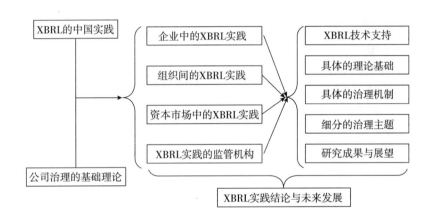

图 1-2　内容结构图

1.5.1　研究内容

第 1 章介绍了研究目的、XBRL 技术相关的概念定义、XBRL 技术的内容结构与 XBRL 的技术发源。简介全书的内容框架。

第 2 章介绍 XBRL 技术的中国实践。XBRL 技术的全球发展与中国的应用情况；引领中国 XBRL 技术实践的主导机构；以深交所 XBRL 分类标准为例，介绍 XBRL 技术的实务应用过程；学术界对 XBRL 的研究发展。

第 3 章将公司治理的基础理论与 XBRL 技术相结合，分析不同理论下 XBRL 的公司治理关系，并在此基础上分析 XBRL 公司治理路径。

第4章分析 XBRL 技术对组织内部的公司治理影响。分析了 XBRL 影响内部公司治理的技术特征以及其对信息与业务流程的影响；分析了 XBRL 内部治理的理论机制与实现路径；总结了当前 XBRL 内部治理领域的研究成果；增补了公司内部治理对 XBRL 实施的反向影响的研究概况。

第5章分析组织间的 XBRL 实践与组织关系治理。对组织治理相关的 XBRL 的技术特征进行论述；分析了组织间采用 XBRL 扩展分类的动因与 XBRL 和组织间治理要素的关系；分控制权市场、供应链与战略联盟三个不同的组织间关系形式，分别讨论 XBRL 在对应情况的治理理论基础、治理机制、与对应治理要素的关系、不同的应用话题与研究展望。对组织间的 XBRL 扩展分类应用进行了前瞻性的梳理。

第6章聚焦于 XBRL 技术的外部治理效应。一方面，基于资本市场投资者与信息要素，分析了 XBRL 的外部治理技术支持与理论基础。区分使用者视角与资本市场视角对 XBRL 的经济后果研究进行了综述分析，并对进一步研究做了展望。另一方面，从分析师、审计师、媒体与信用评级机构视角，分别论述 XBRL 对独立第三方改善公司治理的理论基础与经济后果。

第7章分析了监管机构的 XBRL 的运用现状。探索了 XBRL 在监管机构的运作动机与治理路径。区分国资委与税务部门讨论 XBRL 数据信息的运用情况。

最后是两个附录。附录一梳理了 XBRL 实践的案例。分别介绍了企业内部实施 XBRL 案例、XBRL 行业扩展分类实施案例以及基于案例的 XBRL 与公司治理领域研究的进一步思考。此外，对 XBRL 技术的进一步发展应用进行了大胆的预测。

附录二给出了研究 XBRL 公司治理效益的示例。通过示例内容初步证实 XBRL 具有公司治理效益，并在此基础上，分析了 XBRL 与传统公司治理工具的相互关系，并对进一步研究做出展望。

1.5.2 预期创新点

第一，已有研究主要观察 XBRL 应用于资本市场对投资者的影响，再从外部影响公司治理。本书结合现有公司内部应用 XBRL，从内部直接影响公司治理结构，讨论 XBRL 应用对大股东、董事会与管理层的影响。弥补了早前忽略 XBRL 应用对公司内部治理的影响。

第二，比较完整地归纳了 XBRL 应用对公司治理影响的路径，分析了各种路径可能的研究方向，对未来的研究提供了参考。

第三，在现有文献分析的基础上注重对新兴研究领域的理论探索。尽管目前学术界受限于数据获得性等一系列障碍以及 XBRL 实务进展的制约，较少分析组织间的 XBRL 应用，更缺少对组织间关系治理的研究。本书对组织间 XBRL 治理影响进行探索，实则是为当前组织间关系治理改善的努力，适应了当前组织协作创新与发展的经济运行趋势，具有一定的前瞻性与指导性。

第四，注重对独立第三方治理角色的全面分析。将评级机构、媒体等第三方纳入公司治理体系，并且注重分析不同第三方在公司治理中的角色差异。

第五，注重信息的治理角色。全书以 XBRL 改善信息披露为核心，从行为金融与传统经济学角度分析基于信息的投资者认知偏差与代理关系的发展变化。用 XBRL 技术以点带面，为以后的信息技术在公司治理领域的分析探索建立分析框架。

1.5.3 研究方法

文献综述法。由于本书研究的是 XBRL 对公司治理的影响，并以提出未来研究方向作为贡献所在，所以需要总结现有研究成果。为了便于读者获取相关资料，或简单了解研究成果，书中将国内外一些经典文献进行了归纳整理。旨在节约读者未来研究的宝贵时间，快速获取核心信息，本书采用了大量的文献综述研究法。

案例分析法。为了说明 XBRL 对公司治理的影响，本书还利用实地调研，对诸如中国石油、华夏证券、四川长虹、厦门港、用友软件、上海汇付天下、山东浪潮、中兴通讯、金蝶软件、远光软件、阳光保险等公司的 XBRL 应用或财务共享或大数据或云平台的实施情况进行案例分析与总结。由于有的公司并不是完全以 XBRL 形式呈现，我们理解为在底层数据上，其标签化技术也是类似于 XBRL 技术的应用，一些方法的应用在书中会有所涉及。

实证研究法。本书主要关注 XBRL 对公司治理的影响，因而只是为了方便读者了解 XBRL 是如何影响公司治理的，作为一个例证在本书中呈现。由于本书是国家自然科学基金的一个阶段成果，已有的实证研究文章已通过相关论文呈现，因而不再专门进行多个实证研究成果的呈现。

2 XBRL 的中国实践

本章简要分析世界各国及我国 XBRL 实践状况，力图为读者呈现宽广的实践视角，以便更好地理解其对公司治理的影响。

2.1 XBRL 的全球应用状况

自霍夫曼（Hoffman）提出 XBRL 以来，第二代网络财务报告——XBRL 格式的财务报告广泛应用于世界各国和多个组织，同时也取得了一系列令人注目的成绩。

2.1.1 XBRL 的全球发展进程

在 XBRL 应用的萌芽阶段，世界范围内的企业或组织先后对 XBRL 技术进行了尝试。实务方面，摩根士丹利（Morgan Stanley）于 2001 年 2 月率先向 SEC 提交 XBRL 财务报表。2002 年 3 月微软采用 XBRL 技术进行财务信息披露，在全球科技公司中开创了先例。此外，埃德加在线数据库、英国路透集团也于 2001~2002 年先后采用 XBRL 财务报告进行会计信息披露（Reuters，2002）。财务报告语言的转变和规范为上述企业带来了财务、运营效率与效益的提升（Zarowin，2003；EDGAR Online，2004）。组织方面，2001 年 10 月第一批 XBRL 区域组织的成立，标志着 XBRL 以政府组织引导规范的对象正式亮相国际舞台。区域组织成员包括澳大利亚、加拿大、德国、国际会计准则委员会、日本、荷兰、英国等（杨周南、赵秀云，2005）。区域组织的成立，是 XBRL 规范探索与发展之路上的又一座里程碑。

作为 XBRL 技术的发源地，美国在 XBRL 开发和推广方面一直处于世界领先地位。自 XBRL 国际组织成立后，美国证券交易委员会（SEC）通过近四年的推广和积累，于 2005 年 2 月启动 XBRL 自愿披露计划（Voluntary Filing Program，VEP），鼓励上市公司采用 XBRL 技术进行信息披露。据统计，启动当年共有 4 个行业的 9 家公司参加自愿报送，2006 年参加自愿报送的公司成倍增加，共有 18 个行业 35 家公司。2007 年有 22 个行业的 67 家公司参加自愿报送。2008 年有超过 120 家加入 XBRL 自愿披露计划的公司。根据历年的统计分析可以发现，参与 XBRL 自愿报送的公司数目呈现逐年增加的趋势。

在 XBRL 自愿披露计划之后，其产生的经济效益逐渐显现。XBRL 技术独立、交互操作性较为灵活的技术特征，促进和提高了资本市场的信息效率（Doolin Bill、Troshani Indrit，2004）。其一，投资者及分析师能够花更少的时间转换数据，有更多的时间进行分析和决策（Berkeley，2003；Wallace，2001）；其二，证券交易所能够提升效率和减少错误（Daucher，2004）；其三，对于企业本身而言，XBRL 应用简化了内部财务和业务报告系统。通过 XBRL 技术产生的基本财务信息提供的一系列格式的供内部管理使用的报告，可以减少信息处理时间和错误，使报告更及时、决策更快（Ernst、Young，2004）。

鉴于 XBRL 自愿披露计划的卓有成效，考虑到 XBRL 自愿模式周期长、公司成本高的不足（Bonson，2008），SEC 于 2008 年 5 月通过一项阶段渐进式的提案。正式要求所有的上市公司在未来三年内逐步完成 XBRL 年报的报送工作。要求采用 US GAAP（美国公认会计原则）报送财务报告且全球资本市值达 50 亿美元以上的上市公司，在 2008 年 12 月 15 日后结束的会计年度内开始率先以 XBRL 格式报送报告，共计 500 家左右上市公司。其他采用 US GAAP 快速申报的约 1300 家大型上市公司，在 2009 年 12 月 15 日后结束的会计年度内开始以 XBRL 格式报送报告。所有其他采用 US GAAP 的小型公司和采用国际财务报告准则的公司约 1 万家，要求在 2010 年 12 月 15 日后结束的会计年度内开始以 XBRL 格式报送报告。2008 年强制披露提案实施后，XBRL 应用在美国资本市场迅速普及开来，相关科技技术亦在实务的推动下不断演进。2016 年 6 月 SEC 正式宣布，公司可以自愿运用网页集成式可扩展商业报告语言（iXBRL）格式对其财务报表数据进行申报。iXBRL 格式能够协助申报公司将 XBRL 结构化数据整合到超文本标记语言（HTML）的申报材料中，以便降低申报准备成本、提升结构化数据质量，让更多的资本市场参与者可以使用更丰富的 XBRL 数据。其他国家的参与也使得 XBRL 的应用更加全球化，使其逐渐成为新一代的网络财务报告格式。

在 XBRL 全球化发展的过程中，不同国家的 XBRL 推动模式存在一定的差异。美国以 SEC 为主体的分类标准引导不仅为美国本土 XBRL 应用提供规范，也为全球 XBRL 应用提供了很好的借鉴。在此基础上，日本 XBRL 的实践更注重 XBRL 应用平台的建设，取得了很好的成效。韩国则是行政监管机构引领，促进企业跟进应用。各个国家的 XBRL 应用都依据自身的制度背景与经济环境表现出不同的特点。

2.1.1.1　日本应用发展：应用领跑，成效卓著

日本是亚洲地区最先应用 XBRL 技术的国家。早在 2001 年日本就建立了 XBRL 地区组织，由金融服务厅（FSA）主导 XBRL 计划。根据《日本金融工具与交易法》，金融服务厅于 2001 年 6 月启动了 EDINET（Electronic Disclosure for Investors' NETwork）的信息披露平台项目。该平台披露的范围包括年报、半年报、季报、证券登记表等。为了弥补 HTML 等格式存放的数据无法重复使用、进一步分析时需要重新输入的缺点，FSA 启动了 EDINET 革新计划。通过提供下载 XBRL 的功能，使用者可以有效分析财务信息。经过技术革新、系统扩容之后，2008 年 4 月新 EDINET 能够向公众提供约 5000 家公司（大部分是上市公司）、约 3000 家投资基金的 XBRL 格式财务信息。新 EDINET 已跻身全球最大 XBRL 系统之列。

2.1.1.2　韩国应用发展：机构引领，企业跟进

韩国 XBRL 应用项目最早始于 2007 年。目前共 3 个机构在主导开展 XBRL 应用项目。

基于韩国公认会计原则（K-GAAP）分类标准，韩国金融监督院在 2007 年构建了金融监管报送系统 DART，专门收集国内各金融机构的财务报告等数据信息用于监管，并以国际财务报告准则分类标准为基准，于 2010 年对该系统进行升级。新 DART 系统自 2011 年 5 月上线后，在众多上市公司中推广。目前共有 1800 多家上市公司通过该系统报送财务报告。韩国金融监督院通过该系统收集到的财务报告累计超过 1.4 万份。

韩国企划财政部负责不同政府部门间的账户结算，相当于各国的财政部。由于结算延迟等问题，企划财政部的低效办公曾一度受到国民大会指责。为此，企划财政部在 2012 年建立起 XBRL 账户结算填报系统。该系统以 DART 系统的分类标准扩展为基础，制定适应自身报告要求的分类标准，有效缓解了账户清算不及时的问题。

　　韩国证券交易所最早在 2003 年推出 XBRL Pilot Service 项目，在网上披露 15 家公司的详细财务数据和 XBRL 实例文档。随后，韩国证券交易所在 2007 年建立了基于 XBRL 的上市公司信息披露系统。该系统在不断革新中应用良好，相关数据也在彭博社等信息服务商中获得应用。但仍然面临报送企业扩展工作量大、财务报告信息缺乏全面性和报送软件复杂性等问题，这在一定程度上限制了 XBRL 数据在韩国的深入应用，但同时也激发了韩国相关软件供应商对 XBRL 技术继续优化和革新的热情。

　　2.1.1.3　印度应用进展：起步晚，推广快

　　相对于应用 XBRL 技术的其他亚洲国家，印度起步较晚。2008 年印度注册会计师协会主导成立 XBRL 地区组织，与印度公司事务部分别负责 XBRL 分类标准的制定和应用项目的推动，并同步完成工商业企业分类标准的制定。印度《工商业企业分类标准》是根据其《公司法》、会计准则和注册会计师协会发布的财务报告指引等制定的。该分类标准颁布后，在印度公司事务部的 XBRL 项目中得到了推广应用。印度公司事务部的 XBRL 项目分为两个阶段：在第一阶段（2010~2011 年），该部门要求所有上市公司及其子公司、实收资本超过 5000 千万卢比或收入超过 10 亿卢比的公司报送 XBRL 格式财务报表，共计约 3 万家公司。在第二阶段（2011~2012 年），要求所有在印度发行证券的公司及其子公司报送 2010~2011 年度财务报表。在该制度的规范下，共计约 3.2 万家公司报送了 XBRL 格式财务报表。除印度公司事务部外，XBRL 印度地区组织还与印度保险监管部门和印度银行建立多方合作关系，以不断推动相关分类标准的制定和实施。

　　2.1.1.4　马来西亚应用进展：起步晚，推行晚

　　马来西亚公司委员会（Companies Commission of Malaysia）是该国推动 XBRL 应用的主导部门。该委员会在 2010~2014 年的战略规划中将 XBRL 应用的启动工作提上日程，并负责主持 XBRL 分类标准的制定。其所制定的分类标准涵盖上市公司应该报送的财务报告和非财务报告内容。其中，

财务报告部分基于国际财务报告准则和马来西亚的私营主体财务报告准则予以制定，分类标准基于 2012 版国际财务报告准则分类标准制定，非财务报告部分基于马来西亚《公司法》制定。2017 年 1 月马来西亚公司委员会正式推出 XBRL 计划，以实现注册公司非财务和财务信息的自动化提交。财务要素包括综合损益表/损益表、财务状况表/资产负债表、股东权益变动表、现金流量表以及财务报表附注。系统还将收集审计声明。该项目于 2017 年 12 月完成。

2.1.1.5　澳大利亚应用进展：构筑 XBRL 政府监管平台

澳大利亚财政部主导 XBRL 应用的推动工作。主要的 XBRL 应用项目是标准的商业报告系统（SBR），报告语言为 SBR 分类标准。该项目于 2006 年启动，参与该系统的政府机构众多，除了财政部作为主导部门外，包括税务、金融监管等部门在内的共 12 个澳大利亚政府机构参与该项目。SBR 意在通过 XBRL 技术简化政府和企业间的信息报送流程与操作。澳大利亚企业通过该项目可以登录一个单一、安全的系统，同时向上述 12 个部门报送监管要求的数据，而不用向这几家机构分别报送。不难看出，SBR 分类标准是一个汇集会计概念、报告术语及其他监管指标的集合。SBR 项目通过规范上述术语的定义，消除报告中许多重复或不必要的数据。2010 年 7 月澳大利亚企业开始向政府提交基于 SBR 的财务报告。通过三四年的业务升级和 SBR 改进，2013 年共有 109 家软件企业参与该项目，收集了约 12.7 万份报告。2014 年澳大利亚税务、营业登记和养老金报告所涵盖的 SBR 交易总额超过了 1500 万澳元。在此基础上，澳大利亚税务局不断更新"从业者交存服务"（PLS），实现了逐步替代现有的在线备案门户网站。澳大利亚税务局更于 2017 年 4 月实现了企业强制性使用 PLS。在早已采用可扩展商业报告语言（XBRL）的成熟市场中，SBR 有望实现流程改进并带来更多的益处。

2.1.1.6　欧洲地区应用进展：实施步调不一，效果参差不齐

2007 年英国工商局（Companies House）和英国皇家税务与海关总署（HM Revenue and Customs，HMRC）分别启动相应的 XBRL 服务。2009 年 9 月英国工商局和英国皇家税务与海关总署发布联合声明，自 2011 年 4 月起不接受公司以其他非规定格式报送的所得税纳税申报表和账目。所有公司都必须使用 Inline XBRL（iXBRL）格式向英国皇家税务与海关总署在线提交纳税申请表。其中纳税申请表包括完整的财务报表以及公司所得税税

额计算过程。这一制度的执行，意味着公司及其分支机构能够同时报送公司账目和所得税纳税申报表，从而实现一次报送完成两项义务，降低了公司报送成本。除了普通营利机构财务报告和纳税申报外，英国政府部门还将 XBRL 技术延伸至慈善机构的财务报告当中去。2016 年 4 月英国财务报告委员会（FRC）与慈善委员会（Charities Commission）共同发布了一项慈善机构 XBRL 分类标准，用于标注电子申报资料中的慈善账户以及其他分析目的，以实现慈善数据"更易获取，更加透明"。

受制于欧盟成员国之间特殊的国家治理结构，目前还没有形成泛欧洲层面的统一 XBRL 应用。但三大监管行业（银行、证券和保险）已经分别对 XBRL 的应用提出了初步的路线图。目前，欧盟内部各成员国中的 15 个成员国启动了至少 50 个 XBRL 应用项目。欧盟委员会（European Commission）在 XBRL 国际组织的协助下，根据欧盟多方利益相关者平台（MSP）提供的意见以及与相关部门专家的磋商，确定将可扩展商业报告语言（XBRL）与 XML、OPv6 等规范一起作为欧洲公共采购参照的正式规范，以提高区域公共采购的交互操作性、灵活性并节约成本。

2.1.2 XBRL 技术的应用功能

XBRL 应用的全球推广趋势很好地印证了美籍奥地利经济学家熊彼特在 50 多年前提出的"创造性破坏"概念，即"当某个新竞争者掌握了更让消费者接受的新产品和新技术时，市场会毫不迟疑地接受，而原本在产业中长期占据优势的企业则可能被一举击败"。XBRL 技术的发展与应用，打破了各个文档的格式与分类壁垒，使不同信息制造者、使用者不再需要格式转换，在很大程度上削弱了各个企业之间、同行之间的信息孤岛现象。不同企业之间通过 XBRL 实现信息共享，产业链上下游经由 XBRL 互相快速共享信息，同行业之间通过 XBRL 提供的信息进行对比分析，使得企业间信息关系从原来的信息优势竞争转变为信息共享模式。在保证信息安全性的前提下，同行业企业间的利润率可能更加均衡，企业超额利润率的空间进一步被压缩。

同时，XBRL 技术的应用也促使监管机构的监管方式发生变化。由于 XBRL 技术的出现，监管机构的信息获取变得更加及时准确，为从事后监管转化为事前监管或同步监管提供了技术支持。倘若所有企业采用同一格式，监管部门可以从网上直接获得数据，不需要为不同格式进行繁重的数据录入与转换，无须建立自己的单独数据库，避免数据的重复收集与录入，使得监管效率大大提升。同时，也方便了不同监管部门之间的信息沟通与共享。

XBRL 不仅运用于财务报告层面，其在企业内部管理的应用也备受众多企业的重视。管理层可以通过 XBRL 及时收集并了解各部门、各子公司、分公司的财务状况，通过标准、准确的数据获取与应用，可以加快制定相关决策，及时达到降本增效的目的。目前有很多企业、政府部门采用 XBRL 技术进行内部管理数据标准化，尝试将 XBRL 技术融入内部管理中。

日本服装生产商华歌尔（Wacoal）是第一个提出将 XBRL 内化于企业管理的公司。2003 年日本服装生产商华歌尔基于 XBRL 账簿分类标准 2.0，应用 XBRL 账簿技术，建立以 XML 和 XBRL 技术为核心的数据转换平台。该平台能把传统的业务系统与新型财务系统很好地契合并连接，实现 36 家分公司的合并财务报告编制。该技术的应用将月底结算周期缩短了两天，大大提高了财务部门工作效率。同时通过实时现金管理，有效提高了公司内部管理报告的质量。2006 年美国住房与城市发展部（Housing and Urban Development，HUD）成为第一个在政府机关应用 XBRL 账簿技术的机构。其下属的联邦住房局（Federal Housing Agency，FHA）使用 XBRL 账簿技术，对其多个分散系统采用 XBRL 账簿分类标准化，建立起系统之间的互动性。2008 年富士通将 XBRL 与 SOA（Service Oriented Architecture，面向服务架构）相结合，用 XBRL 账簿技术承载运营、业务和会计三大系统的具体信息，并以 XBRL 和 XML 作为不同系统之间标准数据的交换格式。新系统的运行结果表明，富士通基于 XBRL 账簿分类标准的操作系统在发挥支持外部报告基础功能的同时，还促进了公司的 ERP 集成。

不难发现，目前 XBRL 的应用已取得长足进展。在数据报送方面，从外挂实施方式逐步过渡到内嵌式报送，XBRL 数据质量显著提升；在数据分析方面，越来越多的 XBRL 数据分析软件不断涌现，对 XBRL 数据的分析能力不断提升；在政府推进方面，联邦政府使用 XBRL 来全面提升信息透明度、提高企业报送效率和问责能力；在审计方面，基于 XBRL 全球账簿的审计数据标准（XBRL GL）为公司内部和外部审计师提供了一种标准化的数据访问方式。或许未来将不断扩大 XBRL 报送范围，推进网页内嵌式 XBRL（iXBRL）和 XBRL GL 的研发和应用，并不断提高 XBRL 数据的质量。

2.2 我国 XBRL 应用现状

随着中国证券市场规模的扩大和金融领域对外开放的深入，国内外投资者对于上市公司财务状况和经营情况的关注程度与日俱增，对其公开披露信息的要求也越来越高。在此背景下，证监会、上海证券交易所、深圳证券交易所等机构历经数十载的努力，奠定了 XBRL 在中国的探索、借鉴、发展、推广和普及之路。总结 XBRL 应用在我国的发展进程，可以划分为萌芽阶段和发展阶段。

（1）中国 XBRL 技术萌芽。中国证监会从 2002 年底组织沪深交易所和新利多等软件公司的人员对国际商业报告领域出现的 XBRL 标准进行研究，并结合中国国情，依据 XBRL 技术规范 2.1 和 FRTA 1.0 的相关规定制定了《上市公司信息披露电子化规范》。到了 2003 年上海证券交易所选择上海本地 50 家公司进行试点，要求其在年报披露期间试点年报摘要填报模板，并在试点成功的基础上，于 2004 年第一季度报告报送时全面推广。

（2）两个交易所指导下的中国 XBRL 发展之路。XBRL 应用在 2003 年的成功试点打开了其在中国的应用市场。此后，中国 XBRL 应用在两个交易所的指导下逐渐步入发展阶段。

2.2.1 从实务运用视角

上海证券交易所和深圳证券交易所根据本所上市公司实际情况，采用逐步推进的方法和两套系统并行的方式，开展 XBRL 在上市公司财务报告领域的应用工作。上交所在 2003 年试点成功后，于 2005 年进一步扩展试点公司范围和试点内容，首次提出本所全部上市公司同时报送传统数据格式和 XBRL 格式的 2004 年年报全文。在上交所的努力推动下，2005 年 5月上证 180 指数样本股的 XBRL 年报全文数据对外公布。投资者通过上海证券交易所官方网站可以实现在线查询。与此同时，深交所于 2005 年 1 月正式推出基于 XBRL 的"上市公司定期报告制作系统"，为深市上市公司制作 2004 年 XBRL 格式年度财务报告提供技术支持。2005 年 2 月深交所同样以试点的方法，选取部分深市上市公司参与测试"XBRL 应用示范"

项目，并在官网公布上报的 XBRL 实例文件。基于前期充足的准备工作，深交所于 2005 年 3 月正式发布《XBRL 应用示范》，为投资者提供基于 XBRL 实例文件的 WEB 分析工具，让信息使用者能够获取深市 39 家成份股指数上市公司最近五年的财务数据和实例文件。深交所还将生成的信息通过图形界面进行直观展示，让信息使用者更真实地接触到信息的生成、提取、分析、交换和共享过程。

经过我国多方机构的多年探索与实践，2010 年 XBRL 国际组织正式确认上海证券交易所上市公司、基金 XBRL 分类标准通过"Approved"认证①。XBRL 国际组织对我国 XBRL 技术应用的认可，是我国 XBRL 发展之路上的又一重要里程碑。2011 年首批实施 XBRL 的上市公司基本完成企业会计准则通用分类标准的配置，实现采用 XBRL 进行财务报告披露。

2.2.2　从组织与规则建设视角

我国监管部门运用 XBRL 技术提升了监管效率。2006 年 2 月证监会信息中心、保监会信息中心等单位发起成立 XBRL 中国地区组织促进会，开始了 XBRL 中国组织的筹备工作。2008 年 10 月 15 日，XBRL 中国地区组织成为 XBRL 国际组织成员，代表中国参与 XBRL 国际组织的决策和活动。2008 年 11 月 12 日，XBRL 中国地区组织正式成立。与此同时，财政部引导国资委、证监会、银监会及保监会等政府机构开通 XBRL 中国组织网站，提供包括 XBRL 新闻、技术规范、分类标准、实例文档等信息。2009 年财政部《关于全面推进我国会计信息化工作的指导意见》确立了 XBRL 在会计信息化发展进程中的意义。2010 年，财政部发布《企业会计准则通用分类标准》和《可扩展商业报告语言（XBRL）技术规范》系列国家标准，确定了首批实施企业和会计师事务所的名单。该系列标准的公布是继会计准则、企业内部控制行为规范之后的第三大革命性标准，它预示着以 XBRL 为标志的会计信息化时代正式来临。XBRL 中国地区组织正式纳入 XBRL 国际组织会员行列。财政部出台石油、天然气和银行业 XBRL 分类扩展标准。2011 年 12 月，银监会制定并发布了银行监管报表扩展分类标

---

①　"Approved"认证是 XBRL 国际组织对分类标准最高级别、最权威的认证，认证过程严格细致、耗时长，对标准的技术规范性、业务适用性及社会评价度均有严格要求。在这之前，仅美国地区部分标准通过该级别认证。

准。为提高中央企业财务信息化水平，推动实施财政部《企业会计准则通用分类标准》(以下简称通用分类标准)，实现企业财务决算报告标准化，提升监管工作效率，2013 年国资委发布《关于印发国资委财务监管报表 XBRL 扩展分类标准的通知》。13 家央企、169 家地方大型企业、5 家保险公司和 18 家银行被纳入 XBRL 实施范围。2015 年，最新版本的《企业会计准则通用分类标准》发布，修改和整合了先前的标准。2016 年 10 月，财政部发布《企业会计准则通用分类标准保险业和证券业扩展部分及公式链接库》，对 2015 版《企业会计准则通用分类标准》进行丰富和补充，供《企业会计准则通用分类标准》实施企业使用。这些标准的使用为我们未来的研究提供了机会，如可以分别就不同时期的标准进行比较，观察其不同的经济后果，以及不同标准对公司治理效应的影响。

综上，XBRL 在中国的发展之路体现出以下几点特征：第一，后发优势。鉴于我国集中力量办大事的体制，尽管中国引入 XBRL 较晚，但 XBRL 技术在政府的强势主导下发展迅速，并在 2004 年成为第一个在部分企业强制进行 XBRL 试点的国家。第二，多组织齐头并进。财政部与证监会分别组织与引导所辖公司的 XBRL 分类标准应用与实践，为各自领域的 XBRL 实践提供具体指导。第三，分步推进。我国 XBRL 应用的引进和推广在财政部及其他机构的指导下逐步实施。先在基金公司全面推广，以点代面，通过部分行业与部门先行试点，再逐步推开，遵循技术扩展的路线。第四，以强制实施为主。强制实施的行政命令为我国 XBRL 应用提供了更好的行政动力，为相应公司提前适应 XBRL 技术和我国资本市场的信息建设争取先动优势。第五，XBRL 技术与其他信息技术的整合。实务中，XBRL 与 ERP 联结与汇集能力，以及将 XBRL 与大数据、云计算、区块链、人工智能等新技术融合，使得 XBRL 技术更具有生命力。

2.3　XBRL 应用的中国主导机构

XBRL 在中国的应用与推广先后得到了包括上交所、深交所、证监会、财政部、银监会等在内的多个机构部门的重视与支持。

在组织构建方面，我国最早创建 XBRL 财务报告分类标准的机构是证券交易所。上交所和深交所基本上同时完成了上市公司 XBRL 财务报告分类标准的制定和配套的信息披露网站的建设（李争争、张天西，2013）。证券交易所制定的 XBRL 财务报告分类标准在上市公司成功制定和顺利推行后，我国政府机关和监管机构也分别发布了相关的分类标准。其中当属 2010 年财政部制定的《企业会计准则通用分类标准》最具权威性和影响力。财政部、上交所、深交所和国资委的 XBRL 应用已贯穿于前述章节介绍。此外，2010 年 2 月，中国银监会成立银行业可扩展商业报告语言（XBRL）分类标准工作组，组织研究制定银行业 XBRL 分类标准。2011 年 12 月，银监会组织制定了《银行监管报表可扩展商业报告语言（XBRL）扩展分类标准》，并在部分银行业金融机构试点实施。2012 年 4 月，银监会组织 18 家银行业金融机构实施通用分类标准。参与单位涵盖了政策性银行、国有商业银行、股份制商业银行和城市商业银行，所管理的资产占所有银行业金融机构总资产的比例超过 70%。

在企业内部应用方面，包括中石油、东方航空、华能国际、中科金财、昆仑银行在内的多家企业已进行富有成效的探索，涉及企业数据横向挖掘和共享、XBRL 数据如何与 ERP 相融合、XBRL 数据如何与企业内部控制相融合等。XBRL 技术在企业内部的应用可以帮助企业完成多个业务系统之间的高效数据转换，改善企业的"信息孤岛"困境。不仅将 XBRL 应用于传统的报表信息披露，还可将其融入企业管理中去，继而提高国内企业的 XBRL 应用积极性和主动性。

2.4　XBRL 应用的法规、准则、规范

XBRL 法规、准则、规范为 XBRL 运用提供不同层面的标准。我国现有的分类标准种类繁多、规范对象逐层细化，主要包括《上市公司信息披露电子化规范》、《证券投资基金信息披露 XBRL 标引规范》、上交所上市公司分类标准、金融类公司分类标准、基金分类标准、深交所上市公司分类标准。其中前两个分类标准在证监会主导下起草、编制并发布，是我国的基本分类标准。基金分类标准和金融类公司分类标准均由上海证券交易所编制并发布，分别于 2006 年 7 月和 2008 年 2 月通过 XBRL 国际组织认

证。以往针对我国 XBRL 应用法规、准则和规范的文献梳理较多，但高锦萍（2009）、王世东（2009）论述得更为详尽、全面，本书主要参考 XBRL 中国①及以上两篇文献，对现有 XBRL 应用法规、准则和规范进行梳理和分析。

2.4.1 《上市公司信息披露电子化规范》

《上市公司信息披露电子化规范》（以下简称《电子化规范》）的制定由中国证监会主持、上市公司信息披露标准化小组加入共同完成。其维护工作由我国金融标准化技术委员会证券分技术委员会进行。参与《电子化规范》起草的机构包括中国证监会、上海证券交易所和深圳证券交易所。

《电子化规范》遵循 XBRL 技术规范 2.1 和 FRTA 的相关技术要求，内容涵盖上市公司定期报告的全部内容。最新版本的分类信息共有模式定义 8 个文件、1491 个元素、36 个链接库文件和 4593 个链接关系。

《电子化规范》从分类标准的结构入手，详细阐述了我国电子公告文档规范的真实性、可靠性、完整性以及可用性。《电子化规范》以上市公司信息披露所包含的各个数据项在含义上的内在联系为基础，划分所有包含元素的全集。在此基础上将代表同类信息的元素进行组合，配置成多个相互独立的分类标准。这些分类信息又相互关联或索引，从而共同构建出复杂的分类标准体系结构。应用范围方面，《电子化规范》的财务信息部分，主要针对一般工业企业公开披露的财务信息制定，将上市公司对外披露的信息按不同业务划分为 16 大类、100 中类和 276 小类。《电子化规范》涉及的公告类别和公告代码由金融标准化技术委员会证券分技术委员会根据上市公司业务发展的需要进行修订和调整。《电子化规范》从内容上描述数据元规范，界定数据元的具体内容；阐明数据元分类原则；定义数据元的具体分类和属性描述等。并在此基础上对上市公司的各类信息数据进行必要提取，较为完善地总结出兼顾各类信息使用者需要的、通常的、基础的数据科目（数据元）清单。

《电子化规范》中的最核心部分是上市公司信息披露核心分类标准

---

① XBRL 中国：http://www.xbrl-cn.org/。XBRL 中国地区组织官方网站。网站的服务包括：一是 XBRL 相关新闻、实务、研究、重要会议的动态；二是征求各方对国家、行业 XBRL 分类标准制定的意见；三是构建 XBRL 人群的信息交流、技术研发、应用共享的平台；四是线上线下 XBRL 培训课程；五是组织专题研究、发布相关报告或数据。

（Cn-Csrc-Core）。凡是在上市公司信息披露中会被多个公告使用的元素，均被认为是公用元素，核心分类标准涵盖了所有已知的公用元素。这些公用元素根据其在定义上的内在关联，被归类到不同的分类标准。这些分类标准被称为基本分类信息（Basic Taxonomies），界定了主要的数据元素。简言之，核心分类标准是由多个基本分类标准构成的一个分类标准体系。核心分类标准由 6 个基本分类标准组建而成，分别是基本信息分类标准、通用术语分类标准、全局通用文档分类标准、公告基本信息分类标准、财务报表分类标准、公告非财务信息分类标准。其中，基本信息分类标准、通用术语分类标准是为未来预期内系统的模块化而订立的，这两个分类信息标准的内容被分散定义于其他的分类标准中。全局通用文档分类标准来源于 XBRL 国际组织定义的国际公用分类标准，它界定了建立实例文档时需要涵盖的多种关键信息，如文档信息（题目、版本）、汇报机构信息、联系方式信息及校订信息等。全局通用文档分类标准并没有单独的定义，而是将相似的信息划分在公告基本信息分类标准中。公告基本信息分类标准、财务报表分类标准、公告非财务信息分类标准则是参照现行的上市公司信息披露业务规则及对披露内容的要求而制定的，财务报表分类标准依据《企业会计制度》制定。公告基本信息分类标准涵盖对公告本身的公用描述信息，例如，用以唯一标识某个公告的公告标识、上市公司代码、公司简称、公告的发布主体、公告类别编码、公告的发布时间、公告的更正版本等信息。财务报表分类标准则包含上市公司公布的基本财务数据信息。它对上市公司在定期报告中披露的财务报表里各项会计科目所对应的元素进行界定，并根据《企业会计制度》定义了一系列约束性规范。公告非财务信息分类标准通过提取上市公司信息披露中涵盖的主要非财务信息，定义其所对应的元素，并根据业务需要对这些元素界定不同程度的约束性规范。如公司基本情况、公司股本及股东情况、公司的经营概况、公司筹资或募集资金情况、公司关联交易情况、公司重大事项情况等信息都是公告非财务信息分类标准中所涉及的内容。

根据上市公司信息披露规定的要求，在核心分类标准的基础上，为不同类别的公告分别界定分类标准，这些分类信息在《电子化规范》中被称为扩展分类标准。扩展分类标准通过加入特定公告类别所专有的元素，引入核心分类标准并进行扩充，得到符合特定公告类别需求的分类信息。根据该标准进行分类的上市公司公告，扩展分类信息包括的内容分别与特定公告类别相对接。

2.4.2 《证券投资基金信息披露 XBRL 标引规范》和基金 XBRL 分类标准

《证券投资基金信息披露 XBRL 标引规范》（CFID，以下简称《标引规范》）如图 2-1 所示。它以基金分类标准的工作为基石，参考 2006 年之后我国基金业发展趋势，依据我国信息披露的最新法律法规、新企业会计准则以及国际最新 XBRL 相关规范构建的我国新基金信息披露 XBRL 分类标准。《标引规范》主要由上交所主持起草，由证监会确定该分类标准，以中国证监会标引规范形式发布。基金分类标准（CFCID）则是上交所制定并发布的基金行业上市公司信息报送 XBRL 规范，于 2006 年 7 月通过国际组织认证。

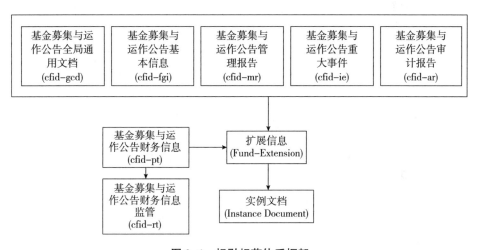

图 2-1 标引规范体系框架

《标引规范》除了适用于基金管理公司、基金托管银行等信息披露义务人完成信息披露义务，也适用于监管机构、研究分析机构、会计师事务所、投资人以及信息服务公司、公众媒体等运用 XBRL 技术进行基金披露信息的发布、传播、挖掘和再加工等。除公开披露的基金信息外，《标引规范》还基于 XBRL 本身的技术特性，预留监管信息接口，以备扩展。相对而言，基金分类标准的应用范围比较小，运用主体仅包括基金上市公司。

《标引规范》涵盖的分类标准包括基金财务信息和非财务信息。其中全局通用文档分类标准（cfid-gcd）、基本信息分类标准（cfid-fgi）、管理报告分类标准（cfid-mr）、重大事件分类标准（cfid-ie）、审计报告分类标准（cfid-ar）主要涉及基金非财务信息。全局通用文档分类标准模式定义文件对下述要素进行界定，分别是公告名称、送出日期、重要公告、释义、备查文件信息等。基本信息分类标准模式定义文件界定了基金名称、简称、运作方式、代码等基金基本情况；基金管理人信息、托管人信息、份额发售机构信息、会计师事务所信息等基金相关机构信息；基金投资目标、投资策略、投资限制等基金投资概况。管理报告分类标准模式定义文件中界定的元素包括基金管理人报告、托管人报告等。重大事件分类标准模式定义文件界定了基金的重大事件等。审计报告分类标准模式定义文件界定了基金审计报告相关元素等。财务信息分类标准（cfid-pt）模式定义文件界定的元素主要包括：主要财务指标、基金净值表现及收益分配情况；资产负债表、利润表、所有者权益（基金净值）变动表、会计报表附注；投资组合报告、投资组合报告附注等。监管信息分类标准（cfid-rt）的内容则包括信息披露义务人向监管机构报送的非公开的监管信息。

相较《标引规范》，基金分类标准在体系框架上基本一致，但在命名规则、标准内容、元素定义等方面存在不同。从模式文件的文件名来看，基金分类标准中的均以"cfcid"开头，而《标引规范》中的以"cfid"开头，这导致在分类标准的应用过程中对各模式文件和链接库文件的引用存在差异。因此，两个分类标准对具有同一元素名的元素的界定可能出现不同的属性。但相比之下，《标引规范》涵盖更多的元素，更能全面地反映基金信息。

此外，自基金公司 2007 年 7 月 1 日起推行新会计准则以来，根据相关格式准则、编报规则等在实际信息披露中的应用、新会计准则中对信息披露的规范以及中国证监会基于新会计准则修订的基金信息披露模板，《标引规范》和基金分类标准在内容上均进行了不同程度的调整。

2.4.3 上交所上市公司 XBRL 分类标准和金融公司分类标准

2005 年 7 月，上海证券交易所发布了上市公司 XBRL 分类标准，针对工商类上市公司做出了明确、具体的报送规定（见表 2-1）。在后期的修订中，该文件中补充的金融类上市公司分类标准于 2008 年 2 月通过国际组织认证。目前，上海证券交易所上市公司分类标准是我国涵盖内容最为全面，且均通过 XBRL 国际认证的分类标准。

表 2-1 上交所上市公司 XBRL 分类标准行业名称缩写

工商企业	商业银行	保险公司	证券公司	投资基金	信托公司
ci	bane	inse	sce	ife	ute

图 2-2 左侧实线框里的分类标准是原上交所发布的上市公司 XBRL 分类标准中内容，包括基本分类标准以及工商类上市公司分类标准。剩余部分列示的分类标准均针对金融公司，包括银行类、保险类、证券类、投资基金类以及信托公司类上市公司。公司扩展分类指的是上市公司依据有关规范，在引用以上相关分类标准的基础上结合自身情况对分类标准进行的扩展。实例文档则是在相关分类标准的基础上借助专业软件生成的 XBRL 格式的上市公司财务报告。

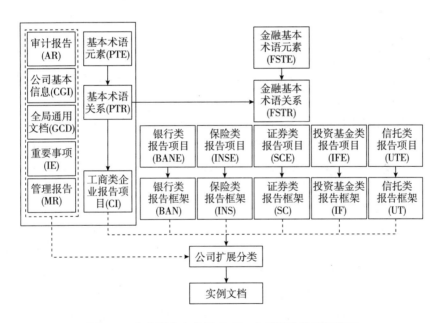

图 2-2 上交所上市公司 XBRL 分类标准体系框架图

资料来源：上交所上市公司分类标准。

该分类标准对上市公司编制定期报告中使用的部分术语进行界定。其中"审计报告"（AR）列示了依据我国上市公司信息披露法规中要求的与会计报告相关的术语，如审计报告、审计报告意见段、审计报告说明段等。"公司基本信息"（CGI）列示了与公司基本情况相关的术语，如公司基本情况、股本变动及股东情况、关联公司基本情况简介、股改前股本结构变动等。"全局通用文档"（GCD）列示了一些公共概念，如公司简称、公司代码、会计年度起始日期、会计年度截止日期等。"重要事项"（IE）列示了报告期间所发生的重大事件，如担保公告、关联交易公告、股权分置改革、诉讼等。"管理报告"（MR）列示了管理层报告相关概念，如公司治理结构、董事会报告、监事会报告、股东大会情况等。以上五个分类标准属于依据《电子化规范》制定的五个基础分类标准，上市公司分类标准体系的其他分类标准可以依据规范进行引用。

除了上述五个基础分类标准之外，在上交所最初颁布的上市公司分类标准体系中，还包括以下三个分类标准，分别是"基本术语元素"（PTE）、"基本术语关系"（PTR）、"工商类企业报告项目"（CI）。PTE 依照我国《企业会计准则》和上市公司信息披露规定对财务报表项目进行列示，包括存货、货币资金、固定资产、应付账款、财务费用、资本公积等。PTR 是一种总体性概念，描述的是 PTE 包含财务报表项目之间的逻辑关系，如资产负债表、利润表、所有者权益表、合并资产负债表等。分类标准 PTE 和 PTR 中所定义的内容涉及了多种上市公司类型，为分类标准体系的扩展奠定了良好的基础。CI 列示的是用于生成工商类企业 XBRL 实例文档时财务报告的详细内容，所选择的概念符合《企业会计准则》和上市公司信息披露规定。

图 2-2 右侧的 12 个分类标准是针对金融类上市公司制定的。其中"金融基本术语元素"（FSTE）和"金融基本术语关系"（FSTR）是金融类上市公司分类标准体系中的基础分类标准，其定义的概念可以类比"基本术语元素"（PTE）、"基本术语关系"（PTR）的定义，分别对金融类上市公司财务报告中涉及的基本概念及其逻辑关系进行描述。"银行类报告项目"（clcid-bane，BANE）、"保险类报告项目"（clcid-inse，INSE）、"证券类报告项目"（clcid-sce，SCE）、"投资基金类报告项目"（clcid-ife，IFE）、"信托类报告项目"（clcid-ute，UTE）五个分类标准分别描述了五类金融上市公司各自财务报告中包含的一般和特殊财务信息，如客户资金存款、吸收存款、非保费收入和基金净值等。同时，XBRL 分类标准

体系运用 Xlink 技术将相应参考链接库文件、表示链接库文件和标签链接库文件链接到上述的每个分类标准中。"银行类报告框架"（clcid-ban，BAN）、"保险类报告框架"（clcid-ins，INS）、"证券类报告框架"（clcid-sc，SC）、"投资基金报告框架"（clcid-if，IF）、"信托报告框架"（clcid-ut，UT）五个分类标准类似于集合概念，分别描述五类金融上市公司会计报告框架信息，如资产负债表、利润表、所有者权益表、基金收益分配表、信托公司会计报表附注等。同样地，Xlink 技术在报告框架层次也对应匹配各分类标准的表示链接库文件和计算链接库文件。

2.4.4　深交所上市公司 XBRL 分类标准

如前所述，我国两大证券交易所（上交所、深交所）关于 XBRL 分类标准的制定工作几乎是同步进行的。但深交所以《电子化规范》为基础制定的 XBRL 分类标准结合了自身活跃市场的特殊性，形成了与上交所不同的 XBRL 分类标准体系（见表 2-2）。

表 2-2　深圳证券交易所上市公司 XBRL 分类标准行业名称与报告内容缩写

名称缩写		报告内容缩写	
工商企业	ci	财务报表	rpt
商业银行	basi	非财务信息	nf
保险公司	ins	年度报告	ar
证券公司	bd	半年度报告	sar
		季度报告	qr

资料来源：深交所上市公司 XBRL 分类标准。

从图 2-3 中可直观看到，深交所颁布的 XBRL 分类标准体系共包括 12 个模式定义文件，这 12 个文件依据行业企业分类，以一般工商类、保险类、证券类、商业银行类公司为界分别生成和提交 XBRL 格式财务报告。

公司通用信息（Cn-gcd）主要描述一般上市公司财务报告所包括的部分共有非财务信息，如公司经营范围、所处行业代码、公司沿革、公司代码、违规处理公告、关联交易公告、董监会报告、股权分置改革、公司治

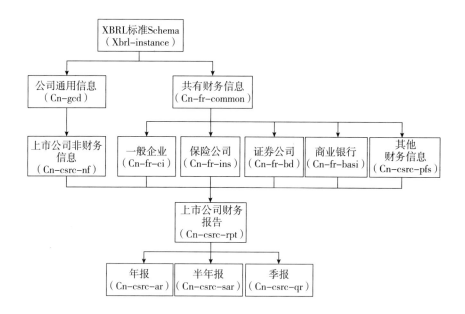

图 2-3　深交所上市公司 XBRL 分类标准体系框架图

理结构、股东大会情况等。共有财务信息（Cn-fr-common）中描述了一般上市公司财务报告所包括的财务信息，如存货、销售费用、交易性金融资产、营业外收入、投资收益及资本公积等。一般企业（Cn-fr-ci）、保险公司（Cn-fr-ins）、证券公司（Cn-fr-bd）、商业银行（Cn-fr-basi）四个分类标准借鉴共有财务信息分类标准，并同步设定相应链接库文件中各财务报表科目之间的勾稽关系。

对比发现，虽然上交所和深交所制定发布的上市公司 XBRL 分类标准都是以《电子化规范》为基础，均符合 XBRL 技术规范 2.1 和 FRTA 1.0，然而两者在 XBRL 财务报告的实施方式上存在较大差异，可能会导致实施效果的不同（史永、张龙平，2014）。

第一，开发机制不同。上交所使用的《中国上市公司信息披露分类标准》是自主开发，并得到了国际组织的认证。深交所使用的分类标准是依据 XBRL 2.1 规范和 FRTA 1.0 的框架，按照证监会关于上市公司信息披露系列准则的要求制定。不同的分类标准可能导致 XBRL 披露质量的差异。

第二，命名约定不同。分类标准体系中的分类标准名称是使用过程中引用和链接的标识，上交所和深交所的分类标准体系在内容上存在部分重叠，但相关的分类标准命名存在差异，这也造成了两者不能相互替代。

第三，结构和信息含量不同。上交所制定的分类标准体系中，将金融类上市公司所包含的通用信息提取形成独立的分类标准，不同金融类上市公司的具体财务信息分为两个分类标准。深交所制定的分类标准体系中，金融类上市公司与工商类上市公司的财务信息包含在一个分类标准中。比较而言，上交所制定的分类标准体系涉及面更广，包含内容元素更为全面。如投资者及其他信息使用者可以通过上交所 XBRL 平台查阅上市公司财务报表附注信息，而深交所目前尚未实现该运用；又如上交所 XBRL 平台的信息使用者可以通过平台的内嵌绘图软件选择同行业不超过三家上市公司进行深度分析；深交所 XBRL 上市公司信息服务平台主要提供上市公司三大财务报表的主表内容，以及自 2009 年以来数据的纵向对比和少数公司的横向对比，相比之下，上交所包含的可供挖掘的公司特质信息可能更多。

第四，网页呈现质量不同。根据聂萍和周戴（2011）对世界范围内的五家证券交易所（上交所、深交所、台湾证券交易所、美国 SEC 和以色列证券交易所）的 XBRL 服务平台的评分结果①，从实时性、交互性、完整性、可比性和可理解性五个方面对信息披露有效性进行考察；从交互性和透明度两个方面对上述交易所的网页适用性进行评价。评分结果显示，在会计信息质量特征方面，深交所得分第二、上交所第四；在网页适用性方面，分值与前者存在差异，但两个交易所排名相同。总之，无论会计信息质量特征还是网页适用性，深交所 XBRL 平台的得分均高于上交所。

我国沪深证券交易所之间、财政部与交易所之间、监管部门与交易所之间的不同标准和规范，给 XBRL 用户增加了太多信息披露的成本。在 XBRL 应用相关法规不统一的情况下，如果某公司同时在沪深交易所上市，或者它的上下游公司分别在不同交易所上市，将会产生附加填报成本。如长虹集团，其为了满足不同上下游公司、母子公司的业务需要，专门成立一个部门完成 XBRL 智能报告平台的构建以及运作任务，这一过程中伴随业务流程产生的 XBRL 信息转换、填报、披露成本由于规范的不统一而大幅提高。另

---

① 采用专家咨询法，构建两个维度（会计信息质量和适航性等）、三个层次、共计 18 个评价指标 XBRL 服务平台评估体系。

外，不同行业、不同部门、不同企业之间内部管理应用的 XBRL 实施标准不统一，格式不规范，造成企业内部实施无标准可循，各行其是，企业内部实施效果差强人意，因而需要有一个统一的实施企业内部 XBRL 的标准，以方便企业参照执行。目前只在石化系统有一套完整的实施标准，其他行业尚无标准，有必要进行 XBRL 应用分类标准的统一和规范工作，以提高 XBRL 应用效率及可推广性，同时降低 XBRL 应用的报送成本。

2.5 XBRL 研究发展

历经近 20 年发展历程，XBRL 技术开发与实务运用取得了较丰硕的成果。相应地，XBRL 应用研究也在科研领域受到一定程度的重视，众多学术成果为理解这一新标准的研究现状和未来的研究方向提供了重要的参考。总体而言，XBRL 的研究还处于起步阶段，下面从研究方法与内容予以评述。

研究方法方面，XBRL 的文献大多采用规范研究（Bovee，2002；Wagenhofer，2003；CICA，2005；李立成，2008；刘勤，2006；韩庆兰、蔡苗，2008；Bonson et al.，2009；刘玉廷，2010；吴忠生、刘勤，2015）。但由于 XBRL 分类标准的根本属性是运用于财务报告领域的一种计算机技术，因此无论是在计算机技术领域还是会计学领域，都应该有很多不同的研究方法。例如 Pinsker（2003）采用调查问卷法，以会计师和审计师作为调研对象，考察 XBRL 应用的准确性和效率；Boritz 和 No（2007）运用模拟实验，对 SEC 自愿报送项目中已有的 XBRL 实例文档模拟审计，关注自愿报送计划实施后 XBRL 实例文档提供信息的数量和质量；也有学者运用生物分类方法研究 XBRL 信息元素分类，并赋予相应的属性词。根据不同主题，采用不同的方法。国内大多数学者跟随采用国外主流研究方法，形式相对单一。由于我国 XBRL 财务报告分类标准实施年限不长，结合我国自身财务报告环境，采用案例研究法和实验研究法或许有更多的理论和实践意义。

从研究内容来看，主要集中于 XBRL 标准所带来的信息生成、传送、披露优势（Wagenhofer，2003；刘勤，2006；庄明来、魏森淼，2011；陈宏明、李芬桂，2014），而较少研究 XBRL 技术特征和技术开发。代表性的文献有：Katz（2004）从技术合规性、分类标准结构、可理解性、内容的完整性、可比较性、内容准确性六个方面评价 XBRL 分类标准的适当性；张天西（2006）结合会计理论、数据库理论建立财务信息元素理论；高锦萍（2008）提出本体论构建我国 XBRL 标准，为制定我国 XBRL 分类标准奠定了良好的基础。此外，随着 XBRL 标准的强制推行，部分文献开始关注 XBRL 标准的扩散问题（赵现明、张天西，2010；吴忠生、刘勤，2015），并认为 XBRL 标准应用于整个财务信息供应链后，才能充分实现 XBRL 标准的价值。XBRL 标准最终的目标是通过提高公司信息的透明度影响投资者的决策效率，因此将 XBRL 标准看作提高公司信息质量的变量，放入传统的会计研究中，研究其对资本市场以及公司治理状况的影响也是一个重要研究视角（陈宋生、童晓晓，2015），详细概况如表 2-3 所示。

综上，XBRL 分类标准的推行主要集中在财务报告层面，有必要在实务运用中充分发挥 XBRL 分类标准的优势。研究 XBRL 分类标准在业财一体化中的技术开发情况，为 XBRL 应用于整个财务信息供应链的学术研究提供实务案例与素材，为探讨公司 XBRL 技术应用计量与应用效果奠定基础。

表 2-3　主要参考文献概述

作者	年份	概况
Bovee	2002	分类标准与企业偏好的报告实践之间存在差异 汇总程度与企业偏好不一致（高于或者低于）的分类标准，可能造成企业间信息可比较性的损失 信息含量丰富的财务报表附注难以在运用分类标准的同时保证分类质量
Wagenhofer	2003	公司在标记信息时可能存在主观性筛选问题，仅标记有利信息，对不利信息不进行标记 审计人员需要在审计程序中加入对"标记事项完整性、准确性"的认定 XBRL 技术实现了企业信息数据的动态调整，要求审计人员对数据的输入、加工、导出结果增加设计审计程序

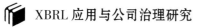
续表

作者	年份	概况
李立成	2008	直接将 XBRL 国际组织发布的 XBRL 分类标准规范运用于我国实务界是不恰当的 制定兼顾符合我国会计准则的要求和 XBRL GL 的一般规范能够同时适应国际间企业信息交流、国内企业间数据共享和 XBRL 分类标准的可扩展性
韩庆兰、蔡苗	2008	XBRL 应用所带来的信息增量价值和信息标准化价值 XBRL 分类标准的研究评述，从标准的设计和评价体系两个维度进行梳理，为完善我国 XBRL 分类标准的制定提供参考
Bonson，Cortijo and Escobar	2009	问题：影响组织采纳 XBRL 的因素 方法：德尔菲法 结论：公司自愿采用 XBRL 的动因包括：①企业获得 XBRL 更深层次知识的自主性；②企业希望成为技术创新组织的声誉动机；③企业提高公司在资本市场中认知度、地位的动机
刘玉廷	2010	XBRL 应用取得的成效：联结资本市场信息链，规范上市公司财务报告披露行为，为上市公司内部决策的提出、内部政策的制定提供新平台 现阶段 XBRL 发展局限：缺乏理解 XBRL 标准、开发 XBRL 技术的专家和权威机构
陈宏明、杨锐	2014	比对石油和天然气行业扩展分类标准元素清单与 XBRL 通用分类标准元素清单 评价 XBRL 扩展分类标准规范下的会计信息披露完整性、准确性、可比性 为我国 XBRL 分类标准扩展的理论研究和实践活动提出建议
吴忠生、刘勤	2015	通过竞争博弈模型分析竞争环境下企业对 XBRL 技术的采纳动机与采纳效率 分析企业 XBRL 采纳的最优时机和政府机构的最优辅助策略，以及政府行为对 XBRL 技术扩散的作用效应 结论：①企业采纳 XBRL 技术的意愿和时点与其竞争特性相关；②政府机构可以确定最优辅助策略；③适当的政府干预可以提升企业的竞争特性，进而促进 XBRL 技术扩散 对 XBRL 应用在中国的推进提出具体建议

作者	年份	概况
庄明来、魏森森	2011	梳理和总结 XBRL 技术引进中国近十年来的研究成果 未来研究的基本思路
赵现明、张天西	2010	问题：XBRL 强制实施对公司会计信息透明度的影响以及投资者对财务数据利用效率的影响 样本：上交所、深交所 2004~2012 年的上市公司 结论：①XBRL 年报的信息含量增加。②XBRL 年报公布没有伴随明显的市场反应，原因可能是 XBRL 在我国的实施效用尚未充分体现，投资者存在路径依赖，信息获取渠道仍基本保持原态；XBRL 年报对外公布时间较短，无法获取充分数据进行时间序列分析；无法剔除 2006~2007 年股市行情剧烈波动对研究的影响
陈宋生、童晓晓	2015	问题：XBRL 对盈余公告后股价漂移的影响，股权结构对该影响的调节作用 样本：上交所、深交所 300 成份股股票；2008 年所有中期财务报告及年报，2009 年半年报，第一、第三季度报 结论：①XBRL 的强制实施降低了我国资本市场盈余公告后的股价漂移程度；②国有企业尤为敏感，说明政府干预对我国资本市场存在正向调节作用

3 XBRL 应用的理论基础与治理路径

主要回顾与治理相关的传统公司治理理论、行为金融理论与 XBRL 治理路径。从理论内涵出发，明晰各项基础理论的概念与构成，分析 XBRL 的信息技术特征、优势与各理论要素的关系，明确 XBRL 在理论上的治理效益。将各个理论要素、企业经营业务与信息使用者决策流程相结合，分析 XBRL 在各方面的治理路径，阐述 XBRL 以信息为核心的公司治理功能。

3.1 XBRL 应用的理论基础

已有的 XBRL 相关研究中，主要使用传统的治理理论较多，如委托—代理理论、信息不对称理论等，还有对行为金融理论与蛛网理论等新兴经济学理论进行解释。

3.1.1 传统治理理论

3.1.1.1 委托—代理理论

随着近代投资者由最初管理公司的亲力亲为，发展到具有现代管理头脑的企业股东，更倾向于吸引外部职业经理人经营企业，从而让自己从琐碎的日常事务中脱身。如此分工下的企业，其良好的合作机制大大提升了公司的治理效率，从而实现所有者和经营者的双赢局面，但与此同时也会导致一定的问题出现，即代理成本的产生。

代理成本包含监督成本、约束成本和剩余损失。由于信息不对称，股东无法知道经理人是否存在在职消费或自我松懈而产生的支出；同样也无法知晓经理人是否为实现企业价值最大化而自我约束、尽忠职守；当股东为监督和约束经理人而建立的机制出现收益小于成本的状况时，便出现第三类代理成本——剩余损失。由于多层代理关系的存在，代理成本可能同时存在于股东与管理者、股东与债权人、大股东与小股东之间以及公司与非投资者的利害关系人之间。这些相关代理成本的发生会侵蚀股东权益、造成企业价值的损失以及降低管理层报酬。因此，代理人为了实现代理成本的最小化，提高自身报酬，就会尽量和股东利益保持一致，而这也正是公司管理层自愿应用 XBRL 财务报告披露信息的内在动因。XBRL 报表披露，首先，从信息披露的及时性角度能有效缓解信息不对称问题，有利于减少第一类与第二类代理成本。其次，XBRL 实施会使得股东的监管和约束机制更易发挥作用，也更加严格，管理者在更严苛的环境下也能更好地约束自身不良行为，最终结果是剩余损失越来越小。最后，XBRL 能够更准确地对财务信息进行搜索、统计、分析和预测，在财务信息供应链上的任一环节都能够发挥巨大优势，使其发布的财务报告数据更具可靠性，从而自愿应用 XBRL 财务报告的管理者能够增强其在职业经理人市场上的竞争力，提升代理人竞争力。

3.1.1.2　交易费用

交易费用是新制度经济学中的重要组成部分，其概念来源于著名经济学家罗纳德·科斯（Ronald Coase）1937 年发表的论文《企业的性质》。交易费用理论认为，企业作为市场的主体参与者之一，可以直接减少生产者和消费者由于交易的频繁和矛盾产生的交易费用。科斯最初对交易费用的理解是利用价格机制产生的市场交易费用，如机会成本、与供应商讨价还价的费用、监督费用和决策费用等。后经过阿罗、德姆塞茨、威廉姆森的发展，交易费用的边界逐渐拓宽，直到张五常把交易费用界定为最为广泛的，即为了达到交易目的所发生的一切直接和间接费用。

亚当·斯密认为，人作为市场参与主体，其做出的判断和行为是基于理性思考的。在传统的财务报告信息披露中，上市公司倾向于避免披露更多的非强制性信息。这些信息的披露产生三类成本：第一类，由于非强制性信息的获取是不确定和不公开的，信息披露者往往披露多次才能满足投资者或者信息需求者的要求（张宗新等，2005；彭屹松，2007），产生了一定的披露费用；第二类，由于上市公司不愿自主披露绝大部分的非强制性信息，信息需求方需要自行搜寻相关信息（何卫东，2003；李慧云，2016），产生了一定的搜寻和分析成本；第三类，自愿性信息披露程度的高低与所处市场监管环境有关（李慧云，2012），监管程度高的市场具有健全的信息披露制度，上市公司作为主体披露自愿性信息的意愿更强，反之则只披露强制性信息（谢志华等，2005；崔学刚，2004），总之，投资者会在获取和鉴别有用的信息上付出大量的时间和成本，远超过信息使用产生的效益（杜兴强，2002），而使得传统的自愿性信息披露交易成本更高。

在 XBRL 技术平台上，信息供应方只需要提供一份标准 XBRL 格式的财务报告，XBRL 自身便可以将格式自动转换成多种需求方所需的样式，无须重复发布，大大降低了交易费用。

XBRL 形式的财务报告大大提升了其透明度，信息获取方也无须重复对信息进行鉴别和分析，将 XBRL 格式的财务信息导入相关软件程序即可获取所需信息。根据交易费用理论，XBRL 的实施可以大大降低自愿性信息披露的交易费用，对自愿性信息披露的上市公司具有正向激励作用。

企业采取不同的组织方式最终目的是为了节约交易费用。运用 XBRL 技术进行企业内外部信息传递，打通相互之间的信息孤岛，较传统的方式更为便利，也更能缩减交易费用。企业以 XBRL 技术为依托加强与外部供应链上下游之间、同行业之间的信息交流；企业内部各车间、部门的信息传递更加快速，能降低内外部治理、交易中发生的交易费用。当然，随着时间的推移，XBRL 产生的边际效用会越来越小，企业的竞争优势将逐步减少乃至消失，企业之间的竞争将转移到另外的技术。从这一角度来说，XBRL 要真正成为企业的核心竞争力，必须与管理相结合，才能充分发挥其竞争优势。根据资源依赖理论，组织体的生存与发展需要从周围环境中吸取资源，需要与周围环境相互依存、相互作用才能达到目的。因此，当所有的企业趋同后，XBRL 竞争优势将转化为企业的必备项目，XBRL 为企业带来的竞争优势将不断被削减，此时，就需要企业通过升级 XBRL 技术或开发 XBRL 与其他技术应用的协同运用等方式以增强企业信息流程带来的竞争优势。

3.1.1.3 信息不对称理论

20 世纪 70 年代，美国经济学家率先关注到信息不对称现象，并以名牌商品的热销现象为切入点，分析商品的名牌属性与信息不对称的关系，认为名牌能减少信息不对称性，并且信息不对称现象在现实生活中广泛存在。其中，阿克尔洛夫于 1970 年运用信息不对称原理分析了著名的二手车交易困境案例，并提出了"柠檬市场"的概念。信息不对称理论往往是指资本市场中的公司制企业的管理层等相对于资本市场的投资者具有信息优势，其有可能利用自身信息优势，违背甚至损害投资者的利益，而信息劣势方很可能出现逆向选择或遭受道德风险。公司治理问题出现的根源之一就在于管理层与投资者的信息不对称。公司内部治理的关键同样在于管理层与各级员工的信息不对称。

在公司治理范畴中，信息不对称的影响是相当广泛的。道德风险主要是指代理人与委托人的收益目标不一致导致代理人在经营过程中可能偏离或损害委托人的收益。因而，道德风险的存在极大地抑制了投资者对管理层的信任与投资动力。逆向选择主要指公司信息在投资者与管理层之间分布不均匀，处于信息劣势的投资者为了预先防止管理层道德风险，在事前选择预期最大损失较小的项目，无法基于贝叶斯规则对投资项目的风险予以理性评价。在逆向选择的情况下，投资者无法获得对管理层的正确评价与管理授权，管理层的努力得不到恰当的市场关注与支持。

XBRL 是基于 XML 发展而来的可扩展商业报告语言技术，其技术起点就在于改善财报信息披露，提高信息透明度。在此基础上，XBRL 在企业内部的深入应用将进一步整合与改善公司内部的信息不对称。因而，XBRL 技术通过抑制公司内外部的信息不对称进而改善公司治理，完善管理层授权与薪酬激励。

3.1.1.4 信号传递理论

1973 年诺贝尔经济学奖获得者斯宾塞（Spence）首先提出了信号理论。该理论的主要观点是，即使交易双方存在严重的信息不对称（如尚不成熟的网上交易市场），商家仍然可采取一些措施，向消费者传递商品高质量的信号，增加消费者信任与购物信心，从而实现潜在的交易收益。

信号理论主要包括信号传递和信号甄别两大方面：信号传递指通过可观察的行为传递商品价值或质量的确切信息；信号甄别指通过不同的合同甄别真实信息。两者的主要差别在于，前者是信息优势方先行动，后者是信息劣势方先行动。从上市公司使用 XBRL 技术进行财务报告编制以及内部管理的角度来说，信息传递理论更能恰当地解释公司对 XBRL 技术的应用动机。由于资本市场中信息不对称现象的存在，一方面，外部投资者缺乏对公司成长能力和风险的充分了解，很难对其投资决策做出合理和准确的评价，可能产生非效率投资，导致低效率的资源配置。另一方面，由于投资者担心与信息优势方之间的信息不对称，会要求更高的资本回报率，即更高的溢价进行弥补，实现"价格保护"，从而促使资本成本的增加。为了缓解信息不对称导致的不利结果，公司有动力进行有效的信息披露，向外界传递好的信号。通过高质量的信息披露把公司业绩优良的信号传递到市场中，提升自身价值。因此，从自我保护的角度来说，上市公司更应该选择 XBRL 形式的财务报告进行信息披露。

使用 XBRL 技术进行财务报告披露不一定意味着企业具备竞争优势，但如果没有使用则一定程度上代表着企业管理不现代化。上市公司对 XBRL 技术的运用至少可以向资本市场传递三种信号：第一种信号，是否使用 XBRL；第二种信号，使用 XBRL 进行高质量信息披露内容；第三种信号，资本市场中机构投资者可能操纵市场，个体投资者能够更方便地通过 XBRL 甄别市场信息，维护自身利益。也就是说，上市公司为了向市场传达良好的信号而自主地选择 XBRL 模式的财务报告。一方面，相较于传统形式的网络财务报告，XBRL 会提升财务信息的质量，投资者会更方便地识别企业风险，从而做出合理判断，使逆向选择的行为有所缓解。另一方面，财务信息供应链的发展趋势离不开 XBRL 技术的推广，企业自主选择使用 XBRL 模式的财务报告会向社会传递一种良好信号，从而提升自身的关注度。那些业绩不佳、在行业中落后的暂未实施 XBRL 技术的企业为了得到社会和市场的认可会学习标杆企业的运作模式，即选择 XBRL 披露形式的财务报告以便跟上时代步伐。

3.1.1.5 能力基础理论

Amit 和 Schoemaker（1993）在 Wernerfelt（1984）的基础上，将"资源"进一步细分为资源和能力两类。资源可以通过交易获取且不具备特异性，而能力则是企业特有的、是企业运用资源所获取的结果。Makadok（2001）同样强调了能力是"组织所特有的，内嵌于组织中不可移动的，能够提高其他资源利用效率的特殊资源"。由于资源基础理论（RBV）对资源和能力做了界定，因而成为众多学者用来解释科技投资和企业绩效的理论基础（Santhanam、Hartono，2003；Segars、Dean，2001），其中包括 IT 和供应链绩效之间关系等。Huang 等（2006）基于 RBV，参照 Bharadwaj（2000）的框架，研究了 IT 基础设施、IT 人力资源和 IT 无形资产三大类

IT 资源和供应链绩效之间的关系。Lai 等（2008）基于 RBV，研究了第三方物流企业的 IT 能力对竞争优势的影响。

能力基础观起源于演化经济学理论（Yuan、Yuan，2007）。Teece 等（1997）认为，竞争优势的经济基础来自于为了适应不断变化的外部环境而整合、建立和重构企业内外部的技术和资源的能力。这种能力一方面反映了企业在既定的路径依赖和市场条件下，通过卓有成效的组织所获得的创新竞争优势；另一方面又反映了企业经年累月形成的惯例。如 Hoopes 和 Madsen（2008）将能力定义为能够获得特定类型高产出的一种高水平常规惯例。Leiblein（2011）认为，跨组织决策能力对有效开发产品和形成高效流程具有重要影响。Leiblein 和 Macher（2009）认为，组织的动态能力体现在与业务伙伴间的沟通渠道、信息流和协同处理各种问题上。XBRL 对商业信息数据的结构化处理有利于形成较高水平的商业常规惯例，将以合适的作业流程标准化，企业的运营能力，降低管理层的履约成本，提升管理层的履约能力。此外，公司的 XBRL 信息披露与支持的数据挖掘同样有利于培育投资者的信息挖掘与分析能力，降低其监督成本。

3.1.2 行为金融理论

预期效用理论与贝叶斯法则在实务中，特别是金融实务中遇到了一系列挑战。学者们开始从心理认知角度去解释相关异象。Thaler（1993）将其视为以不完全理性思路解释金融实证之谜的金融研究。Shiller（1997）给出了行为金融学更完整的定义。从学科跨度上，行为金融是心理学、决策理论、经典经济学和金融学相结合的学科。从理论目的上，行为金融试图分析与解释金融市场中实际存在的或潜在的与传统金融理论相违背的反常现象。从研究内容上，行为金融研究投资者如何在决策时产生系统性偏差。行为金融突破了传统金融理论只注重理性投资者决策模型对证券市场投资者实际决策行为进行简单测度的研究范式，从投资者实际决策心理出发，强调非理性与认知偏差的影响。

行为金融理论强调认知偏误对个人的实际决策产生重要影响。依据认知过程，可以将认知偏误分为信息获取阶段的认知偏误、信息加工阶段的认知偏误、信息输出阶段的认知偏误和信息反馈阶段的认知偏误。其中，信息获取阶段的认知偏误往往来源于记忆力方面的偏误与工作环境方面产生的偏误。XBRL 技术能够提供便捷的信息收集与挖掘服务，有效地降低了个人对记忆力的依赖，同时标准化的格式与数据分析平台也极大地改善了信息使用者的工作环境，提高了数据的准确性与易得性，降低了次序效应的影响。信息加工阶段的认知偏误来自简化信息处理过程导致的认知偏误、情绪与情感的影响、对信息描述方式的反应和对新信息的态度。XBRL 技术改善了公司信息透明度，提供便捷化的数据挖掘分析平台，能够降低个人自身的信息处理过程，避免个人对信息处理的无力与应用经验的简化信息处理方法时出现的诸如代表现象、锚定误差等偏误。同时，标准化的信息披露格式与统一的数据分类统计口径降低了信息描述方式的差异对投资者认知偏误的影响。整体看来，XBRL 技术能抑制信息处理的前两阶段的认知偏误。尽管不一定能够直接影响个人的心理因素，但在促进决策的科学化与信息的均匀分布上具有重要作用。能够降低认知的系统偏差，减少信息瀑布和非理性羊群的影响。因而，从行为金融角度讲，XBRL 技术在提升管理层的履责能力的同时，也能够提升投资者基于披露信息挖掘的监管能力，进而改善公司治理。

3.1.3 XBRL 信息产权博弈——蛛网理论

蛛网理论是当代西方经济学中分析某些商品的价格与产量变动相互影响，引起规律性的循环变动的理论。该理论最早于 1930 年由美国、荷兰和意大利的三位学者分别提出，1934 年英国学者卡尔多将该种理论命名为蛛网理论。该理论指出，商品价格变动根据供求弹性分为三个类型。当供给弹性小于需求弹性（供给量对价格变动的敏感度小于对需求量）时，价格和产量的波动将逐渐减弱，经济状态趋于均衡。供给弹性小于需求弹性为蛛网稳定条件，蛛网向内收缩，称收敛型蛛网。当供给弹性大于需求弹性（价格对供给量的影响大于对需求量的影响）时，波动逐步加剧，越来越远离均衡点，无法恢复均衡。供给弹性大于需求弹性为蛛网不稳定条件，蛛网为发散型蛛网。当供给弹性等于需求弹性时，波动将一直循环下去，既不会远离均衡点，也不会恢复均衡。供给弹性与需求弹性相等为蛛网中立条件，蛛网为封闭型蛛网。

XBRL 财务报告的市场应用满足蛛网理论的三个适用条件（完全竞争、非耐用品、前期与当期的价格和供应量相互决定），因此彭屹松（2015）在分析 XBRL 信息产权博弈基本框架时，结合蛛网理论这一经济分析方法，提出 XBRL 应用的产权博弈的蛛网理论。

3.1.3.1 XBRL 信息产权博弈的收敛型蛛网

当 XBRL 信息编制者供给信息较为充分时，其对 XBRL 信息产权价格影响较小，图 3-1 中 L_2 较 L_1 陡峭，表明供给弹性小于需求弹性，也就是说，价格变动对供给的影响小于需求。设 L_2 与 L_1 相交于 E 点，其均衡价格为 P_0，均衡的 XBRL 信息透明度为 Q_0，如果市场 XBRL 信息产权价格高于或低于均衡价格，就会引起信息含量的变化，信息含量的变化又会引起信息产权价格的波动，如此下去就是价格与含量的波动。

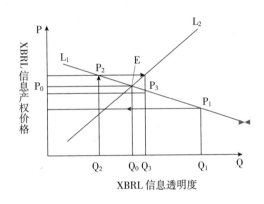

图 3-1 XBRL 信息透明度的收敛型蛛网

在图 3-1 中，第一期开始时 XBRL 信息透明度为 Q_1，$Q_1 > Q_0$，决定了价格为 P_1，$P_1 < P_0$。第一期的价格 P_1 决定第二期的含量为 Q_2，$Q_2 < Q_0$，决定了价格为 P_2，$P_2 > P_0$。第二期的价格 P_2 决定第三期的含量为 Q_3，$Q_3 > Q_0$，决定了价格为 P_3，$P_3 < P_0$。如此循环下去。在这一循环过程中每一次波动价格和含量更加接近均衡点，这样波动越来越小，最后趋于均衡点。收敛型蛛网反映 XBRL 信息需求者的力量强于编制者的力量，迫使编制者供给信息较充分，XBRL 信息产权价格能够公允地反映公司业绩，因而 XBRL 信息产权价格也趋于稳定。符合收敛型蛛网产权博弈均衡条件的企业是私有中小型企业、中小有限责任公司。在这类企业中，信息需求者（主要股东）的力量绝对大于信息编制者（经营者）的力量，没有编制者编造虚假信息的余地，XBRL 信息产权价格当然趋于稳定。

3.1.3.2 XBRL 信息产权博弈的封闭型蛛网

图 3-2 中 L_1 与 L_2 互相垂直，斜度相同，表明供给弹性等于需求弹性，

即 XBRL 信息编制者与 XBRL 信息需求者的力量相当，时而前者占上风，时而后者占上风，XBRL 信息产权价格均衡即价格做均幅摆动。设 L_2 与 L_1 相交于 E 点，其均衡价格为 P_0，均衡的 XBRL 信息透明度为 Q_0，如果市场 XBRL 信息产权价格高于或低于均衡价格，就会引起信息含量的变化，信息含量的变化又会引起信息产权价格的波动，如此下去就是价格与含量的波动。

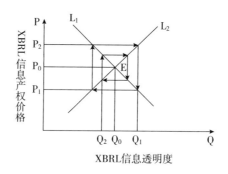

图 3-2　XBRL 信息透明度的封闭型蛛网

3.1.3.3　XBRL 信息产权博弈的发散型蛛网

XBRL 一直处于分离均衡状态。在中国财政部要求下，从底层开始做起，XBRL 实施层次深、程度高；另外，处于上交所与深交所要求下的公司，XBRL 应用只需要覆盖报告披露部分，因而处于分离均衡状态。

我国 XBRL 应用系统导出的信息集构成一个发散型的蛛网。信息提供者（企业）的权力较大，通过 XBRL 应用系统是否提供以及提供多少有效信息在很大程度上由提供者决定，由此导致信息提供者对 XBRL 信息产权价格敏感性较低。不论市场有多高的期待，提供者更倾向出于自身利益的考量向市场释放一定量信息。同时，对于市场中的 XBRL 需求者而言，当价格弹性较高时，高成本的市场定价抑制了对高质量 XBRL 信息的需求；当价格弹性较低时，高质量的 XBRL 信息的价格压力更大。因而，过高的 XBRL 市场信息可能导致 XBRL 市场泡沫。图 3-3 中 L_2 较 L_1 平坦，即供给弹性大于需求弹性，价格变动对供给的影响大于需求。设 L_2 与 L_1 相交于 E 点，其均衡价格为 P_0，均衡的 XBRL 信息透明度为 Q_0。如果市场 XBRL 信息产权价格高于或低于均衡价格，就会引起信息含量的变化，信息含量的变化又引起信息产权价格的波动，如此下去就是价格与含量的波动。XBRL信息市场上容易出现无效率或信息资源配置错位，不需要的信息可能提供得较多，而高质量的有价值的信息较少。这对资本市场及公司治理都是一种伤害。

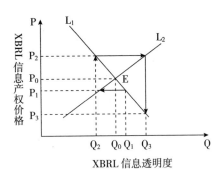

图3-3　XBRL信息透明度的发散型蛛网

JP+2XBRL是基于网络经济下企业财务信息量过大而产生的，因而它的生存土壤是大型上市公司。目前，XBRL国际组织以及世界各国政府组织都首先要求在上市公司中应用XBRL。特别地，大型上市公司更具备发散型蛛网产权博弈均衡条件。在大型上市公司中，由于信息需求者（投资者）的力量（股权）较为分散，力量不集中，致使信息编制者（管理当局）的力量强大，编造虚假信息的机会增加，XBRL信息产权价格也就偏离均衡价格较大。具体而言，上市公司是由众多小股东组成的，小股东的投资额在企业中占据的地位（百分比）逐渐下降，甚至微不足道。小股东往往将追求定期收益（股利或者利息）放在第一位，一旦不能够获得预期的收益，他们往往采取"用脚投票"的方式，即以市场退出的方式来对管理当局进行惩罚，而并不希冀去撤换、控制或监督管理当局。在这种情况下，委托者会随即产生以下状况：首先，委托方逐渐远离企业的日常经营管理，对公司的业务不甚了解；其次，他们也无法像独资或者合伙制的委托方那样去监督管理当局（受托方）；最后，他们也没有动力去监督管理当局。因为分散的委托方（投资者）理智地认识到，对公司的管理当局实施监督所引发的成本很可能大于实施监督所带来的利益，或者付出的监督成本与得到的收益严重违背福利经济学要义，因此他们往往会对监督管理当局持有一种理智的冷漠态度。随之，中小股东的不合作结果就是众所周知的"囚徒困境",使得管理当局编制会计信息失去应有的监督和控制。

监管部门对企业 XBRL 信息披露有强制性要求,投资者对 XBRL 报告信息有强烈需求,而企业却不能从中获取匹配的收益,内在实施动力不足。以上三方面因素共同作用,决定了 XBRL 信息披露需求过高,供给不足,这也正是 XBRL 当前的困境。

从理论上推导,XBRL 供应方应当有动力提供高质量的信息,这样市场对公司股票的定价将趋于理性,市场对公司股票溢价的要求会更低(Chen et al.,2016),市场将愿意付出更高的价格购买公司股票。但由于股东存在限售股票,市场的短期溢价收益无法及时被现有限售的股东获取,因而没有内在动力提供。外部需求较大,而信息披露对于公司内部的收益较低或几乎没有,公司完全可以选择供给信息不充分而抬高信息产权价格,而需求者不得不屈从于供给者的强势力,导致供需矛盾突出,出现供不应求的局面。同时,财政部与其他监管部门对部分企业的 XBRL 财务报告披露规范了详尽的分类标准,但在资本市场中,XBRL 信息披露透明度的主导方仍然是公司管理层,而非监管机构。在 XBRL 信息披露供需双方的权利不对等、不匹配的情况下,供应方对 XBRL 信息产权价格的敏感度始终低于需求方,XBRL 信息产权价格波动剧烈而产生"泡沫",其发展态势不可避免地呈现发散型蛛网。但如果任由该情况发展,资本市场很可能由于"泡沫"过大,发生股市崩盘,引发经济危机,因而资本市场不能容忍 XBRL 信息产权博弈处于发散型蛛网态势。事实上,从 XBRL 信息产生的根源来看,它就是 XBRL 通用信息管制者(XBRL 组织)为了提高财务结果的透明性而应用的一项新技术。如果要改变这种现状,必须使得供应方能够通过 XBRL 应用受益。一是提高用户收益,从企业内部实施 XBRL 与 ERP 等相结合的"业财一体化"管理部署;二是降低 XBRL 的应用成本,进一步统一、规范不同交易所、不同监管部门以及同行业的 XBRL 分类标准,降低企业 XBRL 信息披露成本。由此提高 XBRL 供应者对 XBRL 信息产权价格的敏感度,使发散型蛛网逐渐向封闭型、收敛型蛛网转变,降低由供求不平衡所导致的 XBRL 信息产权价格、有效信息含量大幅波动造成的 XBRL 信息披露质量不稳定的情况。

相关文献情况见表 3-1。

表 3-1　主要参考文献概述

作者	年份	概况	相关理论
潘琰	2003	标准报告语言对于网上报告的必要性 XBRL 起源、XBRL 含义及基本技术特性和优势 XBRL 对企业网上报告的发展和会计职业的影响 XBRL 的发展趋势、存在问题及建议	
彭屹松、周文玉	2014	各国政府与国际组织之间以及 XBRL 信息相关利益人之间的博弈 XBRL 信息产权是各国政府会计机构与国际组织共同协调的结果 XBRL 信息供应链用户的合作将提高各自的产权收益，从而促进 XBRL 财务报告的推广	社会责任理论博弈论
张宗新、张晓荣、廖士光	2005	问题：上市公司自愿性信息披露行为是否有效 变量：构建中国上市公司自愿性信息披露指数（VDI） 样本：1998~2003 年上市公司自愿性信息披露行为有效性实证研究 结果：①中国上市公司的 VDI 逐年提高；②规模大、效益好的上市公司，更倾向于实施自愿性信息披露；③公司治理指标对 VDI 的解释效果并不显著；④具有外资股的上市公司自愿性信息披露动机较强	信号传递理论、信息不对称理论
沈洪涛	2007	问题：我国上市公司的公司特征与公司社会责任信息披露之间的关系 样本：选取 1999~2004 年在上海和深圳证券交易所上市交易的石化塑胶行业的 A 股公司 变量：对年报进行内容分析，构建公司社会责任信息披露指数 结论：①规模越大、盈利能力越好的公司越倾向于披露公司社会责任信息；②公司财务杠杆和再融资需求不影响公司社会责任信息披露；③包括上市地点和披露期间在内的披露环境对公司社会责任信息披露有显著影响	

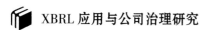
续表

作者	年份	概况	相关理论
李慧云、刘镝	2016	问题：市场化进程对自愿性信息披露与权益资本成本关系的影响 样本：2008~2012 年除金融行业外所有上市公司数据 结论：市场化进程对自愿性信息披露与权益资本成本的负相关关系起强化作用；非国有上市公司比国有上市公司更能通过披露较多的自愿性信息来降低权益资本成本	信息经济学理论
谢志华、崔学刚	2005	问题：市场和监管对我国上市公司信息披露水平的影响 样本：1997~2001 年 A 股发行的 1172 家上市公司 结论：政府监管促进了强制性信息披露水平的提高，而公司的自愿披露水平也得到相应提高	委托—代理理论
崔学刚	2004	问题：公司治理机制对公司透明度的影响 样本：间隔选取 1997 年、1999 年和 2001 年公司 结论：分析对公司透明度产生影响的公司治理因素，证明公司内部治理与外部治理之间存在互补效应	
杜兴强	2002	会计信息产权的界定是一个持续性的博弈过程 企业所有权分享与会计信息产权界定密切相关，剩余索取权为利益相关者参与会计信息产权界定提供动力，并决定会计信息产权界定的动向 会计信息管制的内因在于矫正企业所有权分享下会计信息产权界定的无效性	交易费用委托—代理理论
沈艺峰	1996	根据我国 1993 年 6 月 10 日颁布的《公开发行股票公司信息披露实施细则》，"公开"原则是股票市场公认的三大原则之一，它要求上市公司必须履行信息充分披露的义务。其中，会计信息是上市公司必须披露的主要信息	

3.2 XBRL 的公司治理路径

公司治理作为上市公司的组织机制，与上市公司的载体资本市场之间存在密切关系。资本市场具有公司治理功能（宋清华，2004）。在资本市场有效性的前提下，其对公司治理的作用体现在资本市场的融资机制、价格机制以及并购机制。上市公司的会计信息披露作为公司治理与资本市场间信息传递的重要工具，对投资者等利益相关者影响极大。有效的会计信息披露是良好公司治理的体现，而高质量的企业会计信息也能够保障公司治理机制的规范和有序，从而有利于资本市场的健康良性发展，促进有效资本市场的形成。增强信息透明度与降低信息不对称性是提升企业会计信息质量的核心要义，XBRL 财务报告分类标准的诞生正是以实现上述两个要义为目标。XBRL 应用改善企业会计信息质量，进而健全公司治理（Kim，Lim and No，2012）。因此，在研究 XBRL 公司治理效应时，有必要厘清 XBRL 环境中财务信息传导路径。

3.2.1　XBRL 信息供应链

在 XBRL 技术运用成熟的条件下，公司业务活动信息会被 XBRL 同步编码记录，形成内部财务报告，供内部决策使用；形成外部财务报告，满足外部使用者的需求（监管、投融资分析等），这就形成了 XBRL 信息供应链（如图 3-4 所示）。顺着信息供应量逆流而上，通过 XBRL 技术，企业及外部监管者也可以从最终的财务报告追溯到最初的业务活动，大大增强了信息的透明度。

在 XBRL 信息供应链中，财务信息从交易事项流向总分类账（XBRL-GL）、内部报告与外部报告（XBRL-FR）。因此，XBRL 的应用对公司内部信息流与公司外部信息交换这两大方面产生作用。结合 XBRL 环境下的三大角色——信息提供者、内部信息使用者、外部信息使用者，XBRL 对公司内部信息流的作用影响了信息提供者对财务信息的处理与披露过程、内部信息使用者获取并分析数据的方式，对外部信息交换的作用影响了外部信息使用者获取信息的途径与成本。对于信息提供者，即报告主体来说，XBRL 支持发布多种形式的财务报告，减少财务信息的准备与分配成本，使得企业的主要数据工作从收集和准备转向分析、预测和决策。对于内部信息使用者来说，XBRL 利于内部信息交换，使管理者更快速而准确地做出决策；信息透明度的增加也使内部监督机制发挥更好的治理作用。对于外部信息使用者来说，XBRL 拓宽了获取财务信息的渠道，减少了搜寻信息的成本，更利于监管、投资分析与决策等（Baldwin，2011）。

XBRL 应用与公司治理研究

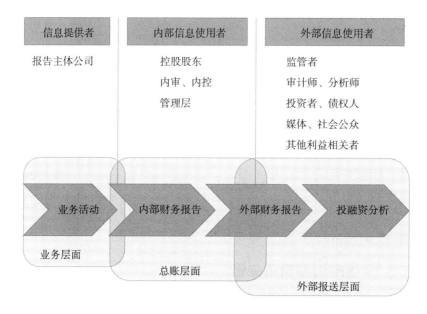

图 3-4 XBRL 信息供应链（修改自 Eierle，2014）

3.2.2 XBRL 治理路径剖析

以企业为边界，公司治理机制可划分为内部机制和外部机制两大部分（Fama and Jensen，1983）。其中公司外部治理的要素包括政治和法律环境、生产要素市场以及公司控制权市场等方面（Denis et al.，2001）。虽然外部治理机制通常没有办法直接针对经理人员进行有效管理，但在有效资本市场中均扮演着"理性经济人"的角色，从而形成了"看不见的手"，引导企业经理人朝"共赢"的方向发展。同时，外部监管机构以约束和监督的方式对企业经理人进行间接式管理，对公司内部治理机制完善起补充作用。但是，实现这一理想状态的根本在于企业信息披露具有较高的透明度以解决信息不对称问题，进而能够充分利用外部市场竞争以及相关的法律制度等外部力量来实现对经理人管理行为的监督，督促企业管理层进行自律和自我控制。运用 XBRL 技术对公司财务报告进行信息披露，能够改善信息披露方式及信息质量，使外部机制能够以更低成本获取更高质量的信息，降低信息不对称，缓解代理问题，从而对公司内部进行更好的监督，促进资本市场优化资源配置。

52

当然，有效的外部治理虽然为企业内部资源的合理优化配置提供了实现的契机，但其能实现的治理效应往往是一种事后的机制。公司治理的外部因素与公司治理的内部因素是相互关联、相互依存的。其与公司内部治理共同解决公司运营中存在的问题。所以，仅依赖外部监督、监管仍不足以实现对经营者的激励和约束，还要有内部治理的配合，协调发挥事前、事中、事后治理机制的作用。

综上，XBRL 在公司治理中发挥的效用通过信息提供者与使用者间的交互影响，实现信息的标准化、透明化的传输与共享，缓解信息不对称以及代理问题。其发挥治理效应的主要路径如图 3-5 所示。

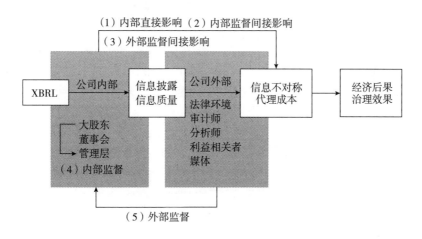

图 3-5　XBRL 公司治理路径

XBRL 的实施作用于企业内部的财务信息流，对企业信息披露及信息质量产生影响，进而影响外部信息使用者对财务信息的获取与使用。通过内外机制的一系列交互作用，经由信息不对称与代理成本两种渠道，发挥公司治理效应，优化资源配置，使企业内部与资本市场各要素的流向更有效。

具体而言，以内外机制的界限、直接影响与间接传导的差别为划分依据，XBRL 应用参与公司治理的路径可分为三大类：①作用于公司内部直接产生影响，作用对象是管理层。②影响内部机制的相互作用从而产生治理效果。③影响外部机制对公司内部的作用从而产生治理效果。第一类路径属于 XBRL 作用于企业内部直接产生影响，第二类、第三类路径分别属于 XBRL 通过内部机制、外部机制作用于企业内部产生间接影响。

现有研究成果见表 3-2。

表 3-2　主要参考文献概述

作者	年份	概况
宋清华	2004	（1）资本市场与公司治理的关系 （2）资本市场的公司治理机制 （3）上市公司的治理结构存在缺陷 （4）增强资本市场治理效应的政策建议
Baldwin and Amelia	2011	问题：运用德尔菲法，显示 XBRL 很可能影响公司财务报告以及财务报告和审计报告的用户 结论：XBRL 最有可能的影响包括：增加财务报告的及时性，更容易符合监管要求，增强财务报告的可用性，促进连续报告披露，提高投资和业务决策的效率
Kim et al.	2012	问题：跨财报信息环境中，强制 XBRL 信息披露的影响 样本：在 2009 年 6 月 15 日到 2010 年 12 月 30 日之间，428 家公司，1536 个公司年度样本的交互意见被递交到 SEC 结论：信息效率增加，事件回报变动减少，股票回报变动减少，表明 XBRL 披露能提高透明度，降低信息风险和信息不对称
Denis and Sarin	2001	公司治理是一种机制的组合 将影响公司治理的因素做公司内部和外部区分，两者相互关联、相互依存
Cochran and Wood	1984	公司内部治理的任务在于解决利益相关者之间利益冲突问题 内部治理机制是研究公司控制权或剩余索取权在企业的利益相关者中如何分配的问题

4 组织内的 XBRL 治理实践

公司治理作用的主体是股东大会、董事会、监事会，在第一类代理问题中，公司治理的主体是股东，公司治理的客体是管理层。在第二类代理问题中，公司治理的主体是中小股东，客体是控股股东（大股东）。XBRL本身不会对公司的内部治理起作用，XBRL的内部治理作用要通过行为主体、客体以及两者之间的相互作用而实现，XBRL的公司内部治理作用的实现也依赖于公司治理主体和客体的特征以及主客体之间相互博弈的特征。具体来说，包括治理主体方面的股东特征、治理客体方面的经理人特征和主客体治理关联方面的薪酬契约。

4.1 XBRL 应用与会计、业务流程再造

4.1.1 概述

XBRL应用助力财务、业务一体化与流程再造。会计流程与业务流程再造的目的在于实现财务、业务一体化，向内外部会计信息使用者提供丰富多样的财务会计和管理会计信息，是一种先进的管理变革思想。实现这一转变需要先进的信息技术与其匹配（刘杰和薛祖云，2010）。XBRL技术的应用能够助力这一变革。XBRL在统一会计报告与业务格式方面具有先天的技术优势，能将业务与财务数据构建结构化信息，支持多平台操作系统，具有快速搜索功能。为业务与财务会计信息使用者进一步提取和处理提供了方便，方便信息使用者通过网络共享企业的业务与财务信息。

XBRL 为外部信息使用者和内部管理层提供更多的财务与业务信息成为可能。会计业务流程再造不仅要尽可能提供外部信息使用者等决策所需信息，也应解决内部会计信息使用者在管理会计信息方面缺乏丰富有序数据源、高效数据自动转换与处理手段的问题。从源头上保证输入信息的真实性，为企业经营管理提供更多的非财务、定性和不确定性的信息，以满足决策需要。

会计业务流程再造是 XBRL 应用的基础。运用 XBRL 可以使会计信息一次输入、多次重复利用以及多视角分析。这是对会计报告本身的一次输入、重复利用，解决了互联网上不同平台和不同操作系统之间的财务报告传送问题。对于减少会计报告产生以前的业务数据重复录入，以及防止会计业务数据录入差错的产生，XBRL 却无能为力。为匹配决策者对会计信息的需求，基于 XBRL 的财务报告应当增加对非财务信息、定性和定量信息的披露。当前会计业务流程在提供非财务信息方面存在着先天不足。因此，会计业务流程合理高效与否以及业务流程控制是 XBRL 应用的关键。为满足 XBRL 非财务信息输出的要求，应对当前会计业务流程进行再造。不仅要采集财务会计信息，也要采集管理会计信息。如在销售业务中，采集与经管责任有关的商品类别、品名规格、交易币种及数量等特征，也应采集交易顾客、销往地点、发货仓库、业务部门、经销人员等特征值，强化当前会计业务流程的数据采集能力。虽然 XBRL 当前应用于财务报告披露需要合理高效的会计业务流程，但 XBRL 的应用并非处于被动地位。XBRL 可以积极主动地参与到会计业务流程再造的过程中（如图 4-1 所示）。基于 XBRL 的财务报告跨平台使用、快速准确搜索、避免重复录入等特点，将给会计信息使用者带来极大的方便。因此，会计信息使用者可以利用基于当前会计业务流程所产生的 XBRL 会计报告去匹配所需信息。

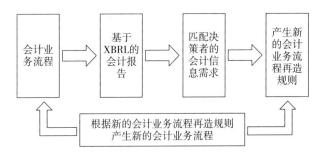

图 4-1　XBRL 应用于会计业务流程再造的过程（刘杰和薛祖云，2010）

若匹配程度不高或者完全不匹配，则可以通过匹配结果分析当前会计业务流程中的缺陷。可以根据企业经营管理和外部决策者的需求更新现有会计业务流程。因此，XBRL 在一定程度上有助于业务流程梳理与再造。

4.1.2 XBRL 应用与业务、财务流程再造

企业内部运用 XBRL 的流程可能会由于目标不同而存在一定的差异（见图 4-2）。一般而言，着眼于内部运用的 XBRL 实践往往是通过搭建 XBRL 应用平台，实现业务、财务一体化，以方便交易底层等各个层次的数据获取与分析。企业基于内部管理报表梳理构建 XBRL 体系，基于业务管理需要设计 XBRL 业务流程，并通过这样一个 XBRL 数据平台实现数据的整合与统计口径的标准化。在具体操作中，首先通过 XBRL 分类标准捕捉底层业务数据、业务数据和财务数据。其次，将这些数据进行清洗、转换、装载等数据标准化处理。最后，利用 XBRL 业务模型对数据加工处理并计算出需要的报告指标数据，使得输出的 XBRL 数据能够满足预算管理、风险管理、客户管理和业绩评价等不同层级业务人员和管理人员的报告需求。通过基于 XBRL 技术的业务、财务一体化平台，实现公司内部的信息透明，盘活企业数据资产，实现基于大数据的运营风险监控、经营目标预测、决策信息支持等功能。

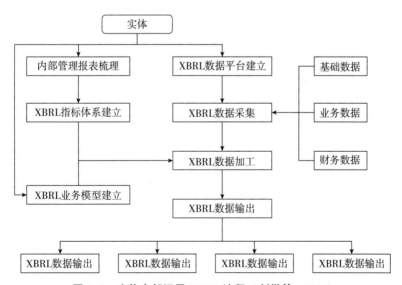

图 4-2 实体内部运用 XBRL 流程（刘勤等，2016）

4.2 XBRL 报告信息特征

4.2.1 XBRL 的技术特征

XBRL 报告信息的特征来源于 XBRL 的技术特征。XBRL 技术本身具有标准化、结构化、可扩展、跨平台与跨语言等系列特征。XBRL 技术最主要的目标就是实现报告信息格式与语义的标准化。具体而言，就是实现概念定义和概念属性的标准化以及概念之间相互关系的标准化。目前，XBRL 技术在全球范围内得到极大的发展，越来越多的国家、监管机构牵头组织、引导 XBRL 实践，XBRL 报告信息内容得到极大的丰富。XBRL 的广泛运用大大降低了不同报告间的格式与语义冲突。

XBRL 在实现概念关系标准化的过程中很自然地实现了数据的结构化处理。这种数据间的结构关系有利于计算机的自动识别、验证与处理。计算机的自动化处理能够有效地降低数据处理的成本，提高数据处理的效率，增强数据运算的准确性与可靠性，便于对大数据处理、深度挖掘数据价值。

XBRL 源于 XML。后者采用元素表示标准化的概念，采用链接库表示概念之间、概念与资源之间的关系。企业可以基于上层主体定义的概念和关系，在相应层次中扩展需要的概念和关系。甚至针对同一主体，也可基于前期定义的概念和关系进行扩展。XBRL 所继承的扩展性理念使得其能够保持必要的一致性与灵活性，满足不同层次的信息收集与报告需求。

XBRL 同样继承了 XML 的标记语言特征。标记语言可以不依赖任何数据库、应用系统、操作系统、服务器与网络类型，具有跨计算机软硬件平台的独立性特征。这种跨平台独立使得 XBRL 格式数据能够在不同平台间自由交换与传递。

XBRL 的标签链接库赋予了 XBRL 对同一概念定义不同语言标签的能力和报告披露需求。同时，标签链接库也使得 XBRL 对同一概念具有多角度描述的能力，比如期初值、期末值、合计值等。

4.2.2 XBRL 报告信息的特征

与传统的 PDF 格式财务报告相比，企业实施 XBRL 格式的商业报告以后，基于 XBRL 的技术特征，其商业报告信息具有以下优势：

（1）更高的会计信息质量。XBRL 技术在企业内部实施实现了会计电子信息的标准化和规范化，统一了数据收集分类的统计口径，简化了数据处理流程，嵌入了计算机自动验证，自然就增强了 XBRL 报告信息的可靠性、及时性与可比性。标准化的概念以及概念关系定义增强了披露信息的可理解性。并且 XBRL 标准化的扩展分类减少了报告信息披露形式的差异，因而降低了披露形式对信息使用者的干扰，突出了信息实质的作用。此外，考虑市场反馈中来自投资者的压力，当市场信息披露质量普遍提高时，管理层只有披露更多更相关的信息才能获得资本市场的差异化识别。

（2）易得性。XBRL 数据的易得性体现在其数据收集更便捷并且数据指标的识别效率更高。上市公司在网页上披露的财务报告以 PDF 的格式呈现，阅读时需要使用鼠标点击和下拉。由于一般企业的财务报告至少长达 50 页，而人的专注能力和耐心是有限的，过长的报表会使阅读人很快失去耐心而匆匆翻阅了事。因此，传统的 PDF 格式财务报表降低了可读性及信息获取的效率。另外，在财务报表下拉的过程中，有限的认知能力也会使得阅读者忽略小字部分的注释，但是这些注释中可能含有公司重要的信息。信息阅读的障碍也会使得信息的筛选、统计、分析、对比和校验无法实现。相反，XBRL 是种可免费获得的全球性开放式数据标准格式。因此 XBRL 系统中可以随时检索并且调取任何企业的数据，进行统计分析，使数据使用者能够更方便快捷地检索、读取和分析数据。如果 XBRL 能够与微软的 Office 的 Excel 等结合运行，将使数据处理变得更加方便与快速，大大降低从不同数据源提取相关商业数据的困难，提高数据的可靠性和数据处理、利用效率。

（3）支持深度挖掘。基于 XML 结构化数据的优点，XBRL 格式数据比传统的 PDF 格式更适合计算机的数据分析，也更方便信息使用者的直观对比分析。XBRL 数据的可挖掘潜力更高。信息使用者不仅可以直接使用 XBRL 平台的数据分析工具，同时也可以便捷地导出自身熟悉的数据处理工具进行分析。

（4）数据交换效率更高，成本更低。基于 XBRL 架构的财务信息具有标准格式，一次生成后，就可以直接在会计师事务所、监管机关、互联网站以及出版印刷单位之间流通。由于 XBRL 是基于 XML 的，其本身就是一种跨平台的纯文本的描述性语言，因此数据交换也是跨平台的。XBRL 中的计算链接库和展示链接库可以迅速生成企业的财务报表，降低报表编制的工作量。另外，XBRL 技术可以实现不同文档格式之间的切换，财务系统可依据数据报送的需要而输出不同格式的财务报表，实现财务信息在任何不同的会计核算软件和技术条件下交换，减少因不同格式需求而导致的资料重复录入问题。

（5）增加了报告信息的可读性与维护性。XBRL 的文件是以 ASCII 码来存档，只需利用支持 ASCII 码的简单文书处理器就可以读取或修改，增加了资料在未来的可读性与维护性，故非常适用于必须长期保存的文献资料。

4.3　XBRL 组织内部治理理论分析

股东治理上市公司的主要机制有股东会议、大股东监督、股东相互制衡（王满四，2006）。股东大会是股东发挥公司治理作用最直接、最有力的手段。

现有文献衡量股东会议的变量是股东会议等于年度股东会议次数乘以会议出席率。大股东监督使用第一大股东持股比例来衡量，我国的第一大股东持股比例远超过发达资本市场中的上市公司，因此更加需要其他股东起到制衡作用，即股权制衡。股权制衡是指通过各大股东的内部利益牵制，达到互相监督、抑制内部人掠夺的股权安排模式，代表着其他股东对于第一大股东的制衡作用。股权集中度一般使用前 n 大股东持股比例平方和。XBRL 应用提升了信息的透明度，使得现有的公司治理机制更加有效。另外，有利于现有公司治理机制的完善。

4.3.1　公司内部治理机制分析

内部治理系统是公司治理制度体系的核心，是内部利益相关者之间配置和行使剩余控制权的制度安排。图 4-3 反映了我国《公司法》所规定的内部治理组织构架。

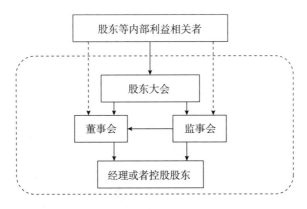

图 4-3 内部治理系统的构成（公司法，2013）

公司制度下，由股东进行投资形成法人资产交由经理人或者大股东实际经营。另外，经理人或控股股东又占据着剩余控制权的天然优势，这时股东就要对经理人或控股股东进行约束和监督。但是上市公司的股东分散于资本市场，股东群体复杂，利益诉求差异较大，中小股东难以将其定位为内部利益相关者，因此需要设立股东大会来代表股东维护自身利益。股东无法参与公司的日常治理，因此选举董事会参与制约经理层和控股股东，设立监事会负责监督董事、经理等管理人员有无违反法律、法规、公司章程及股东大会决议的行为，负责检查公司业务、财务状况和查阅账簿及其他会计资料；负责核对董事会拟提交股东大会的会计报告、营业报告和利润分配等财务资料，发现疑问可以以公司名义委托注册会计师、执行审计师帮助复审。董事会、监事会、股东大会各司其职，以完成对经理层和控股股东的治理。

公司治理是一套制度安排（钱颖一，1995），是在监督和制衡思想指导下，处理所有权和经营权分离而产生的委托—代理关系的一整套制度安排，围绕公司所形成的利益各方通过一系列的内部和外部机制形成的共同治理。因此，XBRL 信息披露的公司治理效应也可从内部和外部机制两方面展开分析。公司治理内部机制主要是指如何有效地设计委托人和代理人之间的契约关系，使代理人行为与委托人目标达成一致，这是公司内部治理要解决的核心问题。

4.3.2 XBRL 应用对公司内部治理的影响

XBRL 是一种全球性开放式数据标准格式，用于公司财务和非财务信息的内外部电子传输，起到了业务系统间沟通桥梁的作用①。企业在各个业务流程环节应用 XBRL，将企业中各业务环节打上标签，使得从采购、储存、生产、销售到收款等都能够利用 XBRL 快速找出相关原始数据，对采购开始的供应链全链条产生影响。如果供应链上下游企业同时使用 XBRL，则会对整个产业链产生影响。

XBRL 主要是通过增加企业自愿披露信息和提高信息披露的质量两个视角提升企业的信息透明度。XBRL 的公司治理作用则是依托于会计信息透明度提升所作用的不同对象而发生的。XBRL 实施后企业信息质量包括及时性、可靠性、可比性、相关性得以改进，减少不同层级的委托—代理人之间的代理问题。与此同时，会计信息的不同作用对象也会依据更完善的会计信息矫正自身的行为以缓解委托—代理矛盾。例如，在超市对商品物资的精确控制中，如果采用总额控制，商品售出前的数量只有销售员知道，商品全部打上 XBRL 标签后，管理者可以随时掌握商品的库存与销售情况，直接监督员工的行为，减少下层员工的监守自盗及盈余操纵行为。XBRL 能够从源头解决这一问题。因此，XBRL 的实施提升了公司内部的信息透明度，减少了内部各层级之间的代理问题。

上市公司为了有效解决代理问题，通过设立一系列的治理机制以约束和监督管理层的行为，包括设立股东大会（股权结构）、董事会和监事会、审计委员会等，从而形成不同层次的治理主体。XBRL 的公司治理作用就是通过对这些主体行为的影响而实现的。

从改善股东治理角度，XBRL 应用使得股东能够快速掌握公司财务与业务信息，及时发现问题，监管管理层快速处理，有利于解决股东与管理层之间存在的代理问题。股东通过阅读包括同行业其他公司的财报与非财报在内的 XBRL 商业报告，降低股东与管理层之间的信息不对称，管理层考虑到股东的监管变得更加便利与高效，因而会更谨慎地经营企业。同时，为了取得股东的信任，管理层也会自愿披露更多信息。现有的研究已经讨论了 XBRL 实施对大股东公司治理的影响，特别是大股东在信息披露中角色的变化，并验证其正面作用。

从监事会治理角度来讲，依据《公司法》，监事会的设立是代表股东行使监督董事会的功能，因此监事会与董事会的治理作用类似，监事会的

---

① 参考财政部发布的对于 XBRL 的十大误解。

治理功能也要通过董事会来实现，董事会与监事会利益趋于一致。吴炯（2014）认为，监事会对我国上市公司的制约能力有限，形同虚设。XBRL是否会对监事会对于公司治理的作用产生影响，目前尚无相关研究成果，未来可以研究。

内部审计在审计委员会指导下参与公司治理。尽管内审人员了解企业情况，但是如果能够利用 XBRL 提供的更多更及时的信息，一定能够更好地做好监督工作。现有研究更关注 XBRL 应用中内部审计起到了什么作用。Hsieh 等（2017）检验了国家法律系统、公司规模和公司治理质量与内审参与和 XBRL 实施之间的关系。发现公司规模对于内审参与 XBRL 实施的影响取决于国家的法律系统。在大陆法系国家，小公司中内部审计参与XBRL 实施的程度高于大公司。在普通法系国家，大公司的内部审计参与XBRL 实施的程度高于小公司。内审参与 XBRL 的实施与公司治理质量正相关。XBRL 文件的生成和提交实际上是管理层的责任，因为 XBRL 格式的文件生成过程是管理层主观作用的结果。Pryde（2013）认为内部审计师一定要在审计过程中对 XBRL 文件的生成过程进行把控，需要去评估XBRL 文件的准确性，内部审计师在这个过程中也起到了监督作用。

4.3.3 XBRL 改进薪酬治理机制

为了降低信息不对称所导致的高管自利行为，即第一类的代理问题，除了设立股东会和董事会，以形成对高管的制约机制外，股东还需要激励管理者以确保管理层能够以股东利益最大化为目标，股东需要与高层管理者签订薪酬契约。股东对高级管理层实施的激励机制主要有三种：现金薪酬、管理层持股和股权激励。例如股票期权、限制性股票以及股票增值权等。绩效薪酬敏感度指的是股东为了监督和约束管理层的行为而将管理层的薪酬与绩效挂钩，即企业的绩效越好，管理层获得的薪酬越高。采用薪酬对于绩效的敏感系数计量。如果这个系数越小，即虽然管理层很努力，使得企业的绩效增长迅速，但是管理层的薪酬增长很少，这样管理层就不愿意付出更多的努力。因为管理层的努力也是有成本的，比如需要牺牲自由控制的时间，需要减少照顾家庭的时间。如果管理层为增加绩效付出的努力以获得的收益来弥补，管理层便不会增加投入，只要保持一定的绩效使得自身不会被解雇为限。相反，高绩效敏感度会使得管理层更加努力提升公司业绩，从而获得满意的边际薪酬——由于增加单位努力而获得的单位薪酬，使得管理层努力为公司服务，从而降低第一类代理问题。当然，使用绩效薪酬敏感度来监督管理层的努力程度隐含的假设前提是，绩效的提升是由于管理层努力所致。事实上，企业绩效的提升还有可能是管理层进行盈余操纵所致。绩效薪酬敏感度的提升可以起到部分的激励作用。管理层的薪酬组合中对于这三种薪酬的激励和约束机制不同，管理层的逆向操纵行为也会有所差异。

上市公司的管理层一般都拿年薪，这种现金薪酬多与企业利润挂钩，管理层有动机操纵盈余。尤其当企业实际的利润距离更高薪酬等级的利润门槛相差较少时，管理层操纵动机更加强烈。就管理层持股而言，管理层会尽心经营公司，一旦管理层所持股票解冻，他们可能会进行信息或者盈余操纵，拉升股票价格，抛售套现。股权激励和管理层持股还有一些差异，管理层持股是管理层已经拥有了股票的所有权，但是股权激励仅是以股票为标的，在此基础上形成的达到一定业绩条件以后才可能获得股权的一种激励方式①。这种激励机制也会降低管理层的短视行为，但也会引起管理层的机会主义行为，例如操纵购买股票的价格，操纵股票行权价格等。薪酬激励对于管理层的治理路径如图 4-4 所示。

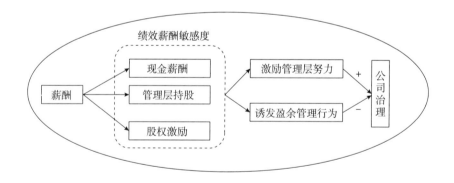

图 4-4　管理层薪酬对上市公司治理的影响

---

　① 股权激励主要有三种形式，即股票期权、限制性股票、股票增值权。股票期权指的是公司给予其经营者在一定的期限内按照某个既定的价格购买一定公司股票的权利。公司给予其经营者的既不是现金报酬，也不是股票本身，而是一种权利，经营者可以以某种优惠条件购买公司股票。其他类型的股权激励类似，都是以业绩为条件而获得的一种权利。

4.3.4 XBRL 公司内部治理路径

公司治理主要是对管理层和大股东的监督。代理成本按照构成成分可划分为三类（Jensen and Meckling, 1976）：① 委托人的监督成本——委托人计量或观察代理人行为的成本，以及对代理人实施控制的成本；② 代理人的约束成本——代理人用以保证不采取损害委托人行为的成本，以及实施损害委托人行为后给予赔偿的成本；③ 剩余损失——狭义的代理成本，是委托人因代理人代行决策而产生的价值损失，等于代理人决策和委托人在假定具有与代理人相同信息和才能情况下自行效用最大化决策之间的差异。监督成本和约束成本是制定、实施和治理契约的实际成本，剩余损失是在契约最优但又不完全被遵守、执行时的机会成本。信息不对称是造成狭义代理成本的主要原因之一，XBRL 对代理成本的影响始终伴随着对信息不对称的影响（Yoon et al., 2011）。公司治理的主要目标为解决公司的信息不对称。

如果股东和管理层之间信息完全对称，就不会存在第一类的代理问题。如果大股东和资本市场中的中小股东信息对称，那么就不存在大股东利用内幕消息攫取小股东利益的情况，即"隧道效应"。大股东和管理层掌握公司的经营权和企业的内部关键信息，资本市场中的中小投资者处于公司的外围，对于公司的实际经营状况并不了解，判断公司的经营状况、决定是否投资的依据主要来源于公司披露的信息。XBRL 公司内部治理效应主要关注于第一类代理问题的缓解，即 XBRL 内部治理效应体现在 XBRL 的实施可以缓解股东和管理层之间的信息不对称问题。

XBRL 对企业最直接的影响是上市公司的财务信息。XBRL 对公司内部治理的路径主要是通过 XBRL 对于企业内部财务信息起作用。其他的公司治理机制在 XBRL 下治理效果提升，甚至 XBRL 出现提高了公司治理水平本身。具体来说，XBRL 的公司治理路径有五条，如图 4-5 所示。

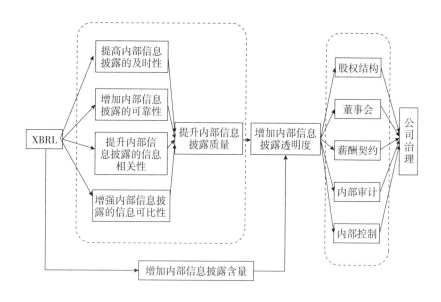

图 4-5　XBRL 公司内部治理机制

路径一：XBRL 提高企业内部信息披露的及时性。

可扩展商业报告语言（XBRL）是世界范围内商业报告的一次革命性进展（周海燕，2011），它将业务流程中每个环节以"贴标签"的形式清晰记录。依据每笔业务的属性，XBRL 内置的计算链接库以及展示链接库可直接一键生成企业的财务报表，整个制作、发布和获取过程实现了自动化，避免了传统财务报告交换过程中的二次加工，实现了财务报告实时性（杜舟等，2017）。上市公司每年需要披露成千上万的公告，包含董事会披露的公司决定、事件以及公告。公告的发布会引起股票价格波动，对股东的价值产生影响。如果及时发布信息，可减少股东损失。Brands（2012）发现，XBRL 的实施会提高财务报告的质量和及时性。由于 XBRL 应用还可以依据股东的需求生成特定的财务文件，有助于股东的经济决策。例如，上市公司 XBRL 系统可以实现税务申报直通式处理，实现网络经济时代税收征管模式的创新，提高税收信息的及时性、准确性和完整性（周海燕，2011）。

路径二：XBRL 增加企业内部信息披露的可靠性。

财务信息的错报主要由两个原因引起：客观上如财务人员录入错误和

加总过程中的计算错误；主观上可能存在管理层为了自身利益而操纵财务报表的情况。XBRL 可以同时降低这两方面出错的概率。

客观差错方面，XBRL 需要输入企业相关业务的金额，每笔业务的金额都需要经过多位员工才能最终确认。首先需要经过甲乙双方的业务人员确认，甲乙双方上级领导签字确认。如果涉及金额较大，还可能需要更高层的领导授权，因此一个系统中每一笔业务都需要至少 4 个相关的负责人确认，这确保了输入信息的正确性。在输入正确的情况下，未实施 XBRL 之前，财务人员在一个会计期间内需要将各个账户依据业务的种类和金额试算平衡，最终编制财务报表。在这个过程中财务人员可能会有计算错误或者填写数字出错。但是实施 XBRL 之后，XBRL 内置的计算数据库可以依据业务的属性自动提取数据核算，列报数据库可以确认账户之间的关系，一键自动生成财务报告。避免了由于人的局限性导致的计算错误，增加了财务数据的真实性和可靠性。

主观差错方面，管理层为了达到诸如薪酬绩效阈值而存在操纵盈余的动机。XBRL 实施使得企业的业务流和财务流紧密结合，管理层操纵盈余时，为了规避风险，可能进行真实盈余操纵。另外，也可能操纵应计盈余，这需要修改企业的财务报表金额。此时管理层需要同时收买负责某一项业务的所有人员，即将业务流转化为财务流的所有业务人员。这些人员默认后，管理层才有可能实现应计的盈余管理。但是这种情况不符合经济学原理中集体行动的逻辑①，必然会陷入"囚徒困境"。

综上，实施 XBRL 之后企业的财务舞弊会大大降低，提升了内部信息披露的可靠性。Hannon（2002）讨论了多起美国上市公司的会计舞弊丑闻，呼吁上市公司增加财务报表的透明度，建议使用 XBRL 作为信息披露的媒介，从而降低会计舞弊事件的发生。

路径三：XBRL 提升企业内部信息披露的相关性。

企业信息的相关性是指财务信息应当与投资者等财务报告使用者的经济决策相关，有助于投资者等对于企业过去、现在或者未来的情况做出评

---

① 奥尔森的集体行动的逻辑认为，在集体行动中，合作是占优的情况下，仍然有人可能背叛约定，因此除非有某种强权存在，否则无法保证合作可以继续。公司是契约的联结，不存在人身依附，不可能存在绝对的强权来保证合作舞弊的实施。在公司内部，不合作舞弊才可能是占优的，舞弊的收益大多数情况下只能被少数人占有，而绝大多数人的利益可能受损，所以，合作舞弊对中下层员工带来的收益较小，相反不合作，例如"举报"带来的收益可能更大。

价或者预测。数据的相关性包括投资者能及时获取数据，再及时做出决策。XBRL 应用之前，投资者获得企业的财务报告数据只能通过 PDF 格式，或者纸质版的财务报表，这种财务报表的阅读非常不方便，投资者难以获得自己需要的信息。XBRL 格式财务报表改变了这种状况，它提供了可读性很强的电子财务报表（Mejzlik and Istvanfyova，2008），投资者能很方便地提取数据，大大提升了获取数据的效率。Chou 等（2016）发现，XBRL 的实施增强了中国财务报告的可读性。传统的财务报告无法反映各种信息之间的勾稽关系。XBRL 财务报告中的数据标签可以建立这种对应逻辑，使用者可以把相同标签的项目或者内容放到一起评估，减少信息认知方面的成本（杜舟等，2017）；还允许企业进行财务数据的对比，投资者可以明确对比出各年度企业的业绩及其趋势，有助于投资者做出决策。因此 XBRL 提升了企业内部信息披露的相关性。

路径四：XBRL 增强信息披露的可比性。

XBRL 是免费的面向全球开放的信息系统，允许任何投资者查看企业的财务以及非财务信息。投资者可以很方便地进行行业内不同企业的信息对比。XBRL 的标签库中可使用包含中文在内的 10 种语言，这些语言可在不同的平台上运营，尤其方便比较同一家公司不同资本市场上市时的相关数据。如果一家公司同时在深市、港市或者纽交所上市，投资者可在同一个终端对比一家公司在不同资本市场上的价值走向。当然 XBRL 也允许对比不同资本市场上不同的上市公司。XBRL 在企业内部实施实现了会计电子信息的标准化和规范化，它的技术规范文件规定了企业实施 XBRL 的标准，使得企业拥有常规的企业内部、企业间、行业内部、行业之间会计信息的可比性增强了（王琳和龚昕，2012）。

路径五：XBRL 的应用使披露信息更丰富。

企业大股东通过股东大会以及董事会监督管理层的行为。在股东大会上，管理层会提供股东需要的信息，包括定期的财务报表以及企业中的所有重大决策信息。股东依据这些信息预测管理层的努力程度，评价管理层的工作。虽然理论上股东可以获取企业的任何数据，但是主要数据还是来自管理层提供的财报信息。股东对于企业的细节无从获知。XBRL 应用有助于在一定程度上解决这一问题。XBRL 与业务流程一一对应，每一笔业务的收入、费用以及成本都能通过 XBRL 追溯，股东据此可获取企业深度数据。

总之 XBRL 的实施增加了上市公司内部信息透明度，从而通过影响上市公司的治理机制影响上市公司的公司治理水平。

4.4 XBRL 公司内部治理成果

4.4.1 XBRL 改善股东、董事会治理研究

在董事会治理机制下，股东大会无法参与公司运营的细节，因此选举董事作为股东代表以监督公司高管。董事会与股东大会对于管理层的监督方式基本一致。董事会利用 XBRL 提供的更准确的信息进行决策，XBRL 格式的财务报表增强了董事对于企业财务信息的认知，有利于提升董事会决策作用，提升治理效应（见表 4-1）。董事会的各专业委员会成员也可以利用 XBRL 提供的信息更好地决策，提高决策效率。

表 4-1　XBRL 对股东治理机制的影响

作者	年份	概况
高锦萍、彭晓峰	2008	问题：我国 XBRL 财务报告分类标准与公司报告实务间差异的特征 变量：DV①："资产负债表项目注释差异"、"利润表项目注释差异"、"现金流量表项目注释差异"归并为"财务报表项目注释差异" IV：大股东持股比例；流通股持股比例；行业类型；公司规模；公司业绩；公司财务杠杆 样本：741 家上市公司按股票代码排序，以第一个上市公司（600001）为抽样起点，采用等距抽样抽取了 50% 的上市公司，最终选取了 371 家上市公司 结论：上市公司报告实务与分类标准间的差异与公司流通股持股比例和公司规模因素相关

① DV、IV 分别代表因变量与自变量的简写，下同。

续表

作 者	年份	概况
杜舟、黄庆华、罗莉	2017	问题：XBRL 实施对改善上市公司自愿性信息披露程度影响以及影响因素 变量：DV：上市公司自愿性信息披露指数 CCVDIBHU；IV：XBRL 实施年限 样本：上海证券交易所 2013 年公布的 905 家 A 股上市公司 结论：XBRL 增加了上市公司自愿性信息披露的程度，国有股持有水平与自愿性信息披露程度成反比。当国有股的持股水平较低时，上市公司会面临更多来自资本市场的监管，因此为了减轻外部投资者带来的监督成本的压力，上市公司会披露更多的自愿性信息

就独立董事而言，XBRL 应用后，独立董事会通过 XBRL 提供的丰富信息进行更有效的决策（见表 4-2）。XBRL 实施后独立董事占董事会比例越高，越能促进公司的信息披露。杜舟、黄庆华和罗莉（2017）发现，XBRL 正向地调节了独立董事对于信息披露的影响，提升了独立董事的治理作用。

表 4-2　XBRL 对于董事会治理效果的影响

作 者	年份	概况
杜舟、黄庆华、罗莉	2017	问题：XBRL 应用是否改善公司自愿性信息披露程度及影响因素 变量：DV：上市公司自愿性信息披露指数 CCVDIBHU；IV：XBRL 实施年限 样本：上海证券交易所 2013 年公布的 905 家 A 股上市公司 结论：XBRL 增加了上市公司自愿性信息披露的程度，但是独立董事在提升公司自愿性信息披露上没有真正发挥其相应作用

4.4.2 XBRL 改善管理层治理的文献

XBRL 将管理层从繁杂的事务中解脱出来。如财务总监在编制财务报表时必须遵守监管方规章制度以及其他的规则，以获取公众的信任。高管需要识别同行竞争者，搜寻原始凭证，复制和粘贴关键点并识别其准确性，这些工作 XBRL 都可以帮助管理者很方便地实施（见表 4-3）。XBRL 可以将管理者从琐碎事务中解脱出来（Heffes and Adams，2005），使管理者更加专注于决策，减少资料收集整理等杂事，更好实现公司的治理目标。因此财务总监必须成为 XBRL 总监，全面驾驭 XBRL（Letters，2013）。XBRL 的实施也会影响管理层的自愿性信息披露，直接制约管理层的行为。杜舟、黄庆华和罗莉（2017）发现管理层持股比例与 XBRL 实施年限的交乘项系数显著为正，XBRL 会正向地调节管理层的自愿信息披露行为。

表 4-3　XBRL 对企业信息披露的影响

作者	年份	概况
杜舟、黄庆华、罗莉	2017	问题：XBRL 实施是否促进管理层持股对公司自愿性信息披露的影响 变量：DV：上市公司自愿性信息披露程度（VD） IV：XBRL 实施年限（1，0）；管理层持股比例交互项 样本：上海证券交易所 2013 年公布的 905 家 A 股上市公司 结论：交互项的引入改善了原先管理层持股不显著的现象。管理层持股比例受到 XBRL 披露年限的影响。XBRL 披露年限越长，自愿性信息披露程度提升越大

XBRL 的实施使得上市公司的业务流和财务流紧密结合起来。管理层要想进行盈余管理需要从两个方面入手：一是保证企业业务流程不变的情况下，还可以修改 XBRL 中的财务数据。由于 XBRL 数据的录入是实时依据业务流形成，修改 XBRL 的数据需要经过多位员工的同意。相比应用 XBRL 之前，管理层操纵应计盈余数据的难度加大。而且，XBRL 的实施增强了资本市场的信息透明度，股东获得企业数据更容易，信息量更完整，

管理层如果进行应计盈余管理，会增加其被发现的概率。因此实施 XBRL 之后，上市公司的应计盈余管理会降低（陈宋生、童晓晓，2016）。XBRL 最大的影响在于使高增长、小规模的高科技公司更透明，进而受益（Peng et al.，2011）。Kim 等（2013）同样发现，XBRL 实施后应计盈余管理绝对值降低了，标准官方要素的应用显著降低了实施后应计盈余管理的水平。为此，如果管理层在动机不变的情况下还要进行盈余管理，只能转到真实的盈余管理。实施 XBRL 后如果管理层要操纵盈余，涉及的业务人员更少，可操纵性反而更强了。例如管理层可以选择增加产量，以降低单位成本，增加本年度的利润；可以减少销售费用、研发费用等，以增加利润，这些决定都是管理层主观意愿，因此管理层可以名正言顺地实施操纵后的生产计划而不需要征得业务员的同意。XBRL 实施之后进行真实盈余管理更加容易。二是真实盈余管理的隐蔽性更强，股东更不容易发现。实施 XBRL 之后，管理层会倾向于进行真实盈余管理。李金明和徐云龙（2017）从上市公司中选择最有可能进行盈余管理的样本，对比分析实施 XBRL 前后上市公司的盈余管理。首先证实了中国证券市场盈余管理现象的存在，并从全部上市公司样本中选出最有可能进行盈余管理的可疑样本。发现 XBRL 实施后，管理层减少了应计盈余管理，增加了真实盈余管理，以达到特定的盈余基准。陈宋生和童晓晓（2016）研究了财政部从 2010 年年报开始对部分上市公司 XBRL 报送格式进行介入的效果，发现在财政部加强监管后，上市公司减少了真实盈余管理，即交易所和财政部的共同监督作用可抑制上市公司转向真实盈余管理的行为（见表 4-4）。

表 4-4 XBRL 对管理层信息披露的影响

作者	年份	概况
Yan，John，Tan	2011	问题：XBRL 采用前后沪深两市上市公司的总应计盈余水平是否有不同 变量：DV：总应计；IV：XBRL 实施与否（2004 年之后为 1，之前为 0） 样本：7157 个，涉及 1371 公司（沪市 829 家，深市 542 家） 时间跨度：2001~2006 年 结论：实施 XBRL 后的应计水平比实施之前低。XBRL 最大影响在于使高增长、小规模和高科技公司更透明

续表

作者	年份	概况
Kim, Kim, Lim	2013	问题：XBRL 披露能否减小 SEC 强制实施年份的公司应计盈余操纵的幅度 变量：DV：盈余管理（3 种方法）；IV：DXBRL（1 表示被强制要求提交 XBRL 实例文档的季度；0 表示其他） 样本：1727 个季度-公司样本，674 家公司 结论：实施 XBRL 后操纵性应计盈余的绝对值显著下降。标准官方要素的应用显著降低了实施后应计盈余管理的水平。自定义扩展要素无此作用
陈宋生、童晓晓	2017	问题：公司 XBRL 实例文档报送受财政部和证监会双重监管后，公司真实盈余管理如何变化 变量：DV：真实盈余管理；IV：XBRL（1998~2007 年取 0，2008~2013 年取 1），MF * BIG12（1 表示 2010 年以后受财政部和证监会双重监管的公司） 样本：1998~2013 年沪深两所增发、微利、微增等上市公司为可疑样本 结论：XBRL 实施后，企业的真实盈余管理水平显著上升。对于受双重管制的上市公司，真实盈余管理水平上升更为显著，双重监管非但未能加强监管作用，反而由于部门利益之争而损害了公众利益，降低了政策执行效果

4.4.3 薪酬激励的治理效应影响

为了降低企业中股东与管理层之间的代理问题，股东会设计合理的薪酬契约以激励管理层按照股东利益行事。由于股东与管理层之间信息不对称，管理层掌握着更多股东无法掌握的信息，因而产生"内部人控制"现象。XBRL 应用之后，管理层将面临着股东更精准的监管，管理层的盈余管理将更容易被发现，为了薪酬而进行盈余管理的风险更大。因而管理层只能更加努力工作，以便获得合理的报酬。XBRL 的应用将使薪酬的敏感性增强（罗少东，2017），表现在：第一，在投资决策方面更加关注企业长期收益，过度投资与投资不足会得到明显缓解（陈宋生、罗少东和严文龙，2016）。第二，管理方面将更加精细化。利用 XBRL 能够更好地开展管理活动，同时，股东对管理层的决策好坏更容易监管，管理层做决策将更加谨慎，提升了管理活动的有效性。还有员工也可以利用 XBRL 带来的便利性对管理活动实施监管，对管理层的不良行为更快做出反应，尤其是面对薪酬不公时，更可能及时做出反应，员工的薪酬机制将更加合理，薪酬的敏感性也将增强。

高绩效薪酬敏感度会提升管理层的工作积极性，也可能使得管理者有足够的动机操控企业的盈余和股票价格。XBRL 的实施可以缓解这两方面的问题。首先，由于 XBRL 提高了信息透明度，因此管理层的努力程度也更加清晰地呈现在股东面前，管理层为了让股东感知到自己的努力程度，会尽量展示自己的努力状态，因此 XBRL 应用强化了对管理层的激励。其次，XBRL 的实施缓解了绩效薪酬敏感性带来的管理层操纵的可能性。实施 XBRL 之后管理层进行盈余管理的难度会增大，更容易被发现，因此 XBRL 的实施抑制了管理层操纵行为（如图 4-6 所示）。XBRL 主要是增加了高绩效薪酬敏感度的激励作用，同时也降低了管理层的机会主义行为，整体上提升了上市公司的治理水平。

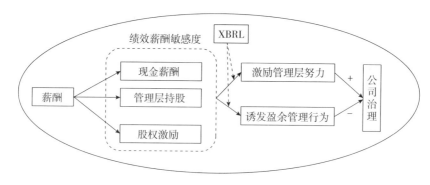

图 4-6　XBRL 对管理层薪酬影响

迄今为止，在知网中输入关键词 XBRL 以及薪酬，搜不到关于 XBRL 研究的通过影响管理层薪酬从而影响到公司治理水平的文章。未来可就管理层薪酬的治理机制是否受到了 XBRL 影响以及其影响程度展开研究。XBRL 对于不同的薪酬形式、激励强度，其对于公司治理的影响机制和影响时间也有差异。管理层特征、上市公司特征也会影响到 XBRL 作用效果的实施，未来学者可以就这些方面进行进一步的探讨。

4.4.4　XBRL 对其他治理主体的影响

XBRL 应用对内部审计的影响。表 4-5 列示了已有的 XBRL 对内部审计影响的文献。内部审计人员普遍倾向使用 XBRL 开展工作，大公司与小公司的内审人员态度不一样（Abdolmohammadi et al.，2008）。另外，内审人员也希望利用 XBRL 在抑制管理层操纵方面发挥作用。大概是因为数据获取困难，这方面的研究成果较少。或许通过实地调研，能够获得更多有价值的研究成果（Pryde，2013）。

表 4-5　XBRL 对于内部审计的影响

作者	年份	概况
Abdolmohammadi et al.	2008	问题：国家法律系统、公司规模、公司治理质量以及内部审计对于 XBRL 实施的参与过程的影响 变量：DV：哑变量，内审总监对于"你认为内部审计活动对于 XBRL 实施过程中的影响程度" IV：公司治理质量；法律体系；公司规模 样本：692 个内审总监，来自 8 个成文法系、4 个普通法系的国家 结论：在成文法系国家中，小规模上市公司的内部审计人员更倾向于参与 XBRL 的实施，在普通法系的国家中，大规模上市公司的内部审计人员倾向于参与 XBRL 的实施
Pryde	2013	问题：XBRL 报告文件中有什么 变量：问卷调查：普通 XBRL 文件中的问题 样本：截至 2012 年，9000 家美国上市公司提交的 50000 份 XBRL 文件 结论：内部审计师需要在 XBRL 文件生成过程控制中起到作用，以降低管理层的主观影响

内部控制治理。2008 年 6 月，中国财政部联合中国证监会等发布《企业内部控制基本规范》，其中第一章第七条要求企业应当运用信息技术加强内部控制，建立与经营管理相适应的信息系统，促进内部控制流程与信

息系统的有机结合，实现对业务和事项的自动控制，减少或消除人为操纵因素。XBRL 作为一种新型的信息技术，对于企业的内部控制系统产生了很大影响。XBRL 通过贴标签的方式，再造企业的业务流程。因此 XBRL 的信息技术优势可以在很大程度上增强企业的内部控制。XBRL 应用将使内部控制机制更能发挥作用，减少内部不同层级之间的代理问题。如车间、仓库之间原材料的需求匹配，未实施 XBRL 时，只能利用人工进行盘点，现在 XBRL 能够很快掌握相关数量，知道需要多少原材料，减少流动资金占用，使得部门之间、上下级之间的信息更加对称，相互之间也更加信任。另外，可以将内部控制流程固化到 XBRL 中，需要的内部控制可能更少，也更加有效。内部控制在公司治理结构中将发挥更重要的作用。吕敏康和许家林（2012）在 XBRL 的基础上，将内部控制系统扩展为可扩展商业控制语言（eXtensible Business Controlling Language），以 GLNT 集团采购成本控制为例，构建了企业的内部控制专家系统模型，XBRL 用于描述控制点、控制标准、风险应对、诊断规则和行动规则等知识，用于描述风险运行数据和业务运行数据等事实，用于描述内部控制系统与外部业务系统和风险预警系统之间的数据交换和访问接口（见表 4-6）。

表 4-6　XBRL 与内部控制公司治理效应

作者	年份	概况
吕敏康和许家林	2012	问题：XBRL 在内部控制系统中的应用 方法：在 XBRL 应用基础上，将其理念和应用扩展到内部控制专家系统的应用过程中 样本：GLNT 集团采购成本控制为例 结论：在 XBRL 基础上，拓展的内部控制专家系统有助于企业的内部控制建设与完善

4.5　XBRL 实施的原因

杜舟等（2017）以 2013 年深圳证券交易所的上市公司的截面数据为

研究对象，发现 XBRL 的实施能提高上市公司自愿性信息披露程度，为投资者提供了更多信息。吴建刚和张辽（2016）发现上市公司强制披露 XBRL 财务报告，可以披露更多公司层面的信息，降低信息的不对称性。但是为什么公司愿意披露更多信息呢？

2005 年 4 月 16 日美国 SEC 发布了财务准则第 33-8529 规定，鼓励上市公司自愿生成 XBRL 格式的财务报表。上市公司规模越大，业务越复杂，股东和管理层之间的代理问题就越严重，因而规模大的上市公司倾向于实施 XBRL，以提升公司的治理水平（Callaghan and Nehmer，2009）。公司治理水平低和财务杠杆低的公司倾向于自愿实施 XBRL（Callaghan and Nehmer，2009），或许他们也有通过 XBRL 应用提升治理水平的愿望。

可见，公司自愿实施 XBRL，表明其应用有助于提升上市公司治理水平，公司也希望借此提升管理水平。当资本市场预期 XBRL 可以有效提升企业治理水平时，未实施 XBRL 的公司将被认为治理水平低下，利益相关者将调低对该公司的预期，导致降低公司的市场价值，此时管理层就有实施 XBRL 的压力。Pinsker 和 Felden（2016）以 101 个财务背景和技术背景的高管为研究对象，研究企业自愿实施 XBRL 的原因，发现管理者的专业角色（财务管理者比技术专业管理者更可能实施 XBRL）、社会规范压力（如社会网络）与企业实施 XBRL 正相关，财务专业的管理者感知到的社会规范压力更大，因此实施 XBRL 的意图更强（见表 4-7）。

表 4-7　XBRL 实施原因与动机

作者	年份	概况
Callaghan and Nehmer	2009	问题：自愿实施 XBRL 的上市公司的特点 变量：DV：流动性；财务杠杆；盈利能力；公司规模；系统风险；公司治理水平 IV：自愿实施 XBRL 与配对的未实施公司 样本：美国自愿实施 XBRL 的公司及配对样本 结论：自愿实施 XBRL 的上市公司规模更大，财务杠杆的水平较低，公司治理水平也更低。流动性、盈利能力、系统风险没有显著的变化

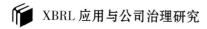
续表

作者	年份	概况
Pinsker and Felden	2016	问题：社会规范压力与职业角色对于企业自愿实施 XBRL 的影响 变量：案例研究 样本：德国 2009 年自愿实施 XBRL 的上市公司 结论：管理层受到社会常规的压力时会倾向于实施 XBRL，但是相对于 CFO，CEO 受到社会规范的压力时上市公司更倾向于实施 XBRL

5 组织间 XBRL 实践与组织治理

XBRL 从初始的年报披露转到企业内部运用，逐步拓展到组织间共享 XBRL 系统。当组织间实现 XBRL 连接得到实现后，XBRL 能够帮助交易参与者实现不同应用的数据转换（Altova，2011），两家及以上公司共享自动化信息系统（Cash and Konsynski，1985）。"围绕信息技术、计算机技术与交流技术而建设的，有助于信息的创造、储存、转换与传输的信息系统"（Johnson and Vitale，1988）。进而，XBRL 能够实现组织间相互共享数据，跨组织的信息流通，提升组织间数据交换、核对与共享等功能，提高公司间的治理效率。因而，XBRL 在发挥个体公司治理效益的基础上还可能发挥跨公司的组织间治理作用。

组织间治理在经济全球化的今天显得越来越重要。传统的以单个企业内部的投入产出形成价值的价值创造观念已然有些过时（Normann and Ramirez，1993）。随着互联网等新兴业态的兴起，传统产业的流程改造，单个企业的组织依赖性增强，各自的边界有所弱化（Gulati and Kletter，2005；Premkumar et al.，2005），成员的产业依赖性使得组织关系的重要作用得到凸显。因而，组织关系也应当被纳入价值链的一环（Howard et al.，2003；FAHY，2007）。

组织间治理与一般的公司治理不同。这里讨论的组织间关系并不包含具有明确权属关系的总分公司、母子集团公司。在大多数情况下，这两类企业集团是具有完整的股东—代理人治理链条，可以按照传统的治理关系分析。然而，除此之外的大多数企业组织本身并没有完整的治理权属关系，多数是以平行企业的契约为核心纽带形成的。部分组织间关系也涉及成员间相互持股形成重大影响的情况，但并不至于形成单方的控制权。组织间治理依托于契约，也就是要形成多方合意。进而，在组织关系中，没有明确的代理人与委托人之分，而是形成了相互委托—代理的组织关系格局。因此，在促进组织治理的过程中，传统上在单个企业或企业集团中所强调发挥股东的作用和代理人对委托人的责任难以适用。而以契约本身和成员平等参与为特征的治理关系在组织治理中起着重要作用。此外，成员间的依赖性有现实的交易基础，其可能对成员间的履约情况产生影响。组织成员间的依赖性远比金融市场中公司与一般投资者的投融资依赖关系要强。

在具体的组织间治理中，组织间契约本身的订立与组织成员后期的行为都是各个成员的独立合意的结果，不存在特定的最高权力机构。一般而言，成员决策主要依赖于成员自身的信息，目标收益以及相应策略。并且在决策过程前端的信息收集对决策行为有重大影响。而目标收益和策略本身是依赖于信息的，并且并不存在能够直接干预成员自主决策的组织权力机构。从而，成员行为可免受组织间权力机构的非理性行为干扰。那么，在组织间契约签订及其以后的执行行为中，成员在综合信息的基础上，基于自身利益的理性行为占据主导。进而避免了传统公司治理关系中不得不考虑来自权力机构或权力机构成员如投资者、中小股东、股东会、董事会等主体的非理性行为的影响。此外，信息交流可能进一步刺激成员间的交易行为，增强成员间的依赖关系，从而增加成员的违约成本，改善组织治理。因而，在组织关系中，信息对组织间治理至关重要，并且对组织间治理的影响更为有力。

XBRL 技术的核心目标就通过标准化的分类扩展体系改善各个公司在各种环境下的商业报告。现有的研究主要针对资本市场环境与公开信息披露环境，部分涉及企业内部的 XBRL 技术运用。对组织成员间的 XBRL 应用研究较为匮乏。而组织间治理方面的相关研究则尚未涌现。然而，明确 XBRL 技术的功能对促进 XBRL 技术推广与实践应用中的目标实现具有重要意义。因而，后文结合 XBRL 本身的技术特征与传统治理研究的理论成果，尝试从组织间治理角度分析 XBRL 的治理效应。

5.1 XBRL 实现组织间治理的技术支撑

5.1.1 XBRL 的技术特征对组织间治理的支撑

XBRL 是基于 XML 设置的开放资源技术，通过公认或经批准的分类来标准化识别与标识财务数据（Sledgianowski et al.，2010），以利于信息的自动提取与有效分析（Roohani，2008）。XBRL 的实施并不局限于单个组织，也可能实现跨组织的联合应用。XBRL 的一般技术特征同样可以支撑组织间的 XBRL 使用。特别是 XBRL 的可扩展性、跨平台与跨语言技术特征，极大地支撑了组织间的 XBRL 应用。

可扩展性特征有助于 XBRL 分类标准兼顾一致性与灵活性，从而满足不同层次的信息收集需求。基于 XBRL 的可扩展性，具有一定关系的企业组织不仅可以利用 XBRL 进行商业报告交换，还可以根据其关系特征设定相关的概念与关系，扩展专门的标准化分类进行直接的数据交流，实现底层数据的及时交流与印证。与 XBRL 商业报告不同，组织间扩展分类数据交换打开了单个企业信息系统的操作黑箱，未加工的底层数据交流杜绝了企业组织间单个企业通过数据加工操纵商业报告的操作空间，组织间的基于两两业务交流的透明度可能得到极大提升。

跨平台性特征使得 XBRL 在组织间的应用具有极大的普适性或兼容性，同时 XBRL 分类标准的跨平台性也保证了数据收集运行规则的独立性与商业报告数据结果的可靠性与稳定性。此外，跨平台性还极大地保证了数据的安全性，由于其不依赖于某个或多个公共服务器，保证了组织间单个公司对自身数据的控制力。既满足了组织间契约许可的报告信息交流，又充分保证了自身数据的独立与安全。因而，与其他一般软件系统相比，这为其在企业间的应用带来巨大的优势。跨平台的特征也使得单个企业承受的故障率与使用维护成本得到极大的降低，也提高了企业实施 XBRL 的效益。

跨语言性在满足不同语言标记需要的同时也自然能满足组织间不同企

业标记方式的差异化需求。同时，随着跨国公司与商业全球化的发展，跨语言的报告需求更加迫切。同时专门的标签链接库也使得数据语言的自定义加密成为可能，为更广泛的组织间跨语言安全报告提供了便利。

整体而言，XBRL 的技术特征完全能够支持其在组织治理中所扮演的关键角色。从技术上讲，XBRL 能够满足组织成员间的交易需求，改善组织成员的信息交流，降低信息不对称，提高组织成员间的信息透明度。更高的信息透明度与交易频率能够增强组织成员间的依赖，提高单个组织成员的违约成本，改善组织治理。此外，组织成员比一般个体投资者具有更强的理性决策能力。XBRL 技术在组织治理方面的功能理应得到更好的发挥。

5.1.2 XBRL 可扩展分类应用的技术原理与规定

Bovee 等（2002）经过对美国公司财务报表实务中的元素与所采用的分类标准进行匹配后发现，在细节层面，披露实务和分类标准存在一定的差异，并据此提出需要对分类标准进行扩展。目前的 XBRL 可扩展分类应用主要集中在企业会计准则 XBRL 通用分类标准的建设上。主要包含基于我国会计准则的通用层面的基本元素，这些元素是从会计准则中抽象出来的，具有较高的概括性，可以适用不同的行业和企业的一般性概念。在满足一般信息披露的需求之上，企业还可能需要根据其所处的行业和自身特点自愿披露更具体的信息。因而，企业可能需要根据自身的披露意愿对通用分类标准进行一定程度的自定义扩展，以满足具体的差异化的披露需要。分类标准扩展主要包括元素扩展和关系扩展。元素扩展是指在通用分类标准中增加概念和资源等元素。关系扩展是指计算、公式、引用、列报、标签、定义等链接库的扩展，包括已有元素之间的关系扩展、扩展元素和已有元素之间的关系扩展、扩展元素之间的关系扩展。

中国财政部于 2011 年 5 月发布、2013 年 5 月修订的《企业会计准则通用分类标准编报规则》指出，扩展分类标准应当包含扩展分类标准模式文件和与其相关的链接库文件。在以通用分类标准为基础进行扩展时，不能直接增加、修改、删除通用分类标准文件中的任何内容。企业可采用两种方式应用通用分类标准：复用（Reuse）和重新定义（Redefine）。在复用方式下，企业在构建扩展分类标准链接库文件时，应引用通用分类标准中的链接库文件并进行扩展，扩展分类标准模式文件应当引用通用分类标准入口文件和企业扩展链接库文件，或者在扩展分类标准中自定义入口文件；在重新定义方式下，企业在构建扩展分类标准链接库文件时，不再引用通用分类标准中的链接库文件，而是根据企业具体要求重新构建链接库文件，扩展分类标准模式文件应当引用通用分类标准核心模式文件和企业所有扩展链接库文件。

通常，对通用分类标准的扩展主要有两种模式：间接模式和直接模式。其中，间接模式是先创建行业扩展分类标准再创建企业扩展分类标准，其行业扩展分类标准是由各行业主体以通用分类标准为基础，按照行业信息披露需求进行扩展而得到的行业通用的分类标准；直接模式是由企业直接基于通用分类标准创建适合本企业的扩展分类标准。绝大多数观点支持由通用分类标准经过行业扩展分类标准再过渡到企业扩展分类标准的间接模式，即在国家通用分类标准的基础上，组织会计专家和行业专家进行行业扩展。这不仅有利于通用会计信息的统一，还有利于满足工商、税务、统计、交易所等不同信息使用者对信息的差异化需求。

美国公认会计原则在制定分类标准时采用了集中式的方法，即"核心元素集合+并列行业入口"的模式，直接为各行业制定行业扩展分类标准，并预留了工商业、银行和储蓄业、经纪自营商行业、保险业、实体产业五个行业入口（Industry Entry Points）。中国财政部 2010 年 10 月发布的《企业会计准则通用分类标准指南》，根据我国信息披露和监管的特点，鼓励监管主体基于通用分类标准扩展各个行业的扩展分类标准，以满足不同的监管主体在监管过程中的信息需求。目前，已发布了《石油和天然气行业扩展分类标准》、《银行业扩展分类标准》和《银行监管报表扩展分类标准》、《国资委财务监管报表扩展分类标准》。其中，前两个是通用分类标准在具体行业财务报表上的扩展，后两个是通用分类标准在行业监管报表上的扩展。

XBRL 的自定义扩展功能使得 XBRL 分类技术具有极强的适应性，在保证分类标准化的同时也保证分类的灵活性。其既能够满足监管方的标准化报告需要，又能够满足具体企业的自定义分类报告需要。因而 XBRL 能够实现对公司信息的完整、灵活地捕捉。从组织视角来看，XBRL 技术能够满足组织成员交流的自定义需求，有利于通过信息及信息相关渠道影响组织治理。

5.1.3　XBRL 的两种扩展技术模式

XBRL 的扩展模式为实现 XBRL 的自定义扩展提供了现实的路径，也形成了 XBRL 组织治理的技术前提。依据 XBRL 财务信息元素理论（张天西，2006）），财务信息元素是构建 XBRL 财务报告分类标准（以下简称 XBRL-FRT）的基本单元，这已成为许多研究者的共识（杨周南和赵秀云，2004；Graning et al.，2011；张天西等，2011；Kim et al.，2012；Vasarhelyi et al.，2012）。这一理论和方法对于固定格式的财务报表类信息较为适用，但是对于格式自定义，特别是存在多维表格的信息报告如财报附注，则可能需要进一步的区分（李争争、张天西和卓贤林，2013）。以财报附注为例，目前财报附注中多维表格的构造模式可以分为元组模式和维度模式。元组模式中财务信息元素是构建 XBRL-FRT 的最基本单元；维度模式中表信息元素、轴成员信息元素和项目概念信息元素是构建 XBRL-FRT 的最基本单元；由轴成员和项目概念信息元素构造了影子财务信息元素。

5.1.3.1　元组模式

元组是一种组合信息的建模技术，既可以定义财务信息元素，也可以嵌套定义其他元组。采用元组技术建模财务报告附注中的多维表格的方式可称为元组模式。财务信息元素是元组模式中构建 XBRL-FRT 的最基本单元。在表达数据表格信息时，元组模式直接定义和引用了财务信息元素的标签、来源、表达和计算等关系，构成 XBRL-FRT 的模块。中国采用 XBRL-FRT 元组模式的 XBRL-FRT 有上交所制定的"上市公司信息披露分类标准"、"金融业上市公司信息披露分类标准"、"基金公司信息披露分类标准"、深交所制定的"上市公司信息披露分类标准"和证监会制定的"证券投资基金信息披露分类标准"等。

5.1.3.2　维度模式

由轴和项目构造的维度也可以建模财务报告附注中的多维表格建模，可称其为维度模式。维度是由轴、成员、项目、概念和事项等原子概念构造而成（Hoffman，2012），其中表由行（轴）和列（项目）构成，用于构造表格类事项信息，用 Table 表示，表中的轴可以是一维也可以是多维，但是项目只能是一维的；轴描述了财务报告中经济事项的特征，用 Axis 表示，成员是轴的可能取值，用 member 表示；项目描述了财务报告中经济事项的概念，用 Lineitems 表示，概念是项目的可能取值，用 concept 表示；

事项定义了财务报告中可观测的和可报告的信息片段，用 fact 表示。

维度模式基于多维表格的微观结构特征，将表格类信息拆分成轴成员（行）和项目概念（列）。其所表达的信息内涵由轴成员和项目概念共同决定，即通过维度的行集合成员和列集合成员的笛卡尔乘积间接构造了财务信息元素，该财务信息元素并未在 XBRL-FRT 中直接定义，而是通过轴成员和项目概念的定义构造而成。为了与直接定义的财务信息元素相区别，可以将该模式下形成的财务信息元素称为影子财务信息元素。中国采用 XBRL-FRT 维度模式的 XBRL-FRT 有"通用分类标准"、"石油和天然气行业扩展分类标准"和银监会"银行监管报表 XBRL 扩展分类标准"。

5.1.4 XBRL 可扩展分类组织间应用对信息披露的影响

分类标准扩展会在完整性、准确性、可比性三个方面影响信息披露的质量（Katz，2004；Debrecenyetc，2005）。

（1）完整性。信息披露的完整性是指企业能够按照自身状况完全地披露自身的会计信息，包括强制性披露信息和自愿性披露信息。由于通用分类标准只概括了最基本的元素，如果企业按照通用分类标准编制 XBRL 财务报告，那么就意味着某些企业的某些自愿性信息得不到披露。

（2）准确性。信息披露的准确性是指企业在财务报告和 XBRL 实例文档两者间的相近程度。一般地，信息经过加工后会不可避免地出现一定的误差，而这个误差程度决定了信息披露的准确性。也就是说，财务报告与 XBRL 实例文档越接近，误差便越小，信息的准确性便越高，信息质量也就越高。

（3）可比性。信息披露的可比性是指企业的财务报告在实例文档中披露的信息，在不同的企业之间相互可比。XBRL 最突出的优点就是能够对企业的财务数据进行横向、纵向的比较。通用分类标准下，企业信息都是按照同一个基本元素来进行标记，能够保证较高的可比性。当分类标准扩展时，在不同行业间的可比性可能会受到一定的影响。

5.1.5 XBRL 扩展分类的评价文献

已有研究发现（见表 5-1），分类标准与实务报告匹配度行业之间并不一致（Matthew Bovee，2002）。我国的现有分类与实务之间存在着巨大的差异（高锦萍和张天西，2006）。具体的分类中，维度模式的创建质量高于元组模式（李争争和张天西，2015）。

表5-1　XBRL 扩展分类评价文献表

作者	年份	文献概况
Matthew Bovee	2002	样本：美国 10 个行业共 67 家工商企业公司的财务报表数据 主题：分类标准与实务报告匹配度 结论：分类标准与实务报告匹配度在各行业间表现不同，建议推出行业扩展分类标准
高锦萍、张天西	2006	样本：针对财务报表附注项目，将 12 个行业 117 个上市公司 2005 年年报中披露的项目与上交所制定的《中国上市公司信息披露分类》标准中定义的相应标记匹配 主题：XBRL 分类标准的适应性 变量：元素覆盖率＝匹配的分类标准中的财务信息元素和企业实务披露的财务信息元素个数/企业实务披露的财务信息元素个数 结论：我国 XBRL 财务报告分类与公司偏好的财务报告实务之间还存在较大的差异，分类标准还需进一步完善
李争争、张天西、韩宜恒、卓贤林	2013	样本：石油行业上市公司 主题：对不同模式创建的 XBRL 财务报告质量进行对比和评价 变量：财务报告中的信息元素的复用和扩展频数
李争争、张天西	2013	样本：上交所工商业在财务报表附注部分的财务信息 主题：XBRL 财务报告分类标准质量评价 方法：按微观结构将 XBRL 财务报告分类标准分为元组模式和维度模式，根据会计信息质量特征，提出了分类标准创建质量的评价标准，构建了基于成本收益原则和相关性的创建质量理论模型，细化了不同模式的创建质量实现模型，比较和评价了两类财务报告分类标准的创建效率、语义相关性和创建质量 结论：在特定假设下，虽然元组模式在语义相关性上优于维度模式，但是由于维度模式在创建效率上高于元组模式，因此从总体上看，维度模式的创建质量高于元组模式

续表

作者	年份	文献概况
王玲、王硕	2014	样本：根据2012年营业收入规模，对每个行业选取营业收入排名前5名和后2名的上市公司，共选取了71家上市公司 变量：适用性评价指标——分类标准元素覆盖率。通用分类标准元素覆盖率是指企业会计准则通用分类标准中的元素对于会计实务披露元素的覆盖程度。将一份企业财务报告中信息元素与通用分类标准元素一一映射，有一部分与通用分类标准中55项元素项目重合，将其定义为通用元素；企业财务报表附注中披露的所有数值型的财务信息元素，将其定义为企业披露实务元素。通用分类标准元素覆盖率就可以用公式表示为： 覆盖率=通用元素总数/企业披露实务元素总数
杜威、董珊珊、张天西	2015	样本：根据中国财政部2010年颁布的《企业会计准则通用分类标准》，提取样本公司2013年年报中所有扩展的财务信息元素 变量：定义 $FieQ_{i,j,t}$ 表示 j 公司第 t 年第 i 个财务信息元素中主题词元素、状态词元素与属性词元素个数的总和，对于任何一个财务信息元素，$FieQ_{i,j,t} \geq 3$ $Fie_{i,j,t}$ 表示 j 公司第 t 年第 i 个财务信息元素是否存在，$Fie_{i,j,t}=1$, if $FieQ_{i,j,t} \geq 3$, 否则 $Fie_{i,j,t}=0$ $Fie_{j,t}$ 表示 j 公司第 t 年财务信息元素的个数，$Fie_{j,t}=\sum Fie_{i,j,t}$, $FieQ_{j,t}$ 表示 j 公司第 t 年组成财务信息元素的元素（主题词元素、状态词元素以及属性词元素）汇总数，$FieQ_{j,t}=\sum FieQ_{i,j,t}$, Q_j 表示 j 公司财务信息元素个数

　　当前的 XBRL 实践较少涉及组织间的运用。跨组织的联合运用主要体现在 XBRL 行业扩展分类上面。然而，行业扩展分类仅是对单个企业的 XBRL 应用标准分类的行业细分。从上市公司的实践经验可以看出，财政部颁布的 XBRL 会计信息分类标准的报告信息覆盖率不足，并且存在明显的行业差异。因而，在石油与银行业 XBRL 行业扩展分类标准颁布以后，

XBRL 的适用性得到极大的提高。事实上，只有 XBRL 适用性越强，它对报告信息质量与公司信息透明度的提升能力才越强。足够的元素覆盖率与适用性是 XBRL 发挥作用的基础。然而，目前的 XBRL 应用仍然集中于公司财报等对外的定期商业报告领域以及企业自身内部信息化改造方面。而真正伴随着企业业务发展的组织间信息披露领域的应用与研究都极度匮乏。尽管 Henderson 等（2012）论述了 XBRL 的组织内实践动因，然而并没有更多地区分组织间的 XBRL 影响研究。

5.2 组织间治理理论分析及治理要素

5.2.1 组织间采用 XBRL 的动因

实务中，很多企业并没有意识到组织间 XBRL 实践的价值。多数研究往往是从改善公司治理的角度讨论了公司采用 XBRL 的动机，而较少研究组织间应用的动机。Troshani 和 Rao（2007）提出了利用技术、组织、环境三因素框架，并以之分析 XBRL 的实施缘由，认为技术因素与环境因素在 XBRL 应用中起到了重要作用。其中，所用到的技术组织环境框架（TOE）也适用于研究分析组织层面的 IT 技术创新（De Pietro et al.，1990）。此外，公司高管对 XBRL 有用性的认知也大大促进了 XBRL 的实施（Pinsker，2008）。当前的 XBRL 强制实施政策主要着眼于 XBRL 的报送格式，监管机构并没有对 XBRL 实施的其他目的予以要求或说明。具体的框架要素如图 5-1 所示。

已有的研究证实与传统技术组织环境框架下的单个组织内部实施 XBRL 相比较，组织间的 XBRL 实施动因有所不同。传统的知识创新扩散、兼容性等用于解释组织内部实施 XBRL 的理论、观点，对于解释组织间应用 XBRL 往往并不适用。比如在组织间应用 XBRL 时，技术因素并不如组织内部应用时重要（Monterio，2011）。组织间的 XBRL 实践更可能是受到另外一些因素，特别是环境因素的影响（Yao et al.，2007），如从外部来源对 XBRL 的学习上，对组织间采用 XBRL 有显著影响。此外，与审计师的组织关联性对组织间采用 XBRL 具有重要影响（Dave Henderson et al.，

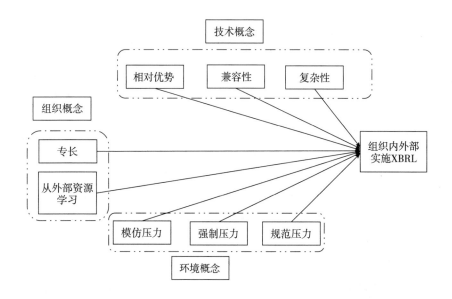

图 5-1　基于技术组织环境框架的 XBRL 实施动因图①

2012)。目前对 XBRL 的研究主要集中于其经济后果，较少研究其实施动因特别是组织间的实施动因。未来的研究不仅聚焦于 XBRL 的经济后果，还应当就具体的 XBRL 差异化实施做出论证、提供依据，以不断地提高 XBRL 的实施效率与效益，关注基于跨平台性的 XBRL 跨组织实施以及与之相对应的分类扩展性。

　　技术组织环境框架能够为 XBRL 的实施动因提供较全面的分析框架。技术因素主要指 XBRL 被感知到的技术特征。一般依据创新扩散理论（Diffusion of Innovation）中的成本收益视角分析 XBRL 的技术推广。在技术因素中，相对优势是 XBRL 技术被实施的重要动因。XBRL 能够提高财

---

①　Troshani and Rao（2007）定义了影响 XBRL 技术实施的三因素框架。其中，技术因素的子概念定义如下：相对优势是指该技术创新的预期优势，或者可感知的预期收益。兼容性是指 XBRL 技术与企业的现有运作系统的兼容程度。复杂性是指企业用户感知到的 XBRL 操作难易程度。XBRL 的复杂性通常源自信息标记过程的难度，即企业所需标记事项所需专业知识的复杂性。在一般的财务领域应用中则是指标记财务数据时需要专业的财务知识。组织因素的子概念定义如下：专业能力指为了 XBRL 技术，组织必须具备相应的专业技能。外部资源学习能力指在学习与实践 XBRL 过程中可利用的外部资源。例如，外部咨询师和供应商。环境因素的子概念如下：模仿压力指竞争对手间的 XBRL 技术模仿压力。强制压力指企业受到所依赖的第三方企业的压力。规范压力指组织成员之间因共享规范与价值构成的规范主体的要求。例如，专业协会要求实施 XBRL。

报披露信息的质量与披露效率。如果将 XBRL 嵌入内部运作，还有利于组织获得业财一体化的效益。兼容性对于 XBRL 技术的采纳尤为重要，因为 XBRL 极有可能改变现有的商业报告信息链。Cordery 等（2011）研究发现，作为分类标准的 XBRL 技术本身并不复杂，然而企业自身的商业模式、文化与经营环境流程等的复杂性使得应用 XBRL 标准化扩展分类时较为困难。企业只有克服了自身业务的标准化扩展分类复杂性才有可能有效实施 XBRL。

对组织因素的分析主要基于组织学习的视角进行，并认为新技术的实施是组织学习减少新技术的知识障碍的过程。其中，专业能力指企业应当具备的 XBRL 相关专业技术技能，特别是选择合适的分类标准以及相应元素对企业内部会计信息进行恰当标记的能力。外部资源学习能力有利于更好地学习 XBRL 知识，降低 XBRL 实施的知识障碍。

环境因素通常属于制度理论的因素，强调环境动力推进 XBRL 的作用。其中，模仿压力可能源自新技术的实施频率。从众效应促进了竞争企业间的技术模仿。此外，模仿已经成功采取新技术的企业，减少技术应用的不确定性同样可能被用来应对模仿压力。强制压力有利于适应商业伙伴或依赖对象的新技术要求。规范压力大多数源自专业协会、监管机构的要求，有利于迅速推动 XBRL 的应用，避免个别企业的技术追踪惰性（吴忠生，2014）。

5.2.2 XBRL 与组织间公司治理要素的关系

就单个公司而言，公司治理随着公司所有权与经营权分离而不断改进。随着组织关系的发展、扩张，以契约或持股或兼而有之为基础的企业组织集合体同样存在跨组织成员的治理问题。一个由多个组织成员构成的组织集合体，实质上构成了多个交叉委托—代理关系构成的集合体。在其中每一个委托—代理关系中，契约或股权交易的双方都是不对称的。①组织间交易双方的目标函数是不一致的。尽管单个公司在组织间的合作可以取得较高的目标收益，但这并不意味着组织间的合作就符合任一单个公司的最佳利益。由于合作收益是组织间相互妥协的产物，那么组织间的委托—代理方追求各自利益并且可能牺牲对方利益最大化的行为便无可避免。②组织间的交易双方同样存在着严重的信息不对称。就一般企业委托—代理而言，委托人对代理人的尽职行为、机会主义行为等是无法进行全面观察与认知的。代理人就代理事项比委托人拥有更大的信息优势。委托人既无法有效地评价代理人的行为，也无法全面地认知代理标的物的信息。组织间的代理关系比企业代理更复杂。单个企业内部的代理关系所订立的公司章程是由公司法保护的。公司法专门关注了股东的信息劣势，保障了股东的一系列权力，如查账权。组织间的代理关系则遵从一般的合同法律，并没有专门的对应法律予以足够关注。因而，组织间的委托—代理矛盾更难约束，现实中，一系列企业组织联合的失败更加凸显了组织间治理的紧迫性。③组织间委托—代理双方的责任也是不对称的。以企业供应链组织为例，供应商与销售商之间的风险责任是不对称的。由于交易标的物在供销环节沉没成本的累积，使得销售方单位产品的固定成本更大，承担的经营风险明显大于供应商。这也是传统销售商致力于掌握控制供应环节的意义所在。

由于组织间的多重委托—代理关系是多个双边委托—代理关系的集合，因而，本书尝试着沿用一般的公司治理要素去拓展分析组织间的治理要素。传统的公司治理特别是公司内部治理主要包括董事会、高管薪酬、契约与股权结构、信息披露（白重恩等，2005）。外部治理要素则包括企业控制权市场、产品市场竞争程度与制度背景。在已有的分析框架中，单个公司的内外部治理要素越改善，公司治理效果越好。

在企业组织集合体中，就内部治理而言，并不存在常设的组织间最高权力机构。组织间的合作是单个组织协商的结果，而不是某个最高决策机构决策的结果。高管薪酬与董事会类似，在组织间活动中，并不存在统一行动的管理层。相比于单个公司，单个组织的最高决策机构与管理层薪酬在组织间的治理关系中影响并不直接。相对而言，契约与股权结构、信息披露则是组织间治理的直接因素。契约与股权是组织间关系建立的两种手段。契约的完备性是影响组织间治理的重要因素，契约越完备，企业双方的权利义务越明确，由不完全契约导致的委托—代理问题越少，组织间的治理更有效。首先，股权结构中交叉持股比例越高，组织间的利益越趋于一致，由成员间激励相容问题引起的委托—代理问题越少。其次，不同的产权属性下，股权追求单个企业利益最大化的动机强度不同。因而，国企与民企的产权属性差异同样可能对组织间的公司治理产生影响。最后，信息披露是影响公司治理的重要手段。一般的利益相关者正是通过信息披露了解公司信息，进而通过其决策促进公司治理。组织集合体之间的信息披露对象更具针对性，并且单个参与公司为主体的组织成员对披露信息的识别与分析能力更强。此外，组织间成员的决策对信息披露对象的影响比一般外部信息使用者的决策影响更直接，更有针对性，也更明显。因而，信息披露这一治理因素在组织间的治理过程中的作用更加重要。

就外部治理而言，组织集合体控制权市场往往通过代理人竞争与并购实现。通过代理人竞争与并购，实现组织间内部关系从属的重组，进而改善原有的组织间治理关系。激烈的产品市场竞争增加了单个成员的经营压力与对组织关系的依赖，强化了组织成员对组织间契约的遵守，进而减少了委托—代理矛盾。制度背景则是始终发挥着治理作用的重要因素，对保证组织间的合作以及契约遵守起着重要作用。

XBRL 是一种改善信息收集、交换、披露与挖掘的技术标准，其能够有效减少监督成本与剩余损失，进而改善单个公司的治理水平。就单个公司而言，XBRL 所具有的标准化数据分类、信息收集与数据处理、挖掘能力，减少了公司信息受到人为干预的可能性，应用于公司内部将提高公司内部的信息透明度，提高公司董事会的工作效率。特别是以往难以接触到公司内部业务的独立董事与外部董事，将更加便捷地分析比对结构化的公司信息与标准化口径的其他同类公司信息。与此同时，利用 XBRL 提供的多样化数据，董事会下设专业委员会的工作效率也将同样得到极大提升。这将增强董事会对管理层的监督，降低信息不对称，降低监督成本。管理层人为操纵的可能性得到一定程度的遏制，使得薪酬激励，特别是货币薪酬业绩敏感性激励更有效。以往由于信息不透明，对高管实施股权激励以绑定高管与公司利益的动机将极大削弱。此外，由于 XBRL 本身是针对商业报告的语言，公司信息披露的质量将得到极大改善（李争争，2013）。市场上，公司信息披露的分类标准得到统一，具体项目的统计口径趋于一致，公司信息的获取也更便捷。就单个公司外部治理要素而言，公司可比信息的充分性使得控制权市场的竞争更具有针对性，高管之间在契约订立时竞争更充分，管理层需要在更精确的控制权竞争压力下承担代理责任，进而改善公司治理。XBRL 系统下，产品市场信息的反馈更及时，特别是组织间应用 XBRL 技术后，市场前端的产品信息将在统一的 XBRL 应用系统迅速传播，提高了管理层决策的市场灵敏度，一定程度上减少了管理层的无效代理行为。

对于组织治理，XBRL 同样具有一定的促进作用。事实上，XBRL 改善单个组织成员公司治理的过程也是提高组织间成员理性决策的过程，同时是提升成员行为可预测性、降低信息不对称的过程。对于组织本身而言，更充分的标准化信息，有利于提高组织间契约的完备性，从根本上降低委托—代理矛盾，实现组织间的治理。同时，由于组织间的交叉持股往往被认为是对契约不完备性的补充或保证。随着契约完备性的提高，XBRL 可能降低组织间交叉持股的比例。此外，产品市场信息经过 XBRL 系统的交流，使得组织间产品市场信息传播与经营决策更具有联动性与关联性，提升了组织间的相互依赖程度，进而改善组织间治理。此外，制度背景特别是法治环境对组织间的合作与契约遵守起着重要作用。基于 XBRL 的信息集成与披露系统能够增强中小投资者以及组织间成员对单方违约的举证能力，增强政府机构相应的监管能力，进而改善原有制度背景的组织间治理效率。

5.2.3 XBRL 与组织间公司治理要素理论关系矩阵

整体而言，虽然 XBRL 有利于通过改善信息与信息相关渠道来改善公司治理与组织治理，然而依据已有公司治理研究可以发现，不同的治理要素对同一件事物的反应并不一致。为了进一步分析 XBRL 技术在不同治理要素下的差异化反应，我们根据已有研究中的要素分类，分析其与改善信息交流之间的关系，来探讨其与对应治理范畴的关系。为了方便对比分析，本节同时列示了 XBRL 的单个公司治理效应与组织间治理效益。董事会只存在于单个公司内部。XBRL 提高了信息透明度和治理层监督角色的有效性和工作效率。董事会和下属委员会及独立董事角色等效率更高。XBRL 简化流程后，董事会的工作强度更小，董事会工作对人员数量的依赖性可能更小。薪酬治理领域，在单个公司治理当中，更高的透明度使得薪酬业绩敏感性激励更有效，同时有利于防止激励驱动管理层实施盈余管理等负面效益。信息不对称下降使得股权激励的必要性降低，而契约的完备性会更高。信息不对称降低同样也有利于提高组织间的契约完备性。在股权结构领域，单个公司治理效应对大股东持股的需求将会降低，国企的治理效率有所改善。缓解信息不对称同样有利于降低组织间治理对交叉持股的需求。在信息披露、与外部治理机制方面，XBRL 便于外部信息数据的收集与挖掘，有利于相应领域的单个公司与组织间治理效率的提升。具体结果如表 5-2 所示。

表 5-2　组织间公司治理要素理论关系矩阵

公司治理要素	XBRL 与单个公司治理	XBRL 与组织间治理
内部治理要素（机制）		
董事会：		
董事会规模	未知	
独董比例	效率提升	
委员会	效率提升	
薪酬治理：		
薪酬总额	效率提升	
薪酬业绩敏感性	效率提升	
股权激励	需求下降	
契约完备性	提升	提升
股权结构：		
国有产权	改善	
股权集中度	需求下降	
交叉持股		需求下降
信息披露：		
披露质量①	提升	提升
披露标准②	提升	提升
披露内容	提升	提升

---

① 信息披露质量主要指信息披露的及时性、披露信息的底层统计口径以及关键事项的披露。

② 信息披露标准指信息分类的标准化，与通用 XBRL 的差异以及标准分类扩展的层次。

续表

公司治理要素	XBRL 与单个公司治理	XBRL 与组织间治理
外部治理机制		
控制权市场：		
并购	效率提升	效率提升
经理人市场	效率提升	效率提升
产品市场：		
产品竞争力	效率提升	效率提升
经营风险	效率提升	效率提升
制度背景：		
监管效力	效率提升	效率提升
守约方的举证能力	效率提升	效率提升
对守约方的保护	效率提升	效率提升

5.3 公司控制权市场

Berle 和 Means（1932）首次提出了控制权的定义，"所谓控制权，是指无论是通过行使特定权利还是通过施加压力等各种渠道，事实上所拥有的选择董事会成员或其多数成员控制公司运营的权力"，也就是说，控制权是指影响公司董事会成员构成及其政策制定的能力。Grossman 和 Hart（1986）从不完全契约的角度定义了控制权，他们把财产控制权区分为特定控制权和剩余控制权，特定控制权是在契约中明确制定的对财产的控制权力。国内的学者多认为控制权就是主导公司业务经营与决策的权利，比如杨瑞龙和周业安（1997）将剩余控制权理解为企业的重要决策权。我国最新《公司法》（2013）称拥有控制权股东为控股股东，指其出资额占有限责任公司资本总额 50% 以上或者其持有的股份占股份有限公司股本总额 50% 以上的股东；出资额或者持有股份的比例虽然不足 50%，但依其出资额或者持有的股份所享有的表决权已足以对股东会、股东大会的决议产生重大影响的股东。实际控制人是指虽不是公司的股东，但通过投资关系、协议或者其他安排，能够实际支配公司行为的人。公司控制权市场就是指对公司决策控制权的竞争市场。其主要是通过内部代理人竞争与并购两种方式实现的。又由于代理人竞争是纯粹的组织内部事项，在此不进行讨论，不对此讨论，主要关注企业间的并购对公司治理的影响。

并购的形式一般可分为兼并与收购。其中美国学者 J. 弗雷德·威斯通等在其著作《兼并、重组与公司控制》中将兼并解释为，由两个及以上经济实体形成一个经济单位的交易行为。按照产业关联性，可以将兼并分为三种方式：横向兼并、纵向兼并、混合兼并。横向兼并是指两个从事不同业务活动的企业之间的兼并行为；纵向兼并是指某项生产活动不同阶段的企业之间的兼并行为；混合兼并是指从事不相关类型经营活动的企业之间的兼并行为。我国《公司法》（2013）第一百七十二条提出，从并购后企业的存续状态将并购解释为，公司合并可以采取吸收合并或者新设合并，一个公司吸收其他公司为吸收合并，被吸收的公司解散。两个以上公司合并设立一个新的公司为新设合并，合并各方解散。

布莱克法律词典对收购的解释为，收购是指获得对某物的所有权或控制权的收购行为，并不会导致参与各方法人地位的丧失。收购一般旨在获取特定财产即财产组合的所有权，并不会导致标的财产或财产组合法律地位的丧失。收购方通过依据收购股权比例以及相关代持股等协议推荐董事会成员，控制董事会以及公司决策，进而实现控制权的转移。中国证监会于 2012 年 2 月发布修订的《上市公司收购管理办法》中明确规定，上市公司收购为收购人可以通过取得股份的方式成为一个上市公司的控股股东，可以通过投资关系、协议、其他安排的途径成为一个上市公司的实际控制人，也可以同时采取上述方式和途径取得上市公司控制权。

在一般的并购活动中，寻找并挖掘市场信息、被并购方的信息乃至并购双方的信息，对寻找并购对象以及并购活动中的资产评估定价至关重要。XBRL 商业报告标准分类下，单个企业的市场信息透明度得以显著增加，那么对并购市场的并购标的更恰当，估值也会更准确，减少并购活动中的信息不对称以及委托—代理矛盾。特别是对产业链关联的并购，由于横向并购往往是相同产业的合并，在目前同行业同 XBRL 分类标准相同的趋势下，横向关联的企业之间的 XBRL 分类标准更一致，数据信息统计口径趋同，同行业之间的并购信息透明度将会得到极大提升。同时，纵向并购由于存在产业链上下游关系，尽管分类标准特别是自定义扩展分类标准可能存在差异，但是上下游数据之间的勾稽关系依然存在。XBRL 使得各个公司内部的信息加工流程更标准化、自动化和流程化，这就使得企业末端之间的数据勾稽关系更可靠，更不容易受到任何一方的人为操纵，因而纵向并购的信息透明度也将会得到极大提升。

以往的并购活动中，并购双方的委托—代理问题根源于并购双方的信息不对称。往往在并购中出现赢者诅咒现象，收购企业通过努力成功收购目标公司，但事后却不能获得预期的收益（Chan，Yuk-Shee，1983）。目标公司管理层掌握了目标公司资产及其经营情况最多、最真实的信息，拥有信息优势。因此，作为委托人的收购企业和作为代理人的目标公司之间存在严重的信息不对称。XBRL 提高了信息披露的质量与内容，自然能够抑制或缓解"赢者诅咒"现象。此外，并购公司管理层也可能在并购活动中出现自利行为，以扩充规模来实现高管薪酬的提升，而不是为了真正的并购效益。同时，充分的标准分类信息还可以减少并购方管理层主观判断的空间，抑制管理层过度自信所带来的负面影响。

5.3.1 公司控制权市场具体的理论视角与治理机制

5.3.1.1 理论视角

（1）交易费用与代理成本视角。

自 1937 年科斯率先提出交易费用论后，交易费用概念被广泛用于解释各种存在的组织治理模式。而后，Williamson（1975）提出了影响交易费用的三个主要因素，即资产专用性、不确定性和交易频率，并认为这些因素和不完全契约与理性经济人共同决定了最优的治理结构。在并购活动中，大量的不确定性存在，使得并购成功以及并购业绩严重依赖于并购方管理层的主观经验判断。在这并购双方主观判断的过程中，两者之间的委托—代理关系对两者的并购决策起着重要影响。詹森和梅克林（Jensen and Meckling，1976）将代理成本定义为委托人为防止代理人违背自身利益，通过严密的契约关系和对代理人的严格监督来限制代理人的行为，而付出的成本。部分学者也将代理成本理解为由企业内部组织安排引起的交易费用。并购活动中，并购方不仅遭受来自自身管理层的代理成本，还包括来自并购对象的代理成本。Mueller（1969）提出的管理主义指出，管理层具有很强烈的通过并购增大企业规模进而提升薪酬的动机，认为并购活动可能是公司代理问题的表现。

XBRL 通过提高并购双方信息透明度，减少并购交易与预期业绩的不确定性，进而减少了并购交易本身的费用。由于以公司为主体代理股东交易仅是市场低效时的替代机制，那么信息不确定性降低，就能降低企业委托—代理关系中代理人在其主观经验判断中的自利空间，进而降低代理成本，改善公司治理。具体到代理成本，更高的信息透明度能够有效地减少监督成本，提高契约的完备度进而减少剩余损失，同时也有利于减少管理层不必要的约束损失，进而改善并购活动中的公司治理。

（2）过度自信视角。

Roll（1986）以竞标理论中的"赢者诅咒"理论为基础，根据拍卖市场特点提出的"过度自信"假说认为，由于经理过分自信，所以在评估并购机会时会犯过于乐观的错误。Roll 是从管理者行为来解释企业并购现象的，认为收购企业的管理者试图通过兼并其他企业来提高企业利润。如果兼并确实没有收益，那么，过度自信可以解释为什么经理即使在过去经验表明收购存在一个正的估值误差的情况下，仍然会做出收购决策。过度自信本身是代理成本在心理学领域的细分解释，如果这一假说成立，那么收购企业的过度支付就使其股东利益转移到目标企业股东，企业并购导致收购企业股东利益受到损害，进而形成赢者诅咒现象。

过度自信这一心理影响往往在管理层缺乏足够信息支撑而主观经验决策时更为显著。当 XBRL 提供更为充分、相关的结构化数据后，管理层纯粹的不确定决策会有所减少，原有的部分不确定决策会转向确定性或风险决策，进而降低过度自信这一心理因素对并购决策的干扰，从而改善并购方的治理水平。

5.3.1.2　XBRL 并购治理机制

结合上文各理论视角下的理论要素，我们分析了 XBRL 对并购业务的交易策略和并购经济后果的影响。从 XBRL 提升信息透明度出发，分析并购信息透明度对个股理论视角下具体理论要素的影响。进而分析各个理论要素、并购策略和并购经济后果的关系。具体的影响路径如图 5-2 所示。

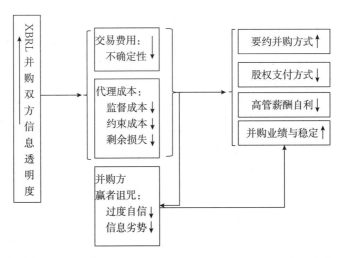

注:↓表示降低或减少,↑表示提升或增加;实线表示确定性,虚线表示可能性。

图 5-2　XBRL 并购治理机制图

5.3.2　XBRL 对并购方式的影响

我国企业的并购方式主要有无偿划拨、协议并购和要约并购三种（秦楠，2008）。其中，尽管要约并购是最完全的市场主导并购方式，然而实务中，协议并购是我国目前并购的主导方式。尽管在 20 世纪末到 21 世纪初，无偿划拨是国企并购的重要方式。上市公司的国有股权以零元价格在国有企业内部无偿转移，从而实现上市公司控制权的转移。但是，随着市场经济运行的深化与国企改革的完善，此类交易将因为资源配置低效与划拨时主管单位的权力寻租困境而逐渐落幕。协议并购是指以协议方式在场外受让上市公司部分股东股权的一种行为。由于我国资本市场中的流通股市价格普遍较高，而且信息披露的要求也很严格，因此协议并购的并购定价与信息披露成本远低于对流通股的要约并购。协议收购存在较大的主观判断与人为操纵空间。无论是在交易定价还是交易对象上，并购方管理层的行为起着重要作用，因而委托—代理问题严重。要约并购是指并购方通过向目标公司的全体股东发出要约，通过并购一定数量目标公司的股份达到控制目标公司的目的。理论上，要约并购应该是证券市场最理想的并购形式。其最大的特点是在所有股东平等获取信息的基础上，由股东自主做出选择。因此被视为完全市场化的规范的并购模式，有利于防止各种内幕交易，保障全体股东尤其是中小股东的利益。然而，现实中资本市场效率的不足、广泛的定价误差以及较高的信息披露成本都制约了要约并购实践。

XBRL 标准化分类商业报告将极大地降低资本市场的信息不对称，统一的自动化、标准化的商业报告格式将大幅降低信息披露成本，提高资本市场中股价的信息含量，减少市场定价与公司预期价值的误差，提升资本市场效率，进而促进要约方式在并购实践中的采用。要约并购将大大减少管理层人为干预的空间，以市场机制替换管理层的代理行为进而降低委托—代理矛盾。

XBRL 促进要约并购方式的核心在于改善并购定价方式，以充分披露的市场完善企业的市场定价。根据累计现金流折现模型这一企业价值确定的基本模型可知，XBRL 所改善的信息披露，在定价过程中一方面便于预测各期的预期收入，一方面能降低预测的风险，减少必要报酬率。因而，XBRL 在降低市场定价与基本价值误差的基础上还将使得定价结果更加精确。

5.3.3 对支付方式的影响

并购活动中，影响并购支付方式的因素包括并购规模、市场价值、成长机会、公司治理、控制权转移、自由现金流量、风险承担、经济周期、管理层所有权等。学者们也从多个理论视角解读其对并购支付方式的影响。XBRL 作用于并购活动的主要体现是提高了并购双方在资本市场中的信息透明度。所改善的市场信息透明度势必会增加股票价值的信息含量，进而减少市场价格的估值误差。这里主要从信息不对称角度与市场误估值角度进行分析。

Giuli（2008）从市场误估值视角分析了美国并购市场中的并购支付方式的决定因素。提出了并购双方市场价值的误估值会影响到并购的支付方式，特别是被并购方的误估值程度越大，股权支付的比例越大。目标公司价值被高估的程度越大，其管理者越愿意接受并购，实现非流动股权或期权的套现，支付方式越可能采用股票支付，并购也越容易成功。当收购公司价值被高估的程度越大，越可能采用股票支付方式，以使用被市场高估的股票交换更有价值的目标资产。

Sullivan 等（1994）基于信息不对称的视角，分析了并购中支付方式的作用，证实了关于被并购企业价值或协同效应的私密信息是通过支付方式和并购公告披露到市场上的。Harris 等（1987）发现，并购相对规模、交易双方债务规模及被并购资产的信息不对称程度是影响支付方式选择的显著因素。目标企业资产上的信息不对称程度越高，收购企业使用股权收购的可能性也越大。

XBRL 提升了交易双方的信息透明度，降低了并购交易预期业绩的不确定性，进而降低了信息不对称下对股权支付的依赖，便于保持原有的股权结构。并且，针对市场的信息透明度提升，同样能降低市场预期收益的风险，进而降低并购方的直接融资成本，增强并购方的自由现金流，支撑现金支付的交易方式。

5.3.4 对"赢者诅咒"现象的影响

源自于拍卖的"赢者诅咒"现象后来被发现普遍存在于企业并购重组、博彩游戏以及投资决策等领域（Goetzmann and Spiegel，1995；Tse et al.，2011）。在企业并购中，遭受并购损失的案例同样屡见不鲜。

学者们主要从两个不同的理论视角来解读"赢者诅咒"：经济学框架下的信息不对称理论与心理行为研究范式中行为经济学理论（符蕾，2013）。

5.3.4.1 基于主流经济学框架的信息不对称理论

1981 年，Stiglitz 等率先用信息不对称来解释赢者诅咒。他们认为，买方之所以愿意出高价是因为双方掌握的信息不对称，卖方掌握的信息多于买方，造成买方往往高估拍卖品，从而导致赢者诅咒现象的出现。Bazerman 等（1983）通过对个体竞价行为进行研究，发现买方往往会因为信息劣势错误地诠释卖方行为中所包含的信息，而忽视卖方的交易优势，选择了一个次优的交易策略，以至于遭受交易损失。

国内关于"赢者诅咒"现象的研究主要集中在信息不对称层面。王晓芳和谢金静（2008）根据投资者与被投资者之间信息不对称，运用"赢者诅咒"假说，解释了 IPO 抑价现象，为了避免发行失败和吸引不知情投资者认购新股，新股就必须折价发行；肖万（2009）分析了企业并购中的"赢者诅咒"的根源——信息不对称，并从理论上提出了可以运用信息甄别模型作为其解决方案；施钰（2010）则总结了国债、房地产、公共服务、矿产资源等更广泛的交易案例，认定信息不对称是一个"赢者诅咒"的非常重要原因。

5.3.4.2 行为经济学的解释框架

近年来，行为经济学的发展为解释"赢者诅咒"现象提供了新的视角。Roll 在 1986 年首次使用过度自信概念，认为积极的竞价者因为过高地估计自己的能力和更乐观地使用了所拥有的信息，导致了较高的并购支付定价，进而掉进了"赢者诅咒"的陷阱。Thaler 在 1988 年验证了 Roll 的"过度自信"，发现过度自信可以很好地解释并购方的"赢者诅咒"现象。此外，Morck，Shleifer 和 Vishny（1990）及 Schwert（2000）研究发现，并购方的收益率与并购竞标竞争程度负相关。相对而言，国内对"赢者诅咒"现象的研究较为缺乏。其中，2010 年谢金楼聚焦于 A 股 IPO 的抑价现象，发现传统信息不对称情况下的"赢者诅咒"假说并不能解释 A 股IPO 抑价现象，而二级市场中投资者乐观程度以及对新股的偏好与投机更能解释较高的 IPO 抑价，进而在二级市场中证实了过度自信假说。

5.3.4.3 两种视角下 XBRL 对"赢者诅咒"的影响

"赢者诅咒"假设来源于两个部分：信息不对称与管理层过度自信（张鸿飞等，2011）。XBRL 作为标准化的商业报告语言，其标准化的底层数据统计口径、通用的报告格式与便捷的数据收集挖掘方式能够降低并购双方的信息不对称，减少交易的不确定性与管理层主观经验决策的空间，进而也抑制了管理层过度自信的作用空间，能够有效地遏制"赢者诅咒"现象。

5.3.5 对管理层薪酬自利行为的影响

由于委托—代理关系的存在，管理层薪酬自利行为便不可避免，特别是管理者薪酬与公司规模存在普遍正向关系的情况下，管理者可能出于自利目的实施并购（李善民等，2009；张广宝和施继坤，2012）。Jensen 等（1988）认为，并购很可能是管理层构建个人"帝国大厦"的手段。Khorana 和 Zenner（1998）、Core 等（1999）都证实了 Jensen 的观点，并发现由于公司规模越高，管理层薪酬也越高，成功的并购在扩大公司规模的同时也提高了管理层的薪酬。La Porta 等（2002）进一步分析了管理层通过并购实现薪酬自利的根源。如果管理层"掏空和侵占"的成本过高，通过并购来增加资产的规模，从而增加管理层的个人收益水平这一路径更不容易被识别，遭受的行政监管与公司内部监管也更低。Bliss 和 Rosen（2001）就银行业并购事件的研究发现，银行兼并后仅是 CEO 的薪酬有所增加，但公司并没有享受真正的市场业绩。Grinstein 和 Hribar（2004）也证实了管理层有动机去追求并购带来的高额薪酬增长，特别是薪酬增长与并购绩效之间不存在显著关系时。张鸣和郭思永（2009）、陈庆勇和韩立岩（2008）等认为，国内的并购活动中同样存在管理层薪酬自利的问题。张龙等（2006）发现，高管薪酬水平越高，公司并购行为越频繁。李善民等（2009）在考虑传统薪酬的基础上发现，高管通过发动并购行动后，在职消费也有明显的增长。李小燕和陶军（2011）区分国企与民企两者不同的产权属性，发现国企中管理层并购薪酬自利问题更为突出。并购活动中不仅并购方管理层可能出现自利行为，事实上被并购方的管理层同样可能出现薪酬自利的行为。Hartzell 等（2004）对并购事件中目标公司 CEO 薪酬问题的研究发现，当目标公司 CEO 从并购中获得较多好处（包括特殊奖金或额外的金色降落伞等 CEO 离职补偿计划）时，目标公司股东只能获得较少的并购溢价。

管理层依赖并购提升薪酬的根本目的在于规模与薪酬存在正向关系。由于公司内部运作难以被外部获知，董事会或投资者难以对管理层的付出进行准确的评价，不得不寻找其他指标进行间接评价。公司规模作为反映 CEO 工作难度与工作强度的重要指标往往占据重要地位。XBRL 的应用可以提高公司信息的透明度，揭示更多与管理层付出直接相关的信息，进而增加了董事会与投资者直接评价的渠道，降低了运用资产规模指标进行间接评价的需要。此外，更透明的信息也有利于遏制管理层在公司内部的自利行为，减少其对在职消费等其他隐性薪酬福利的操纵。

5.3.6　研究展望

关于 XBRL 实施对并购行为、并购业绩的影响的研究尚待发掘。XBRL 作为一种超越传统 XML 财报语言的通用可扩展商业报告语言，其应当有超越财报语言的、更为一般的、普适的应用。XBRL 实现了统一口径下的底层数据传输、加工，以及标准化分类和扩展分类的报告报送。作为一种减少信息不对称的工具，XBRL 应当在资本市场中发挥出更大的作用。此外，与资本市场中的中小投资者不同，并购市场的信息使用者双方都具有信息收集、挖掘处理能力，更能够充分发挥 XBRL 的技术优势，进而能比一般外部市场机制起到更好的治理作用。因此，未来研究应集中在 XBRL 与传统并购话题的关系，以及 XBRL 在并购市场与传统市场实践效果的差异化研究。前者主要是包括 XBRL 对并购方式、并购支付方式、管理层自利以及并购绩效与"赢者诅咒"等传统话题。后者主要着眼于分析 XBRL 信息使用者自身的能力差异对 XBRL 实施效果的影响。

5.4 供应链市场

目前在供应链管理（SCM）文献中，供应链的概念定义并不一致。2001 年我国发布实施的《物流术语》将供应链定义为，"生产及流通过程中，涉及将产品更新换代或服务提供给最终客户的上游或下游企业所形成的网络结构"。供应链是围绕核心企业构建的一个具有产业关联的企业间的具有资源配置功能的合作动态网络，网络的产业上游供应商到下游客户中的所有成员涉及从材料采购、加工制造到最后装配销售的全过程。全球供应链论坛将供应链管理核心中的关键流程表述为以下八个部分：顾客关系管理、顾客服务管理、需求管理、订单履行、生产流管理、供应商关系管理、产品开发及商业化与收益管理。

XBRL 作为一种可扩展的标准化分类的商业报告语言，一旦在供应链中统一运用，就能实现供应链之间底层信息的实时交流，避免各个公司自定义文字的理解歧义，加快整个供应链的市场信息反馈速度，减少供应链

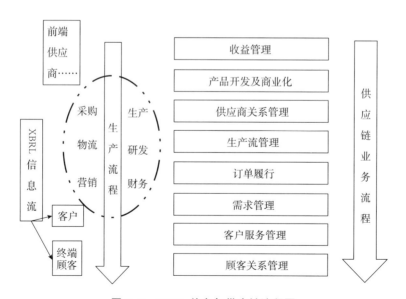

图 5-3 XBRL 信息与供应链流程图

之间单个公司认为干预信息的空间，有利于遏制典型的供应链之间的牛鞭效应行为，优化供应链网络之间的委托—代理关系。XBRL 与供应链流程的关系如图 5-3 所示。

5.4.1 供应链领域具体的理论视角、行为动机与治理机制

5.4.1.1 理论视角与行为动机

供应链本身可以看作商业联盟的一部分，即存在产业关联的商业联盟，其基础理论将放在商业联盟环节统一介绍。此处仅介绍供应链之间具体的理论视角。供应链之间其本质也构成了逐级的代理关系，特别是在供应链所处产业的自下而上的市场信息与自上而下的物流逐级传递中，这一代理关系非常突出。自利的单个公司可能不按照实际情况传递信息。Schmenner 和 Swink（1998）站在企业运营角度提出了快速均匀流理论来分析供应链之间的信息与物流传递情况。其认为供应链生产过程中的物流（或信息流）越快速、越平稳，则该过程的产出就越多。基于该理论，De-vearaj 等（2007）通过对电子商务助力供应链生产的研究，发现电子商务能力有助于供应链之间以及供应链与外部市场之间的信息整合，从而提高供应链绩效。在供应链风险管理领域，实时、准确的信息交换有利于供应链各企业及时、恰当地应对潜在的供应链风险，避免和减少损失。此外，由于下游系统逐次传递信息容易出现差错，如订单优先顺序、订单发布时间以及订单数量等经常变动，导致上游系统产生所谓的"系统神经质"，"系统神经质"会导致预测偏差，从而增加供应链风险（Ho C., 2002）。因此，由于信息传递不准确与系统神经质供应链上各环节为了应对供应不足或供应过剩，经常出现市场信息逐层放大的现象，即"牛鞭效应"。当预期供应不足时，供应链之间各个公司有可能为了增加自身安全存货量逐层放大生产库存需求，进而导致库存严重积压；当预期供应过剩时，供应链之间各公司可能逐层加强对生产供应的削减，进而导致对市场的过度反馈形成供应短缺。此外，从行为金融上讲，"牛鞭效应"其实也是信息瀑布的结果。

5.4.1.2 XBRL 与供应链治理

供应链代理问题是供应链风险的动机之一。下文结合代理问题与对应的供应链风险要素分析 XBRL 对供应链治理的影响。目前学术界对供应链风险并没有统一的认识，往往从不同的角度给予定义。韩东东等（2002）、

张存禄和黄培清（2004）、杨俊（2005）将供应链风险定义为供应链运作中的不确定性或对目标的偏离。克兰菲尔德大学（Cranfield School of Management）则把供应链风险定义为供应链的脆弱性，即供应链破裂和失败的可能性。倪燕翎等（2004）则具体地从供应链环节分析，认为供应链风险是由于供应链之间存在众多流转环节，任何一个环节出现问题都会造成供应链风险。

在厘定供应链风险概念的基础上，根据风险发生在供应链环节的位置不同，供应链风险可以划分为公司内部风险、供应链之间风险和外部市场风险三个层次。内部风险源于组织自身的营运活动，包括经营过程中的固有风险以及管理层的决策风险。供应链风险发生于企业外部，源于供应链之间的相互影响，包括上游供应商风险与下游客户风险。结合供应链生产环节，从风险类型来看，可以将供应链风险分为生产中断风险、生产延误风险、预测风险、采购风险、应收账款风险、生产能力风险和库存风险（Chopra et al.，2004），且各个风险要素是相互依存的。预测风险是由于企业的规划与实际需求不匹配造成的风险，供应链之间的信息扭曲、延迟等可能导致预测的不准确进而形成预测风险。其中，最典型的现象就是牛鞭效应（刘敏，2003；傅少川，2004）。预测风险领域与其他供应链风险相关联，较大的预测风险将迫使企业降低生产弹性，提高存货储存等，进而触发其他风险。代理问题主要就是供应链上的企业各自应对供应链风险的自利行为而造成的信息不对称，这反而加重了供应链风险。

企业通过增加产量、库存、生产柔性等多个措施来应对供应链风险，以确保供应链网络的业务连续性（Waters，2011）。主要是降低供应链的脆弱性；增强供应链的弹性；提升供应链的敏捷性。其中，供应链的弹性是指当供应链遭受冲击时的自我恢复能力，敏捷性是指当供应链面临市场波动的快速适应能力。就具体的供应链风险管理步骤而言，供应链风险识别是供应链风险管理的首要步骤，是指对供应链所面临的潜在及现实的风险加以评价和确认的过程（杨俊，2005），包括衡量潜在的损失频率和损失程度（沈建明，2004）。因而，加强风险识别能力、减少预测风险是控制供应链风险的重要环节，也是降低供应链委托—代理矛盾的重要手段。风险识别与精确预测的关键就在于外部市场与供应链内部信息的准确及时传递。在 XBRL 应用之前，学者们已经提出供应链上各个企业之间的信息共享。XBRL 应用提高了供应链运作的协同性和运作效率，有利于及时掌握供应链上潜在的风险，为规避风险和及时采取措施赢得时间。利用现代信息技术是解决供应链预测风险的基础（傅少川，2004）。供应链的协调运作建立在各节点企业高质量的信息传递与共享的基础上，有效的供应链管理离不开信息技术系统提供可靠的支持。学者们已经认识到供应链内部的成员企业必须建立有效的内部管理信息系统，以及以此为基础的其他信息系统，以实现供应链之间的各种资源整合（Linderoth et al.，2002；廖成林、吴轩洪，2004）。HauL. Lee（2000）指出高质量的、实时的、双向的涉及需求和供应的信息共享是企业实施供应链管理的基础。

XBRL 作为一种标准化分类的可扩展商业语言，具有很强的产业适应性。可根据不同的产业链帖子设置信息扩展分类，进而满足不同的产业特征的个性化要求。同时，实现了内部信息的结构化、标准化集成，并且可以统一产业链之间的商业报告标准，加速信息流通，提高产业链之间的信息透明度，减少信息传输成本。因而，XBRL 可以成为供应链之间的信息共享技术手段。同时，由于 XBRL 不依赖于数据平台，是独立的数据处理标准，能够满足供应链之间单个企业的信息保密需求。因而，XBRL 技术能够有效地提高单个企业的风险识别能力、降低预测风险和单个企业自利所产生的牛鞭效应。可以预见，未来供应链之间的 XBRL 标准化运用一定会在 XBRL 组织间运用中占据重要地位。事实上，我国已经开始推动石油行业的 XBRL 标准化运用，并取得一定成效。

5.4.1.3 供应链治理机制

由于供应链风险要素之间具有一定的相关性关系。特别是通过控制供应链各个环节的预测风险可以降低相应的中断风险、延误风险、预测风险、采购风险、应收账款回款风险、生产能力风险、库存风险（见表 5-3）。在 XBRL 帮助下，单个企业的信息收集、挖掘和分析能力大幅增强，进而降低自身的预测风险，避免了供应链上下游之间的信息噪音干扰，降低牛鞭效应等其他委托—代理问题的出现。因而，XBRL 提升了供应链之间的信息透明度，避免供应链上下游之间的信息失真，降低供应链关系的脆弱性，增强其弹性与敏捷性，进而降低整个供应链风险。

表 5-3　供应链风险要素关系与应对策略表（易海燕，2007）

风险要素	中断风险	延误风险	预测风险	采购风险	回款风险	生产能力风险	库存风险
策略 与预测风险相关性	+	+		+	+	+	+
增加产量		⇓		▽		⇑	▽
增加库存	▽	⇓		▽		▽	⇑
增加供应商	⇓			▽		△	▽
增加敏捷性		⇓	⇓				⇓
增加柔性		▽		▽		⇓	▽
扩大生产能力		▽					▽
增加客户					▽		

注：⇓表示大幅降低，▽表示小幅降低，⇑表示大幅增加，△表示小幅增加。

5.4.2　XBRL 在供应链之间应用的研究展望

关于 XBRL 的实施对供应链委托—代理关系治理以及供应链风险管理的影响的研究尚待发掘。传统的研究已然证明了信息技术对供应链风险管理起着至关重要的作用。以"牛鞭效应"为代表的一系列供应链成员自利现象，将因为供应链之间的信息透明度的提升得到极大缓解。XBRL 因为其本身标准化、结构化、可扩展、跨平台、跨语言的功能特征，使得其具有极强的供应链适应性，提高供应链成员的信息收集与挖掘分析能力及其信息透明度。由于供应链之间具有更强的扩展分类标准一致性，数据之间的勾稽关系更明确，供应链成员之间相互解读商业报告信息更容易，信息失真程度更少，XBRL 的治理效应将更明显。未来关于 XBRL 与供应链治理的研究将以 XBRL 技术特征为基础，结合供应链成员间的委托—代理问题与供应链风险管理，为改善供应链治理与风险管理做出新的探索：一是

XBRL 实施之后，上下游之间的合作与交流方式的变化；二是上下游之间的协同与运营方式的变化；三是由于上下游之间的权力与地位会因 XBRL 产生变化，其相互治理的作用方式与方法预期会有变化，这种变化对完善现有公司治理需要采用新的应对策略；四是 XBRL 对组织成员间的变化对资本市场的影响及经济后果。

5.5　XBRL 与战略联盟

目前，战略联盟的定义尚不统一（M. Porter，1985；Borys and Jemison，1989；Williamson，1991；Teece，1992；Richard，1994；Yoshino and Rangan，1996；Speakman，1998）。其中，著名管理学家迈克尔·波特（M. Porter）于 1985 年在其名著《竞争优势》中提出，联盟是指企业之间超越正常市场交易的长期合作，联盟的方式可以分为契约型联盟，如技术许可生产、供应协定、营销协定和股权型联盟（如交叉持股、合资企业）。20 世纪 90 年代以来，Gulati 教授从联盟活动的业务关联上将战略联盟定义为企业间交换、共享或共同开发新产品或服务的自发性活动。Lorang 和 Roos（1992）从组织形式上指出，战略联盟是在市场和企业这两个极端之间的过渡状态，其建立的方式包括非正式契约、正式契约、相互持股（合资）、多数股权参与（如图 5-4 所示）。

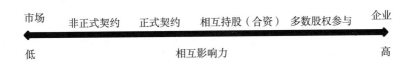

图 5-4　战略联盟：市场与企业的过度组织图

一般而言，如果企业希望通过联盟学习对方先进的技术与管理经验等知识，由于知识的习得需要对方有一定的时间、稳定的信任和开放学习的渠道，并且所学习的知识可能涉及商业秘密，因此选择合资公司等股权联盟方式可能是个更好的选择。如果双方仅是想共享营销渠道或者是协同使用某种物理资产，那么契约型联盟就可能实现。

联盟治理是指为保证联盟各方的利益，防止单独企业的机会主义行为造成联盟的失败，而采取的一些激励、约束与控制机制，包含有联盟伙伴的选择、契约完备度与联盟形式。从依据交易费用视角分析，不同企业寻找联盟伙伴的路径不同。在转轨环境下的中国，由于法制不完善、政策变化大，企业经营经验少，要选择一个值得信赖的盟友可能成本更高，更依赖其所嵌入的网络环境。联盟间的 XBRL 实施能够有效统一联盟成员的底层数据口径与数据分类标准，形成标准化的商业报告，实现联盟间信息的及时传递，提升联盟间的信息透明度。联盟间委托—代理问题与机会主义行为存在的根源之一在于信息不对称的存在。XBRL 实现联盟治理的基本方式就是降低联盟成员间的信息不对称。因为中国有企业长期与政府部门打交道，对于政府的依赖较强，交易较固定，在选择盟友时可能更依赖政府，形成政府公信力担保，对成员间的信息透明度要求并不高；而民营企业可能更倾向于依赖社会关系网络，声誉等机制在其中发挥重要作用，对成员间的信息透明度需求较高。由于国企联盟与民企联盟的信息需求不同，XBRL 实施对两者的影响也可能出现差异化结果。

从联盟形式来看，交易费用主要来自三个方面，即交易的频率、交易涉及资产的专用性程度以及交易的不确定性（Williamson，1985）。应对的方式一般是由联盟双方共同出资形成股权联盟采购专用性的资产，这样一方面可以提高资产专用性，形成联盟垫资，通过提高交易费用增大违约风险来降低盟友的机会主义行为，同时也可以保证激励相容，减少搭便车行为。另一方面可以考虑的一个机制是不断地完善联盟契约，提升契约的完备度，一旦出现问题则寻求提前的契约内容来保护自身的利益。江旭和姜飞飞（2015）也认为，环境不确定性对于联盟的类型有显著影响。如果从资源依赖的观点观察，联盟的目的是为了获取企业所需资源，为了在充满不确定的环境中维持对于资源的接入性，必须采取控制程度较为紧密的股权联盟。

5.5.1 战略联盟中的理论视角、行为动机与治理机制

5.5.1.1 理论视角

交易费用与交易成本视角。在战略联盟中统一实施 XBRL，统一相应的扩展分类标准，可以使战略联盟内相应的数据口径更一致，数据传输更及时，而且相互之间的信息透明度更高。更高的透明度将会减少基于信息

识别误差带来的不确定性，更快的信息传输效率可能加速交易的处理流程，提高交易频率。更高的交易频率使得联盟间高频交易对应资产的专用性更强，更高的专用性使得联盟内部的依赖性更强，通过联盟形式能够更充分地降低交易费用。因而，XBRL 能够通过交易费用的三个要素降低交易费用。此外，XBRL 降低了交易双方的监督成本，更高的信息透明度也降低了单个联盟成员的投机空间，进而降低约束成本。联盟内部更充分的信息披露，能有效改善原有契约的完备程度，减少剩余损失。XBRL 通过降低交易费用使相关联盟成员间的委托—代理关系更容易形成，通过降低代理成本改善联盟间的公司治理。

资源依赖视角。基于组织必须与其所处的环境进行交换以获取资源的资源依赖理论（Scott, 1987），强调获取资源需要在组织与外部个体之间创造依赖性。这些外部个体可能是供应商、竞争者、债权人、政府机构或其他任何相关者。Pfeffer 和 Nowak（1976）认为，组织为分散环境不确定性与依赖性的风险，往往会主动采取稳定及管理环境的应对策略。其中战略联盟是应对不确定环境的重要产物之一。在战略联盟中，提高联盟成员的依赖性避免了联盟的脆弱性，有利于维护联盟委托—代理关系的可持续性，同时较高的相互依赖性也有利于减少相互间的投机行为，减少委托—代理问题。

能力基础观。Amit 和 Schoemaker（1993）在 Wernerfelt（1984）的基础上，将"资源"进一步细分为资源和能力两类。资源是可以通过交易获取且不具备特异性，而能力则是企业特有的，是企业运用资源所获取的结果。Makadok（2001）同样强调了能力是组织所特有的，内嵌于组织中不可移动的，能够提高其他资源利用效率的特殊资源。由于 RBV 对资源和能力做了界定，因而成为众多学者用来解释科技投资和企业绩效的理论基础（Santhanam and Hartono, 2003; Segars and Dean, 2001），其中包括 IT 和供应链绩效之间关系等。Huang 等（2006）基于 RBV，参照 Bharadwaj（2000）的框架，研究了 IT 投资、IT 基础设施、IT 人力资源和 IT 无形资产等三大类 IT 资源和供应链绩效之间的关系。Lai 等（2007）基于 RBV，研究了第三方物流企业的 IT 能力对竞争优势的影响。事实上，能力不仅是影响企业的效率，在企业管理层与股东的委托—代理关系中，较高的管理层能力还有利于降低管理层的履约成本，进而降低对管理层的激励相容约束，改善联盟成员的公司治理。

能力基础观起源于演化经济学理论（Yuan 和 Yuan，2007）。Teece 等（1997）认为，竞争优势的经济基础来自动态能力，即为了适应不断变化的外部环境而整合、建立和重构企业内外部的技术和资源的能力。动态能力反映了企业在既定的路径依赖和市场条件下，通过卓有成效的组织所获得的创新竞争优势。另外，能力又反映了企业的经年累月形成的惯例。如 Hoopes 和 Madsen（2008）将能力定义为：一种高水平的常规惯例，这种惯例与输入流结合在一起，赋予了管理层一系列的决策选择，运用这些决策选择，就能获得特定类型的高产出。Leiblein（2011）认为，跨组织决策能力对有效开发产品和形成高效流程具有重要影响。Leiblein 和 Macher（2009）认为，组织的动态能力体现在与业务伙伴间的沟通渠道、信息流和协同处理各种问题上。XBRL 能够加大联盟内部成员之间的及时信息共享，有利于能力优势的相互促进；另外，XBRL 对商业信息数据的结构化处理，有利于形成较高水平的商业常规惯例，从而增强企业的运营能力，降低管理层的履约成本。此外，公司的 XBRL 应用能力同样影响联盟成员的 XBRL 应用效率。

信息技术能力可以分为技术资源、业务资源和人力资源（Keen，1993）。Mata 等（1995）运用 RBV 分析了四种可能形成持续竞争优势的 IT 属性，即资本、技术能力、IT 管理能力和专有技术。只有 IT 管理能力能为企业带来持续竞争优势。因而，XBRL 实施效率也受到联盟成员自身 XBRL 技术能力的影响。一般而言，公司的 XBRL 培训投入与管理层的计算机或 XBRL 学习背景有利于增强公司 XBRL 的能力，进而可提高 XBRL 对联盟成员间的治理效率。

组织学习理论。组织学习理论认为，企业本质上说是一个知识的集合体，企业的知识存量决定了企业配置资源等创新活动的能力，从而最终在企业产出及市场力量中体现出竞争优势（余光胜，2002）。公司形成战略联盟是为了利用组织学习的机会（Oxeley and Silverman，1996）。组织学习是指组织为提高未来的绩效而获取、传播和保持新知识的能力（Child and Faulkner，1998）。有关战略联盟形成的一个引用得最多的动机就是获得技能或技术能力（Mody，1993）。战略联盟可能是一种公司间转移知识的有效手段。现有的大量文献主要关注学习的认知和行为这两个维度，包括知识的获取、传播和编码、知识转移以及组织学习的障碍等。组织学习的程度主要取决于三个方面：组织的学习意愿和能力（Hamel，1991）、组织的吸收能力（Cohen and Levinthal，1990）、编码新知识和将其转化为集体财产的能力（Nonaka and Takeuchi，1995）。通过减少组织性的、认知性的和情感性的学习障碍以及鼓励交流的开放性和信息的流通性，组织学习将会得到促进（Child and Faulkner，1998）。Hamel（1991）认为，在决定组织学习的绩效方面，合作的过程也许比它的治理结构更重要。XBRL 促进联盟成员间的信息共享与组织学习，增强了联盟成员的学习能力与运营能力。同样能够降低公司治理关系中的委托—代理成本。

社会网络理论（SNT）。20 世纪 90 年代开始，社会网络理论作为一种基于社会交换理论的合作理论在国外得到极大的重视，成为企业研究的一个热点领域。基本思想在于，任何经济组织或个人都具有与外界一定的"社会关系"与"联结"，都镶嵌或悬浮于一个由多种关系联结交织成的多重、复杂、交叉重叠的社会网络之中，经济组织或个人的行为都受到这种"关系"或"联结"的影响与作用。在具有社会学背景的管理学者如 Powell、Gulati 等的推动下，社会网络学派被越来越多地运用于解释商业中的合作行为，"社会资本"、"关系资本"、"结构洞"以及"声誉"等概念被越来越多地运用在有关企业联盟与网络的分析中。社会网络本身是一种介于市场和科层组织之间的混合形式（Powell，1990）。在一般联盟双向关系基础上，社会网络还存在更广泛的意义。事实上，公司的战略行动会受到它们所处社会环境的影响（Gulati，1999）。

社会网络因素不仅对于联盟伙伴的发现与选择有影响（Kogut et al.，1997），而且对于联盟的治理机制以及联盟绩效也产生影响。Kraatz（1998）认为，组织所在的网络越小、时间越长以及越同质，组织就越可能调整它们的核心特征以适应环境的变化。企业的社会潜入性会影响到联盟的形成，企业各方之间如果之前彼此熟悉，那么建立战略联盟关系的可能性越大。

XBRL 促进了网络成员间的信息共享，拓展了网络成员间的联系渠道和效率。由于 XBRL 信息的共享性，打破了结构洞或社会网络中心对社会网络成员间的垄断地位，改善了网络边缘成员的联盟地位，降低了联盟核心成员对边缘成员的利益剥夺，提高了联盟成员的利益分配公平性，改善了联盟间的治理关系。此外，由于 XBRL 使得传统的社会网络渠道的效率大幅提升，有利于提升其他网络成员对中心成员的依赖，更有利于中心成员对网络中心的掌握，促进网络关系的稳定性，减少网络成员间的信息不对称与委托—代理矛盾。

5.5.1.2　XBRL 对联盟关系的治理机制

本节结合以上理论视角全面分析了联盟中采用 XBRL 的动因，以及 XBRL 在各个不同的理论视角下对联盟形式、联盟交易与联盟经济后果的影响。具体治理机制如图 5-5 所示。

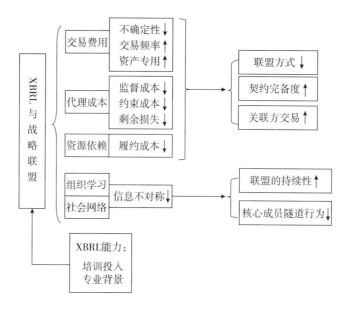

注：↓表示提升或增加。↑注：表示降低或减少，

图 5-5　XBRL 与联盟治理图

5.5.2　XBRL 能力与联盟间 XBRL 的治理效率

根据能力基础观，XBRL 作为一种信息技术需要结合相应的信息技术处理运用能力才能真正发挥功能。目前，财政部制定通用的 XBRL 分类技术标准并强制 XBRL 实施。尽管能够在一定程度上保证 XBRL 软硬件设施与数据分类统计口径的标准统一，但这些设施本身并不能保证 XBRL 效用的有效发挥。XBRL 信息技术优势的全面发挥还有赖于高素质的 XBRL 分类数据的信息使用者。因而，XBRL 的专业知识背景与运用经验对其效益的发挥极其重要。从专业知识背景而言，XBRL 是有关公司商业数据的可

扩展分类的商业报告语言，因而原本的商业知识、经验或商业相关知识有利于 XBRL 技术使用者明确 XBRL 技术的基本功能，自觉构建 XBRL 的基本概念以及确立 XBRL 技术的使用目的。因而，商业相关知识背景能够提高 XBRL 技术使用的新技术适应能力与学习能力。此外，XBRL 本身是一种信息技术，信息技术专业背景能够使 XBRL 技术使用者比一般使用者更自如地运用 XBRL 的自定义扩展分类技术，使得 XBRL 更适合公司的个体特征情况，更好地发挥 XBRL 的效益。因而，公司乃至集团的 XBRL 信息技术能力对发挥 XBRL 效益至关重要。通常而言，教育水平越高，个人的学习能力特别是抽象学习能力往往也越高，并且知识经验累积也越快，因而，联盟成员的 XBRL 受教育水平也会影响到 XBRL 功能的发挥。在这些静态因素上，XBRL 实践经验的累积以及伴随经验累积的新技术开发同样会影响 XBRL 的效力。

综上，商业、信息技术专业及相关知识背景受教育水平和经验累积等都可能影响联盟成员对 XBRL 的使用效率。然而，联盟成员本身在这些方面是存在差异的，XBRL 在提高效率的同时，由于使用者能力的差异可能存在功效的不对称性，高素质的使用者往往更能够发挥 XBRL 的技术优势，而低素质或者联盟中的弱势成员，可能将面临人员、经费、学习资源等多方面的限制，如果不及时培养相关能力可能反而加大技术劣势。当前，在"互联网+"的一系列技术整合的环境中，新技术在提高企业绩效的同时，也可能使得反应迟滞的其余企业更加边缘化。由于 XBRL 技术是解决商业报告信息的标准化分类技术，旨在改善联盟成员的商业报告环境，降低信息不对称。早期使用者可能获得相对技术应用能力优势，从而拉大其与后使用企业之间的差距，反而不利于联盟间的关系治理。

5.5.3 XBRL 与联盟的形式与契约完备度

根据科斯的产权理论，企业的存在是为了节约较高的交易费用。当交易费用较高的时候，以企业组织形式内化交易，以较高的资产专用性应对较高的交易费用；当交易费用较低时，以市场形式外化交易，以较低的资产专用性应对较低的交易费用。其中契约交易是外部市场交易的主要方式。一般的联盟组织形式有股权、契约以及两者的混合形式。股权形式需要以前期的股权投资形成资本垫资，造成了相当长时间的资产专用性，是一种适合较高交易费用的联盟形式。

XBRL 技术的实施能够有效地降低不确定性与信息不对称。应用统一标准统计口径与扩展分类的 XBRL 技术将能够大幅降低联盟成员间的交易费用与代理成本,极大地缓解联盟间的委托—代理问题。当交易费用与代理成本降低之后,以交叉持股形式的联盟成员资本垫资以整合联盟成员间的目标收益的必要性必然有所降低。契约形式的战略联盟将可能更加符合 XBRL 降低交易费用后的联盟需要。所以,XBRL 技术可能降低股权形式的战略联盟,提高契约形式联盟的适应性。

XBRL 降低交易费用,促进契约型联盟的关键在于 XBRL 能够提供更丰富、更及时、更准确的信息,从而防范以往由于信息不对称而导致的不完备契约的缺陷。XBRL 应用将促使联盟成员相互之间的信息透明度大大提升,以往不得不通过股权形式达成攻守同盟的委托—代理问题,逐渐变得有可能通过契约调节。事实上,股权与契约在联盟应用中调节的对象有所不同。股权联盟主要是调节联盟成员间行动目标的差异,而契约联盟则主要是调节联盟成员间的具体交易行为或方式。调节成员行为目标与调节行为本身,两者的控制风险具有较大的差异。当通过股权联盟调整成员间经营目标时,约束成本会大大降低,然而由于没有明确的监督对象,监督成本将会大幅放大。成员间并不能保证与确信联盟对象的具体行为。契约型联盟往往是通过交易契约调整限定的某些交易行为。由于监督对象是具体的行为,而 XBRL 减少信息不对称主要也是减少具体交易行为相关的信息不对称,因而契约型联盟的监督成本将会大幅下降。联盟成员在权衡联盟形式与交易费用、代理成本时,契约型联盟更加获益于 XBRL 技术的应用。

5.5.4　XBRL 与联盟成员间关联交易

XBRL 通过降低信息不对称与不确定性降低交易费用与代理成本。XBRL 实现联盟成员间信息整合的过程也为优化联盟间资源配置带来了新的机会。联盟本身被认为是资源互补的产物,相对于原有联盟成员间交易,更高的信息透明度能更及时地传递出联盟间成员对各种资源的交易需求,同时较低的代理成本使得同等情况下联盟间交易的风险更小。因而,XBRL 技术往往能创造更多的交易机会。

新增的交易机会往往并不简单地表现为传统交易频率的增加,由于受短期内市场条件的限制,这些传统交易的增加将会有限。然而,随着信息透明度的增加，联盟内部的资源整合必然涉及进一步的资源整合交易。在这一系列的整合交易中，联盟成员间的交易类型将会进一步扩张。在传统交易的基础上，联盟内部的资产重组、财务分配将会得到加强。

5.5.5 XBRL 与联盟的持续性

XBRL 能够减少联盟成员间的信息不对称与委托—代理问题，使得联盟成员的目标收益更趋于一致，因而联盟成员更有动力维持与利用相互的联盟关系。更充分的信息共享与交易机会可能为联盟成员创造更高的联盟内部资源利用率与联盟收益。与此同时，XBRL 在加速联盟信息交流的同时，也有利于节约联盟内部的交易时间，而更低的不确定性也有利于节约交易协商的成本。因而，联盟成员内部的交易成本更低。总之，XBRL 能够提升联盟交易的整体收益，降低联盟交易的成本，有利于提升增加联盟成员的整体业绩。

此外，XBRL 技术缩短了联盟内部的信息传输路径并且提升了内部信息的可靠性，使得所有联盟成员都更加接近真实的市场第一反应。因而，联盟整体对市场的反应更敏感，一定程度上可以抑制"船大难掉头"的现象。一般的产业联盟往往随着产业的兴衰而兴衰，当联盟产业遭遇市场困境时，由于联盟成员市场应对的差异，个别成员可能退出联盟自谋出路，进而导致整个联盟的崩溃。由于 XBRL 有利于联盟内的信息真实和及时传递，联盟成员间的信息一致性更强，成员目标收益更趋于一致，并且对市场反馈的应对更及时。个别联盟成员并不必要利用脱离联盟来争取行动的灵活性与先动优势，一定程度上可能抑制一个产业"树倒猢狲散"的现象，使得联盟成员更能够同舟共济，联盟更具有生命力。事实上，当联盟恢复市场灵活性，联盟既有的存量资源优势也可以为联盟成员的整体转型提供巨大帮助。

XBRL 能够降低联盟成员间的交易费用、代理成本，促进联盟间的资源整合，甚至还能对联盟成员转型提供帮助。总之，联盟间的委托—代理矛盾将会得到一定程度的缓解。联盟成员的相互资源依赖程度伴随着联盟间的交易扩张与资源整合将更加明显。XBRL 将使得联盟成员个体对联盟整体的依赖性增强，因而单个联盟成员背离联盟的潜在成本将会更大。

5.5.6　XBRL 与核心成员的隧道行为

Johnson et al.（2000）首次将控股股东基于金字塔式的股权结构，通过证券回购、资产转移、转移定价等方式将公司的资金转移到自己手中，从而使公司小股东的利益受到侵害的行为定义为"隧道效应"。专门指两种行为：控股股东基于偷窃与欺诈、非市场化资产买卖、关联贷款、抬升高管报酬等形式的自利性交易；控股股东基于股权稀释、买断小股东、内幕交易、阶段性收购等形式的金融性交易（Johnson，2000）。现有的隧道行为研究主要是分析单个公司内部大股东行为，并认为大股东隧道行为在全球广泛存在（Rajan，1992；Franks，Mayer，1994），特别是在股权集中度较高的东亚更为普遍（Claessens et al.，2000）。中国资本市场中的内部控制缺陷等公司治理瑕疵导致了大股东隧道行为（贺建刚，2008；唐跃军和谢仍明，2006；张祥建和徐晋，2005）。总体而言，控制权优势与信息不对称导致的治理无效是隧道行为的主要诱因。

事实上，企业联盟同样可能存在类似的隧道行为。联盟核心成员的潜在隧道行为主要在于，联盟内部的渠道等地位与影响力优势以及信息不对称，虽然不至于产生金融交易相关的隧道行为，但基于经营性交易的隧道行为始终并非不可能。这也是很多联盟发展困难，甚至崩溃的重要因素。XBRL 技术能够有效降低联盟内部的信息不对称，并改善边缘成员对联盟网络资源的利用效率，因而可能大幅压缩联盟核心成员的隧道行为。

5.5.7　研究展望

现有的研究主要关注 XBRL 应用于单个企业的效果，并且集中于 XBRL 的初始功能，即财报信息披露，对 XBRL 的自定义扩展运用以及组织间的 XBRL 运用较少关注。国内组织间的通用 XBRL 应用实践主要以目前财政部陆续发布的行业通用标准为主。企业联盟间自发地统一 XBRL 应用，在财政部通用标准基础上自定义扩展标准尚未出现。尽管中国是积极推广 XBRL 技术较早的国家，XBRL 应用规模在全球范围内名列前茅，但是我国的 XBRL 实践应用深度较为不足。以学术研究引领 XBRL 在组织间的实践，避免 XBRL 应用的盲目性仍旧十分重要。

正如以往 ERP 类似研究所强调的，在推广 XBRL 走向更深层次的应用中，提升管理层认识到 XBRL 的组织间应用预期效益在推广 XBRL 走向更深层次的应用中十分必要。

在强调 XBRL 效益的基础上，认真分析 XBRL 技术特征与组织间应用的相关目标，探索具体实现 XBRL 效益的路径。以应用目标为基础的规范的理论分析有助于为相关实践提供有针对性的理论基础，包括如何通过 XBRL 扩展分类口径的一致性，保证联盟成员间数据信息传输的一致性与充分性，以减少信息不对称与相互决策的不确定性。XBRL 扩展分类本身的联盟内部自定义情况直接关系到联盟信息传递的质量，以及如何保证联盟内部的自定义扩展分类的恰当性。既要满足联盟内部信息传输需要，又要适当保护联盟成员自身的商业秘密，是组织间推广应用 XBRL 有待解决的问题。此外，实践应用中，尽管 XBRL 作为一种技术标准并不依赖于任何一个软硬件平台，但是 XBRL 报告信息却依赖于各个信息发送接收平台，联盟成员之间的 XBRL 数据连接、嵌入方式同样会影响到 XBRL 的效率与效益。因而，将信息技术与商业财务知识相结合的跨学科研究，可能更有利于 XBRL 在联盟间各个具体应用功能的探索，以及其对联盟治理的改善。由于当前可获得的公开 XBRL 应用数据较为缺乏，具体的应用案例研究为验证 XBRL 的具体与综合的治理效用都至关重要。在数据可得的情况下，大数据的档案研究对于广泛证实与分析 XBRL 的联盟间治理效益同样不可或缺。除了聚焦于经济效果以外，影响联盟 XBRL 应用效益的因素，包括联盟整体 XBRL 应用能力以及成员间的应用能力差异同样值得关注。

6 XBRL 实施、资本市场应用与公司外部治理

截至目前，基于 XML 技术的 XBRL 主要应用于公开市场的财报披露业务及相关监管业务。在资本市场上，监管部门陆续要求将财务报表转化为可扩展的商业报告语言。这就把原来的如 Word、PDF 等需要打开整个文本书件的读取方式，更改为可随意提取颗粒数据的方式，如"应收账款"只要需求方便地提取这一子项，而不必再从冗长的整个文本书件中寻找，因此更加快捷、方便和准确。资本市场上的信息使用者将从中获益，如提升投资决策的效率，其后果是外部市场主体对信息提供者，即公司管理层的影响更加迅速，产生新的公司治理效应。

通过从技术视角、理论分析与实证三个不同视角，验证 XBRL 影响公司内外部治理机制，检视投资者、债权人、监管机构如何利用 XBRL 提升使用效率，对公司内部治理产生影响。

XBRL 的外部治理是 XBRL 作用于不同外部市场主体的治理关系，包括资本市场的证券投资者、独立第三方、媒体等。各类型外部市场主体并不一定同质。公开市场中的证券投资者相比于其他专业性治理主体具有更强的利益相关性，具有契约规定的治理权力，却缺乏相应的专业胜任能力。传统的公司治理主要是强调外部投资者与公司高管之间的治理关系，这也是公司治理的主轴。其他市场主体往往是从各自专业角度对这一治理关系的完善。因而，本章在剖析 XBRL 技术特征与外部市场主体治理机制，及路径之后区分证券投资者与其他第三方主体两大部分，先后验证 XBRL 影响公司内外部治理的机制。

6.1　XBRL 对公司治理机制的技术分析

XBRL 实施全面提升信息使用者效率与水平，包括投资者、分析师、监管层与评级机构等的使用效率得到提升。由于独立第三方比一般证券投资者具有更良好的专业胜任能力，独立第三方更能够受益及在 XBRL 等信息技术的运用中受益。因而技术分析部分立足于分析 XBRL 技术特征对资本市场信息的影响，解释 XBRL 治理机制的技术基础。

6.1.1　XBRL 技术对商业报告内容的柔性扩展

XBRL 格式的商业报告具有充分的弹性，这是由 XBRL 分类标准的可扩展性决定的。XBRL 分类标准的开发是将 XBRL 应用于财务报告的重要前期工作，它必须符合双层规范。首先是技术上的规范，即应遵循 XBRL 国际组织发布的最新版本规范和财务报告分类标准架构（FR-TA）；其次是惯例上的规范，即分类标准的开发和扩展应遵循特定的程序，不应各自开发。由国际会计准则理事会主持开发的 IFRS-GP 分类标准已几经修改，渐趋成熟，若以其为基础不但有助于实现标准化，而且可以避免从零开始的巨大工作量。首先是识别 IFRS 与本国 GAAP 的同等同元素，直接沿用已有的元素属性定义，并依据本国 GAAP 做适当修改即可；其次是识别 IFRS 要求但本国 GAAP 不要求的元素，这些元素称为"淘汰元素"，可以限制其使用；最后是识别本国 GAAP 所特别要求的元素，并扩展这些元素，对其设置完整的属性信息。在基于 IFRS-GP 分别做了国别扩展和行业扩展之后，特定行业内的企业只需基于以上权威的分类标准进行扩展就可以满足其独特的报告需求，而且此后报告的编制可以沿用已有的分类标准，有助于保持前后期报告的一致性。分类标准的可扩展性满足了企业报告内容个性化要求。

在 XBRL 上市公司信息服务平台，投资者可以通过信息查询、分析比较、图表列示和实例文件下载等功能，非常直观、方便、快捷地找到定期报告中的财务指标信息，并且可以对同一家公司多年财务指标或者多家公司某个财务指标进行比较和展示，从而满足投资者越来越灵活多样的信息服务要求。

6.1.2 降低公司与资本市场之间的信息不对称

XBRL 格式财务报告区别于传统 PDF 格式财务报告的最大特点在于数据的可读取性分析。XBRL 实现了数据的标准化，而且数据的披露建立在网络信息技术原理上（XML），实例文档可被机器直接读取分析，我国上交所和深交所提供的 XBRL 信息披露平台实现了财务报告的在线披露以及分析，对投资者，尤其是中小投资者而言，极大地降低了获取和分析财务信息的门槛，提高了资本市场信息透明度，降低了中小投资者信息不对称（应唯，2009）。

6.1.3 XBRL 实施提升定期报告使用者的效率

XBRL 以信息技术为依托在 XBRL 技术规范和分类标准的框架下，通过为每一个财务数据创建一个格式相同而又独一无二的标签，来实现数据在企业内部，以及企业与外部信息使用者之间的电子交换。它的使用能够从相关性、可靠性、可比性和可获得性等方面改善会计信息的质量，提高信息的获取、传递和使用效率，通过加强信息的决策有用性来帮助使用者更好地进行决策。

我国 XBRL 实施的第一阶段始于 2003 年。在中国证监会的领导下，上交所和深交所开始推进在年报摘要中运用 XBRL 的试点工作，并在年报摘要的基础上逐步推进 XBRL 在年报全文中的应用；2008 年，上交所和深交所分别上线 XBRL 信息披露平台，实现 PDF 格式与 XBRL 全文的同步披露；投资者可以方便访问上交所和深交所 XBRL 信息披露平台，查询所有上市公司 PDF 格式对应的 XBRL 格式定期报告，或者使用专业软件读取 XBRL 实例文档，使上市公司定期报告的对比、分析，信息使用效率得到极大的提高（Efendi et al.，2014）。

6.1.4 XBRL 实施提升使用者对财务信息等的认知水平

一直以来，信息披露不足与信息披露超载的矛盾困扰着通用报告的发展，越来越多的信息涌入报表附注更是不争的事实。貌似的增强透明度，将动辄几十页乃至上百页的报告以纸质版或其等质的 PDF 电子版提交给用户，而每当使用者需要查找与特定主题有关的信息时，却要逐页地用眼睛搜索相关的信息，而后再输入自己的分析软件，这样笨拙的方法首先是没有效率，更重要的是准确性难以得到保证。通过运用 XBRL，相关联的信息具有相似的标签，无论其处于财务报告的哪个角落，基于标签的智能搜索均能根据标签迅速定位并获取信息。重要的是，相似标签可以引导使用者关注信息之间的相互关系，即开发分类标准的专家认为这些信息是相关的，应当集成起来完整地予以评价。Hodge 等（2004）对 XBRL 是否可以帮助非专业用户获取和集成相关信息，提高他们的认知及决策能力做了研究。XBRL 技术确实使信息使用者获取和集成相关信息的能力增强，有助于他们更好地获取有关附注信息并将其与在财务报告其他位置的信息结合评价。

6.1.5　XBRL 全面提升会计信息质量

相比较于传统的 PDF 报告，XBRL 技术提升了外部信息使用者收集与分析数据的效率。外部信息使用者通过企业发布的 PDF 格式财务报告了解企业财务信息，但该格式报告由于数据列示方式的非标准化以及文档的特性，依然需要手工查阅和分析，XBRL 标准下统一的数据格式实现了会计信息的自动搜索和获取，其相关应用程序的应用使得信息使用者可直接通过软件对各公司的数据进行横向和纵向的比较。

将 XBRL 运用于通用财务报告，意味着信息使用者不必依赖于第三方信息经销商，因为基于 XBRL 的公司报告信息可为分析软件直接应用，消除了等待经销商提供数据的时滞，信息直接来自企业，不必经过额外的录入、筛选或处理，因而准确性更高、完整性更好。信息披露不足与信息超载的困扰可能大大减弱，因为基于 XBRL 的报告将不再是一个不可分割的整体，而是由若干信息单元的组合体。信息使用者所接收的通用报告信息也不必再是整份报告，而是由若干信息单元组成的复合文档。这些信息单元根据需求通过智能搜索从通用报告中抽取，从而，信息使用者对通用报告信息的需求将能得到更及时和更个性化的满足。

首先，XBRL 网上平台的推出有利于增强会计信息质量的可理解性。深交所 XBRL 网站上重点揭示六大核心指标，在其后面能看到精准的注释。对于不够精通财务知识的投资者，也能理解其财务信息，并通过直观的图形了解公司的相关情况。其次，XBRL 格式财务信息披露大大提高了会计信息的可比性。不仅能看到行业整体信息，能通过精细检索查看具体公司财务状况、公司治理等多维度的信息，还有大量的图表反映公司各类信息的变化趋势，增加了会计信息的纵向可比性。通过选择行业类其他公司等操作，还可以进行会计信息的横向比较。最后，XBRL 形式会计信息的披露更便于信息使用者预测未来，收集对决策有用的信息，大大提高了会计信息的相关性。

6.1.6 监管者利用 XBRL 提升监管水平

中国财政部于 2008 年会同其他九部委成立了会计信息化委员会暨 XBRL 中国区组织，并于 2010 年颁布了《企业会计准则通用分类标准》，同年财政部以此标准展开 XBRL 商业报告的试点工作，进而逐步扩大试点范围。中国财政部在 2011 年考评首批试点实施通用分类标准企业后，从 2012 年起，全国 14 个省市的国有大中型企业开始实施企业会计准则通用分类标准报送会计信息。同年，中国财政部以及 XBRL 中国地区组织扩大通用分类标准实施范围，年底，获得了 XBRL 国际组织（XII）认定工作小组的认证。近年来，中国财政部一直积极组织督促大型央企及地方大中型国有企业拓展 XBRL 的应用领域，将 XBRL 技术嵌入企业的整个信息链以实现从业务数据到监管数据的无障碍对接。中国证监会和中国财政部两个主体推进 XBRL 应用的角度不尽相同。中国证监会领导下的上交所和深交所分别面向国内上市公司提供的是 XBRL 格式财务报告转换系统，要求所有上市公司将年报数据填列至相应的系统中，由交易所转换为 XBRL 格式财务报告并提供在线分析功能；而中国财政部则要求企业在其内部执行通用分类标准并生成实例文档对外报送。

可见，监管者利用 XBRL 提升了监管水平。陈宋生和童晓晓（2017）的研究发现，总体而言，监管者的监管水平得到提升，当然，也产生一些问题，如财政部与中国证监会两套不同的监管方式，不同的 XBRL 报送方式，增加了企业负担。另外，因为 XBRL 实施抑制了应计盈余管理，在公司动机未发生变化的情况下，公司会采用更隐蔽的真实盈余管理。XBRL 的实施对资本市场产生影响，进而对 XBRL 用户管理层产生外部压力，起到外部治理的作用。

6.2 XBRL 外部治理的理论分析

XBRL 对公司治理的影响可从不同理论视角予以分析，现有研究从信息不对称、代理理论、认知理论多视角分析。

6.2.1 信息不对称与 XBRL 外部治理

信息不对称的存在会导致逆向选择问题和道德风险问题。逆向选择问题的存在导致市场资源配置的低效率。XBRL 的运用和信息不对称之间存在显著负相关的关系，这意味着 XBRL 的运用可能降低资本市场信息不对称程度。信息提供者与使用者之间获取信息时滞降低，信息使用者之间的信息获取时滞也将降低，这将缓解资本市场存在的逆向选择和道德风险问题（狄为和苏晓梅，2015）。

投资者为弥补与经营者之间因信息不对称而造成的损失，往往会要求更高的投资回报率，从而导致公司资本成本的上升。这时，公司如果想以较低的资本成本获取资金，最好的办法就是对外披露信息，消解由于信息不对称带来的对公司的不良影响。业绩好的或有好消息的公司可以通过信息披露向市场传递其业绩优良的信号，使其与那些业绩差的公司区别开来，促使投资者据此进行股票的买卖交易，促进资本市场的流动。而那些不披露信息的公司因隐瞒信息，会被市场认为隐瞒的消息都是坏消息，说明其经营状况极差，公司业绩不好。因此为避免公司价值被低估，经营者有动机主动披露信息。Roohani 等（2009）讨论了 XBRL 在企业报告供应链有助于提升企业透明度，发现 XBRL 技术的应用提高了财务信息的传递效率，在线分析功能有助于提升信息使用者的分析能力。Hodge 等（2004）也证明 XBRL 显著改善了美国资本市场的财务信息透明度。信息提供者与使用者之间的信息时滞降低，信息使用者如投资者与监管层，能够很快地使用 XBRL 获取的信息，快速地做出决策，使得管理层不能如之前一样刻意隐瞒信息，道德风险降低。

可见，从信息不对称理论可以很好地分析 XBRL 应用的效应。现有诸多 XBRL 研究证明其降低了信息不对称（Yoon et al.，2011）。缓解信息不对称角度探讨 XBRL 作用的经典型文献见表 6-1。

表 6-1　XBRL 降低信息不对称

作者	年份	概况	相关理论
狄为和苏晓梅	2015	问题：XBRL 是否能够降低信息的不对称性 变量：DV：信息不对称（Boone 相对差价）；IV：证券交易所网站同步披露 XBRL 财务报告，取值为 1，否则为 0 样本：2007~2012 年中国 A 股上市 200 家非金融类公司 结论：XBRL 的运用和信息不对称之间存在显著负相关关系，这意味着 XBRL 的运用可能降低资本市场信息不对称程度，且这种影响在大企业中更加明显	信息不对称
Liu，Luo 和 Wang	2017	问题：在欧洲，XBRL 是否降低了信息不对称 变量：DV：流动性；IV：是否在实施 XBRL 之后，Large（1，0），High－tech（0，1，2，3），Interaction terms 样本：2005~2010 年欧洲上市公司，28711 个样本（61% 为制造业，19% 为零售业，10% 为运输仓储，5% 为公共管理，5% 为建筑） 结论：XBRL 增加了欧洲非金融公司的市场流动性，降低了其信息不对称。由于大公司有充足的资源与专家去实施 XBRL，这一效应更强。XBRL 对非高新技术公司的影响更依赖于投资者	信息不对称

6.2.2　代理理论与 XBRL 外部治理

6.2.2.1　XBRL 缓解两类代理问题的机制

Jenson 和 Meckling（1986）认为存在两种形式的代理问题，"所有权"与"经营权"分离的机制下，管理层基于契约关系行使企业管理职能。然而股东并不直接参与公司经营，存在信息不对称，导致管理层出于"机会主义"动机选择更有利于自身利益的决策，从而损害股东利益；另外，公司内部由于股东控制权的悬殊（大股东和中小股东），控股股东拥有更多的话语权影响上市公司股东大会或者董事会决议，进而左右企业决策。控股股东出于自身利益的考虑导致侵害小股东利益即掏空（Tunneling）。

两种代理问题产生的根源在于信息不对称引起的监督缺位。XBRL 应用前，管理层占有信息优势，易产生内部人控制现象。XBRL 实施后，股东能够及时获取更准确的信息，对管理层的各种不良行为采取应对策略，增加了对管理层的约束。如股东通过 XBRL 获得的信息，更快对管理层的投资行为做出反应，特别是过度投资行为可以通过买卖股票等行为约束管理层，减少过度投资行为（陈宋生、罗少东、严文龙，2016）。另外，大股东与小股东之间存在信息不对称，中小股东从 XBRL 实施能获得更多信息，大股东与中小股东信息差异变小，使得两者之间的代理问题减少（张艺馨，2014）。从降低代理成本角度探讨 XBRL 作用的典型文献见表 6-2。

表 6-2　XBRL 实施与降低代理成本

作者	年份	概况	相关理论
张艺馨	2014	XBRL 技术的采用实现了会计信息的实时披露，使得所有者可通过 XBRL 相关软件，实时查看和下载企业数据，随时掌握企业的动态，为所有者监督经营者的行为提供了新的途径，并在一定程度上降低了企业的第一代成本 使用 XBRL，信息需求者可直接通过相关程序获取信息，从而为中小股东提供了更多获取信息的渠道和方式。同时，XBRL 的采用提高了会计信息的透明度，缓解了大股东通过"隧道行为"侵害中小股东利益的可能性，继而降低了企业的第二类代理成本	代理问题

6.2.2.2　XBRL 降低代理成本的机制

代理成本按照构成分为三类（Jensen and Meckling，1976）：委托人的监督成本——委托人计量或观察代理人行为的成本，以及对代理人实施控制的成本；代理人的约束成本——代理人用以保证不采取损害委托人行为的成本，以及实施损害委托人行为后给予赔偿的成本；剩余损失——狭义的代理成本，委托人因代理人代行决策而产生的价值损失，等于代理人决策和委托人在假定具有与代理人相同信息和才能情况下自行效用最大化决策之间的差异。监督成本和约束成本是制定、实施和治理契约的实际成本，剩余损失是在契约最优但又不完全被遵守、执行时的机会成本。信息不对称是造成狭义代理成本的主要原因之一，因此 XBRL 对代理成本的影响，始终伴随着对信息不对称的影响。

代理成本按照来源分为三类（如图 6-1 所示），第一类是所有者与经营管理者之间的权益代理成本；第二类是大股东与小股东之间的控股股东代理成本；第三类则是所有者与债权人之间的债务代理成本（Chrisman and Litz，2004）。当公司股权比较分散时，公司所有权和控制权的分离会导致股东与管理层之间的代理问题（Berle et al.，1935），带来第一类代理成本，即权益代理成本。管理层与股东利益不一致，拥有私人信息的管理层很有可能为获取私利而做出有损股东价值的机会主义行为，过度投资（Jensen，1986）、卸责（Bertrand，2000）、帝国构建（Jensen，1986）、在职消费（Yermack，2006）等是其获取私利的重要方式。第二类代理问题存在于控股股东与其他股东之间。当公司股权比较集中时，公司的代理问题主要表现为控股股东对中小股东的利益侵蚀行为（Johnson et al.，2000），通过隧道效应、占款等方式获取控制权私欲，引起第二类代理成本，即控股股东代理成本。债权人与债务人之间的冲突还带来债务代理成本（Jr and Warner，1979；Myers，1976）。在高债务水平下，实际上是债权人拥有公司资产，而股东与管理层运作公司，因而产生债权人与股东、管理层之间的债务代理成本。

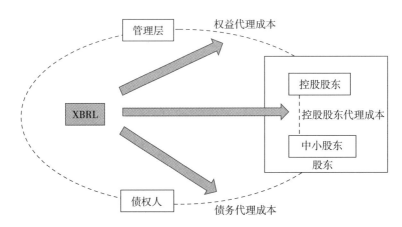

图 6-1　各利益相关者之间的代理成本及 XBRL 对代理成本的作用

XBRL 经由三条路径作用于信息提供者、内部信息使用者、外部信息使用者三类角色，对信息不对称、代理成本产生影响，图 6-2 展示了不同路径中 XBRL 的主要作用对象及后果。

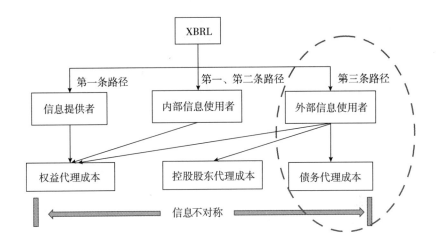

图 6-2　三条路径中 XBRL 主要作用对象及后果

第一条路径（XBRL→内部（管理层）→代理成本）。XBRL 在公司内部使用 XBRL，对业务与财务数据标签化，信息决策更加及时准确，直接降低代理成本。主要是作用于公司管理层，降低权益代理成本中的约束成本和剩余损失；另外，管理层利用 XBRL 披露本公司、同行业及其他公司信息，更好地进行决策，降低代理成本。第二条路径（XBRL→内部（大股东/董事会）→内部（管理层）→代理成本）。XBRL 作用于内部治理机制从而影响管理层，降低股东与管理层之间的信息不对称，降低权益代理成本中的监督成本与剩余损失。第三条路径（XBRL→信息质量→外部信息使用者→内部（管理层）→代理成本）。XBRL 技术的使用扩宽了信息渠道、降低了信息搜寻成本、提高了信息质量，外部信息使用者能够更容易获取高质量的信息，从而对企业内部进行更好的监督，降低两类代理成本，前两条路径已在上一章详细描述，本章重点讨论第三条路径。

XBRL 通过改变传统的信息披露方式，降低外部信息使用者的使用成本，提高了会计信息的有用性和会计信息质量（Li et al.，2016，JFQA，李真)。XBRL 使用初期的披露成本较高，企业 PDF 财务报告的附注页数减少，使得采用 XBRL 自愿披露水平下降（余良宇和张天西，2016），但随着 XBRL 实施年限增加，企业自愿性信息披露程度增加（杜舟、黄庆华和罗莉，2017）。

6.2.3　认知理论与 XBRL 外部治理

认知理论就是衡量使用者从成功获取信息到利用信息决策的时间。XBRL 的实施促进了资本市场中各相关利益方的信息交流，提高了广大投资者的投资决策质量。Debreceny（2005）发现，美国公司运用 XBRL 进行数据披露时，与之前传统报表披露方式相比，减少了数据错误的可能，且把财务数据引入了管理决策中，提升了公司的信息披露质量。Hodge（2004）研究发现，财务报表信息使用者，特别是非专业人士，更能够在 XBRL 的技术应用下获取决策优势。

会计信息的认知过程可以理解为，信息使用者对获取的信息加工过程，信息呈报格式的不同会影响到信息使用者消化信息的效率。只有更趋于合理的财务信息显示模式才能够提高使用者的投资决策效率。对于 XBRL 技术来说，其带有标记的会计信息，检索更加精准、快捷；高质量的分类标准使得会计信息也变得标准化，更加易于理解；由于 XBRL 的机器可读性，使得会计信息可以根据信息使用者的不同需求而呈现出不同格式的报表。这一切都会提高信息使用者对于会计信息的判断和理解，从而做出有用的决策。

6.3　面向资本市场采用 XBRL 的动因

XBRL 实施的主要动因是为资本市场处于信息弱势的中小投资者服务。开始时主要是通过证券监管部门免费提供 XBRL 转换工具，要求上市公司将定期报告的 PDF 格式财务报表转换为 XBRL 格式。但是这种转换除了增加上市公司负担外，其他收益如降低融资成本等优势尚未发挥出来，只是抑制了公司的盈余管理行为（陈宋生等，2015），因而受到很多公司的抵制。后来，监管部门强制推动并发文要求上市公司必须转换。此后，我国政府财政部门强势介入，并在企业内部推动实施 XBRL，并用成功案例帮助推广，取得了一定的效果。当然，时至今日，由于大数据、云计算、区块链、人工智能等各种新技术的发展，公司应接不暇，但是这些新技术的底层业务与财务数据标签化还是 XBRL 技术，如四川长虹集团实施财务共享，其实质还是 XBRL 将底层数据标签化后才实现的。所以，XBRL 实施动因可以分为两个阶段，从自愿到强制实施 XBRL。

6.3.1　诱致性制度变迁——节约披露成本

任何一种制度变迁必须是制度净效益大于零，这是制度安排的前提和选择的必要条件。XBRL 披露必须使得用户的效益大于成本，且外部环境的变化使得原来的 PDF 格式不再是净效益最大的制度，产生了制度变革的动机和需求；另外，又有 XBRL 这种技术供给，否则 XBRL 的实施也是不可能发生。按照林毅夫（1989）的观点，XBRL 的实施是原来的 PDF 财务披露的制度安排的相对效率并使其他 Word 披露的安排也不能达到好的效果。当然，从 XBRL 提供者看，会增加新的学习成本。同时如果没有互联网的发展，仅提供纸质的财报或单独的 XBRL 报告，不能联网查询，XBRL 的信息披露就没有任何意义。还有信息提供者并不能直接从中受益或至少不能直接计量其获得的收益。所以，一开始实施 XBRL 时，其自愿提供 XBRL 报告的公司并不多。

XBRL 为财务报表数据设定标签，并为原始业务交易或事件制定分类，更快更方便地整合数据（Wagenhofer，2003）。它简化了冗余而重复的过程（Olsen，2003；Malhotra，2004），从而简化了报告流程（Buys，2008），减少了财务报告的时间和成本，使会计人员有更多的时间投入到分析工作中，并且减少了数据输入和输出过程中人为错误的风险（Apostolou，2009）。

由于以 XBRL 为基础的信息只需准备一次即可生成多种形式，以各种格式重复使用，按需报告的制作成本将大大降低，节省时间，财务报告的效率大大提升（Jensen、肖泽忠，2004；潘琰、林琳，2006；邵敬浩，2012），并节约了报送成本（肖蕊、谭雅静，2010）。XBRL 应用初期，由于系统开发、维护、运行和更新费用较高，会增加成本（Jensen、肖泽忠，2004）。但随着技术的成熟，XBRL 降低披露成本的优势会逐渐显露。

6.3.2 强制性制度变迁——政府强力推行

我国是首批实施 XBRL 的国家之一。中国证监会从 2002 年底开始着手制定《上市公司信息披露电子规范》，并在 2003 年正式将 XBRL 技术作为电子规范的基础。上交所在 2003 年成立 XBRL 项目小组，经过两年探索制定了上市公司信息披露分类标准，并获得了 XBRL 国际组织的认证；深交所的 XBRL 项目组也不甘人后，于 2006 年以独立会员资格加入 XBRL 国际组织，并先后研发颁布了 XBRL 通用分类标准 2.0 版及 2.1 版。2008 年两所先后创建了 XBRL 信息披露平台，要求上市公司自 2008 年起报送 XBRL 格式财务报告（XBRL 实例文档）年报，实现了 XBRL 技术在上市公司对外信息披露层面的全面应用。中国财政部则后来居上，在 2008 年会同其他九部委成立了会计信息化委员会暨 XBRL 中国区组织，并在 2010 年 10 月发布了 XBRL 通用分类标准。此外，财政部于 2010 年 9 月发文（财会［2010］23 号），拟订了首批实施通用分类标准的企业（13 家）和会计师事务所（12 家）名单和要求，要求被指定的会计师事务所协助其审计客户从 2010 年年报开始进行 XBRL 格式财务报告的报送。

在我国 XBRL 实施过程中，政府监管部门始终着力推动实施，但是需要满足两个条件：一是监管部门没有或自身很少遭受损失，预计边际收益等于监管者边际费用；二是监管部门自身权力不会减少，否则也没有动力推动实施。XBRL 的实施，并不会削弱监管者自身权力，相反还增加了其监管权力，监管层有动力推广实施 XBRL。所以，容易产生强制性制度变迁。在初始实施 XBRL 之时，公司只需要直接转换成 XBRL 格式，制度运行的摩擦与阻力较小，运行比较顺利，实施 XBRL 的成本较低，同时给资本市场带来了较多的收益。此时，监管部门对实施 XBRL 感到满意，也无意改变。公司对此只是简单地转换，未能感受到多大麻烦，因而也愿意配合，或者即使不满意也无力改变现状。此时，这种 XBRL 实施达成了制度均衡。但是当财政部倡导在企业内部推行 XBRL 时，一些中小公司受限于规模效益，XBRL 实施成本过高，实施效益难以观察到，而不愿意引入，如同当年萨班斯 404 条款有关内部控制的制度实施一样，此时可能会产生制度不均衡，公司的积极性受到极大损害，降低了 XBRL 的效率。有关运用 XBRL 节约披露成本相关的文献梳理如表 6-3 所示。

表 6-3　XBRL 与节约披露成本文献

作者	年份	概况	理论
Bonsón	2001	对于根据国际财务报告准则分类编制财务报表的公司：只需要在 XBRL 中编制一次。自动允许出版物以不同的方式（印刷报告，企业网站，电子提交给证券委员会，税务机关，银行等）和翻译到所有的欧盟语言	
Wagenhofer	2003	在 XBRL 下，财务报表水平的财务报表信息只需准备一次，因为数据可以以各种格式重复使用。这有助于降低成本，节省时间，提高财务报告的效率；XBRL 为财务报表数据指定标签，并为原始业务交易或事件制定分类，更快更方便地整合数据	
Jensen，RobertE，肖泽忠	2004	以 XBRL 为基础的信息只需输入一次即可生成多种形式，按需报告的制作成本将大大降低。通过对总括信息及其内部构成要件都加上标识，XBRL 有利于追溯查询（从总额到明细或者相反），并便于按不同明细程度和不同公认会计准则制作财务报告	节约披露成本
Malhotra，Rashmi	2004	XBRL 提供了一种有效和可靠的方式，在不改变现有的会计准则或要求公司披露其财务报表之外的任何额外信息的情况下，传递财务信息。它消除了冗余输入的需要，简化了可用性，这有助于降低处理、计算和格式化财务信息的成本	
Yen，Zhao，Chang	2004	在 XBRL 应用下，财务信息第一次被创建和格式化后，再也不会被创建，这将降低处理、计算和格式化信息成本	
姜彤彤、吴修国	2008	企业对外财务报告。通过 XBRL 技术，财务报告的编制工作可自动从数据库中导出，直接在网上发布和传递，对各类报表用户，均能满足其个性化需求	

续表

作者	年份	概况	理论
Buys	2008	XBRL 提供灵活的平台，建立有效的连接现有的报告系统，更易适应不断变化的报告需求 减少相关数据捕获的时间和成本以及分析的关键业务流程，简化了报告流程	节约披露成本
Apostolou and Nanopoulos	2009	减少了起草财务报告的时间和成本 减少了数据输入和输出过程中人为错误的风险 降低了运营成本和升级信息系统	
肖蕊、谭雅静	2010	方便数据的查询、提取和系统化管理，节省报送成本	
陈文铭、王淑娇、郑芳	2011	XBRL 技术使财务报表的编制流程得到改进，编制效率提高。XBRL 实例文档可以高效地编制、便利地交换、简单地公布和快速地分析	
潘琰、林炎滨	2012	各方共用同一平台的多目标企业报告体系将降低企业对外报告的负担	
邵敬浩	2012	实现了会计信息化，提高了会计信息的生成和使用效率。依据不同利益相关者的不同要求提供差异化财务报告	

6.4　XBRL 的外部市场治理机制与路径

6.4.1　XBRL 的外部市场治理机制

股权结构、董事会和经理激励等内部治理机制的优化，将降低董事会、股东会和管理层等之间的代理成本，使得管理层与股东逐利方向趋于一致，提升公司财务绩效（Aguilera, Desender, Bednar and Lee, 2015）；借由法律环境（包括监管机构）、外部市场以及市场中介（注册会计师、分析师等）等外部治理机制的有效运行，将缓解相关委托—代理问题。在内部机制与外部机制分别作用以及两者交互作用下，改善公司治理结构，降低委托—代理双方信息不对称，缓解代理问题，优化资本市场资源配置效率。

结合 XBRL 信息供应链，企业内部管理层使用 XBRL 提供的便捷信息提升内部治理效应，外部信息使用者利用 XBRL 财务报告等信息提升决策效率，并对内部治理效应产生影响，产生外部治理效应。还有内外部治理效应的分别提升将交互影响两种治理机制作用的发挥，其作用的基础途径因为 XBRL 提供了更为及时准确和透明的信息，降低委托与代理双方的信息不对称，降低代理成本，进而提升治理效应。XBRL 发挥外部治理效应的主要机制为，XBRL 实施作用于企业内部的信息流，对企业信息披露及信息质量产生影响，进而影响外部信息使用者对财务信息的获取与使用。通过内外机制的一系列交互作用，经由降低信息不对称和代理成本，最终影响其经济效益。发挥公司治理效应，优化资源配置，使企业内部与资本市场各要素的流动更有效。

6.4.2 XBRL 治理路径

公司所有权与控制权的分离带来了委托—代理问题。解决这项问题的方法可以归结为两种，即激励与监督。激励在于将公司经理人的财富与股东的财富采用利益分享模式，这样公司经理人与股东决策利益将尽可能趋于一致，经理人决策将更可能符合股东利益。这被称为根据股东的要求调整公司经理人的激励。然而，投资者并不知道公司在经营层面是如何运营的，经理人亦知道自身的工作绝大部分不为投资者所知。经理人可能不会以股东利益最大化的方式来经营公司，外部监督成为必然。本节主要讨论外部监督者如何利用 XBRL 对公司内部治理机制发挥监管作用。

外部监督者包括投资者、债权人、审计师、分析师、投资银行、信用评级机构、媒体与政府等，他们的行为后果均会对公司经营管理产生影响，影响公司内部治理效应。

投资者与其他股东则通过公开的财务报告来判断公司的财务健康状

况、前景、业绩与价值，以便做出相应的投资决策。通过使用 XBRL，投资者可以更方便地获取和分析组织信息，帮助其作出更及时与理性的决策。

审计师评估公司的财务状况。借由 XBRL 评估公司的财务报告是否客观公允地反映了公司的财务状况，中小投资者可能没有专业能力或机会亲自验证公司的各项活动，但是审计师可以帮助投资者验证公司财务健康状况与公司的各种行为。特别是新的审计报告改革以后，要求披露更多关键事项，XBRL 应用将更好地完成这一新的审计任务，更好地服务于资本市场。

分析师则追踪某一特定公司或某行业，并对公司的商业活动独立评估，将结果上报本公司的投资委员会。市场期望分析师能够提供不带任何偏见且专业的评估分析报告。投资银行则帮助公司进入资本市场，同样亦会影响到公司的管理层。在募集资本时，公司必须在监管当局提交相关报告注册文件，以向潜在的投资者披露公司的经营状况。投资银行帮助公司完成此项过程，指导经理人如何在资本市场上运作。所有这些报告的提交，如果能够通过 XBRL 应用方式，信息使用者将能够更快速地获取信息，提升效率。

政府会通过中国证监会、中国国资委、中国财政部等机构监督公司的各项活动。为了保护广大投资者的利益，中国证监会监管上市公司，并制定相关政策。XBRL 的应用将使得监管机构能够快速获取被监管方信息，直至直接登录被监管方内网，了解企业信息，监管将更加及时、准确，提升监管效率。

经理人市场的约束亦有助于约束公司管理层。如果一名经理人或因为其不擅长管理，或因为其滥用经营自主权而未能尽职或没有做好其本职工作，产品没有销路，则其所在的公司有可能被收购，其本人亦会因此而被解雇，在经理人市场失去信誉。就此而言，对其所在公司潜在的被收购的恐惧可能成为对经理人的一种有力约束机制，这不但可以确保经理人尽最大的努力为公司工作，而且可以确保经营自主权会得到相应的控制。

利益相关者同样亦会监督公司的经营状况。一些股东，像大型的机构投资者，例如养老金基金会等均是积极主动的监督者。债权人亦会去确认公司是否具有偿债能力。雇员如内部审计师也可监督公司，以确认公司是否处在健康运转的轨道之上。另外，社会也可以通过对公司灌输公民意识，以使得经理人对相关社会团体怀有一种责任感。

具体而言，从降低权益代理成本、股东代理成本和债务代理成本三类出发，XBRL 外部治理机制按其对应主体的不同，可梳理以下几条路径（如图 6-3 所示）。

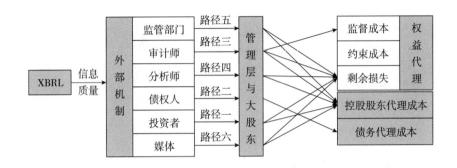

图 6-3 XBRL 的具体治理路径（修改自 Aguilera et al.，2016）

6.4.2.1 XBRL 实施对投资者的影响：投资者→大股东/管理层→权益代理成本/股东代理成本

XBRL 作为新一代的信息披露方式，可以降低信息的搜寻成本从而增加市场的透明度。Hodge 等（2004）发现，便利的搜索技术（XBRL 技术）降低了非财务专业投资者对业绩的判断，而且投资者在 XBRL 格式下与传统模式下对报告的可靠性判断会产生明显的差异。XBRL 信息披露平台以及专业解析软件的出现，为外部投资者提供了更多了解上市公司定期报告的信息渠道和分析工具。相比于传统的 PDF 格式的定期报告，XBRL 格式以更加便于阅读的方式展现报表信息并提供分析对比功能（Hodge et al.，2004），Geiger 等（2014）发现，XBRL 有效提高了信息透明度。

同时，XBRL 能够降低利益相关者之间的信息不对称。XBRL 标记下的信息披露让所有的信息使用者能更有效地获取财务或非财务信息，更便于比较各种文件中的公司信息（Debreceny et al.，2005）。Bovee（2005）等也认为，传统格式下的财务报告缺少信息使用者与信息提供者之间的互动性，难以满足特定使用者对信息的需求，XBRL 标准能够针对不同的使用者提供差异性信息报告。Kernan（2008）认为，

XBRL 的优势在于能够潜在提高公司信息的透明度和可获得性，为公司治理和运营节约交易成本。使用 XBRL 标记信息让市场参与者全面地了解公司信息，合理度量其风险水平，让公司的市场价格更真实地反映其实际价值。由此 XBRL 能显著提高财务报告信息的质量，大大降低市场中的信息不对称（Graham et al.，2005；Healy and Palepu，2001；Lambert et al.，2006）。Yoon 等（2011）就以买卖价差为信息不对称代理变量，检验 XBRL 施行对韩国股票市场的影响，并发现 XBRL 形式的信息披露能有效降低信息不对称，而这种影响对规模较大的公司更为显著。林靖等（2015）对中国台湾交易所挂牌上市的公司在全面以 XBRL 申报前后"Spread"和"Pin"指标的变化进行研究，指出证券交易所推行财务报告 XBRL 格式申报，将财务报告会计科目转换为具有共通性，且便于传递和分析比较电子化语言，能减少信息产生和使用成本，方便投资人使用，从而提高公司财务报告信息披露质量，减少信息不对称。

XBRL 通过提升信息透明度，降低信息不对称，减少代理成本，并影响公司治理机制，产生治理效应。

一是提升投资者特别是中小投资者认知能力。XBRL 的实施增加了监督上市公司的人数与范围。自 2004 年 8 月开始，上证所网站基于 XBRL 技术，陆续开通了沪市上市公司在线数据查询、分析及下载功能，普通投资者能完成以往证券分析师才能完成的工作。信息分类的清晰界定，使以往缺乏专业知识的投资者对信息判定含混不清的情况也得以改观（李为，2009）。投资者可以快速地搜索特定的信息，从而做出更科学的决策（陈文铭、王淑娇、郑芳，2011；刘玉廷，2010；曲吉林、寇纪淞、李敏强，2005）。XBRL 的实施降低了投资者决策的门槛并指导投资行为，投资者认知能力提升（陈宋生、罗少东、严文龙，2016），对应用 XBRL 的上市公司形成一种外部监督压力，最终影响上市公司投资决策，优化资源配置效率的过程。

二是股价漂移趋缓。在股票市场中，XBRL 降低了外部投资者的信息不对称程度（Yoon et al.，2011），投资者可更为快速便捷地获取企业财务相关信息，增强了其自身的认知能力。通过"用脚投票"影响企业股权融资以及股价，股价漂移趋缓（Chen，Guo and Tong，2017）。XBRL 的强制实施显著降低了盈余公告后的股价漂移程度，提高了资本市场的有效性

（陈宋生、童晓晓，2015；许金叶、王梦琳，2015）。

三是减轻"隧道行为"。信息需求者可直接通过 XBRL 获取相关信息，拓展了中小股东获取信息的渠道和方式。XBRL 的实施提升了会计信息的透明程度，缓解中小股东与大股东、管理层之间的信息不对称。这缓解了大股东通过"隧道行为"侵害中小股东利益的可能性，继而降低了企业的第二类代理成本（张艺馨，2014）。

四是资本市场效率得到提升。在美国与欧洲市场，XBRL 披露显著增强了股价波动（Efendi Park and Subramaniam，2016）与市场流动性（Liu and Wang，2017），降低非正常交易与异常流动性（Blankespoor，Miller andWhite，2014），提高了资本市场信息效率（Kim and No，2012）。在我国证券市场，对于实施 XBRL 年限较长的沪深 300 成份股，XBRL 披露引起显著的市场反应（李九斤、叶雨晴和徐畅，2016；王琳和龚昕，2012），但采用全样本时市场反应并不显著（蒋楠和庄明来，2007；徐萌萌和孙红梅，2013；赵现明和张天西，2010）。

五是 XBRL 提升市场效率进而影响公司内部治理机制，提升治理效率。XBRL 的实施使得管理层能够更好地利用高质量信息决策，投资更趋理性，降低了非效率投资机会，缓解了过度投资与投资不足的情况（陈宋生、罗少东、严文龙，2016；张艺馨和徐经长，2016），也即提升了用户的经营效率（Ghani and Muhammad，2014；Wang and Seng，2014；徐经长、张艺馨、曾令会，2014），甚至是绩效水平（曾建光、伍利娜、谌家兰、王立彦，2013）。徐经长等（2014）从信息透明度视角，考察企业内外部信息不对称，进而观察用户绩效得以提升。李芬桂（2012）采用深交所 A 股制造业经验数据，对有关 XBRL 对于会计信息质量的影响进行实证研究，XBRL 有效改善了会计信息的质量，增强了投资者相关决策的有效性。袁放建等（2013）利用我国上市公司在证券交易所发布的财务报告，研究其对企业价值的影响，探究了 XBRL 网络财务报告对企业价值的影响。

对于权益代理成本的度量，Ang 等（2000）在研究小公司的权益代理成本时，采用了"经营费用与主营业务收入之比"指标，将经营费用界定为总费用减去产品销售成本、利息费用和经理报酬。陈冬华等（2005）以在职消费度量上市公司高管层的代理成本。曾庆生、陈信元（2006）采用相对管理费用衡量权益代理成本。

对于控股股东代理成本的度量，已有研究大多运用其他应收款衡量控股股东占款指标，如姜国华和岳衡（2005）以及杨德明、林斌和王彦超（2009）等。亦有文章从控股股东代理行为对上市公司经济利益造成的直接与间接损失角度分析其侵占成本，通过计量控股股东的主要代理行为产生的控股股东私有收益和对中小股东利益的侵占，构建控股股东侵占成本的测量，用综合指标衡量控股股东代理成本，综合指标主要报告控股股东资金侵占成本、控股股东关联销售侵占成本、控股股东股利分配侵占成本等（宋力，2009；谢盛纹等，2011）。

6.4.2.2　XBRL 对债权人的影响：债权人→股东/管理层→降低债务代理成本

在债权市场中，企业最大的债权人主要是商业银行。利用 XBRL 技术提高了财务分析的效率，并可在 XBRL 技术基础上通过大数据技术及时发现可能的风险。银行为了维护自身的权益，将密切关注、积极监督贷款企业的经营活动，发现问题及时通知贷款企业采取对策（Li et al.，2017）；在经理人市场中，薪酬信息更为公开透明，有助于建立和完善高管的激励约束机制，促进薪酬契约保健与激励因素结合，稳定高管团队，缓解委托—代理问题（陈宋生与严文龙的工作论文）。

借助 XBRL，银行、借贷机构和信誉管理等债权人可通过自动化报告更快速、可靠地获取数据，降低处理数据的成本。还可快速有效地追踪债务人财务业绩，快速地响应客户，更容易获得风险评估所需数据，降低了融资成本（Li et al.，2016；Chen et al.，2016）。如银行机构利用四川长虹集团 XBRL 构建的数据公共云平台，可以快速对公司授信状况进行核验。另外，对于借款人，XBRL 的实施可加快贷款速度并降低利率（Kaya and Pronobis，2016），因为金融机构可借助 XBRL 对信贷申请进行实时的可比性分析，有效地评估公司的风险与等级，降低风险并且加快贷款的速度（曲吉林、寇纪淞和李敏强，2005）。陈宋生等（2015）检验了我国 XBRL 的实施对权益成本的影响，探讨了财务信息传导过程中，公司治理、XBRL 和权益成本三者之间的互动机理，分析了控制人的性质对 XBRL 实施效用的影响。

对于债务代理成本的衡量指标，国外很多针对债务代理成本影响的研究使用了样本公司发行的债券的加权平均收益率，与具有相同到期时间的国有债券到期收益率之差作为衡量债务代理成本的指标（Paul，2009）。由于我国特殊的经济制度背景，上市公司极少公开发行企业债券，难以获取企业债务期限结构的资料，使用样本公司发行的债券的加权平均收益率，与具有相同到期时间的国有债券到期收益率之差作为衡量债务代理成本的指标并不现实。国内部分学者如李源（2006）、李海燕（2008）、王刚（2008）、王志芳（2009）等采用以利息支出率作为衡量上市公司债务代理成本的指标。

6.4.2.3　XBRL 实施对审计师的影响：审计师→管理层/大股东→权益代理成本/股东代理成本

XBRL 的应用可节约审计成本、降低审计收费、节约股东的监督成本。Li et al.（2017）的研究显示，XBRL 实施之后，数据更加颗粒化，相比之前，审计师将付出更少的劳务，当然标签化数据数量越多的公司，支付的审计收费越高。

XBRL 的实施提升了审计质量，并利用这一技术实施连续审计，更好地发挥了审计的监督作用，有助于减轻管理层过度投资（Jensen，1986）、卸责（Bertrand，2000）等有损股东价值的机会主义行为，以及控股股东通过隧道效应、占款等方式对中小股东的利益侵蚀行为，从而降低两类代理成本。

审计师能够从财务报告数据"前溯"至相关明细信息，满足对审计线索源头追踪的需求，获取更准确的信息。审计师可摆脱以往繁杂的核对工作，交由应用软件乃至人工智能技术产品完成大量初级审计工作，审计师可将更多精力用于价值增值活动（潘琰和林琳，2006）。XBRL 实施后，美国上市公司审计收费降低（Shan and Richardson，2015；Yuan and Troshani，2014），中国上市公司审计收费增加，但异常审计收费降低，审计质量提高（田高良等，2017）。

6.4.2.4　XBRL 对分析师的影响：分析师/评级机构/媒体→管理层/大股东→权益代理成本/股东代理成本

分析师跟随增多，预测质量提升，分析师预测值更能反映真实盈余值，监督作用加强，降低了两类代理成本。史永和张龙平（2014）通过对2007~2012 年我国 A 股市场分析师预测数据的实证检验，发现实施 XBRL 财务报告后，分析师的预测效率和预测质量得到改善，预测分歧度显著降低，准确度显著提高。

XBRL 实施后，每个公司的分析师随着人数的增加，预测质量显著提升（Liuand Yao，2014；Ly，2012；史永和张龙平，2014；吴建刚和张辽，2016），但在实施初期，分析师预测质量降低（Liu，Yao，Sia and Wei，2014）。

另外，分析师使用 XBRL 的效用也可直接作用于投资者，体现为分析师预测准确度提升，信息不对称降低，使得投资者利用分析师报告做出的决策更合理，投资者的收益将会上升，理性投资者之间的收益差距将会缩小。

6.4.2.5　XBRL 实施对监管机构的影响：监管机构→管理层、大股东→权益代理成本、股东代理成本

监管层利用用户 XBRL 的数据，更快速地掌握用户的各种财务与非财务数据。使得监管效率提升，准确性更高，监管成本得到节约，并使监管机构更好地发挥监管职能，使公司运作更合乎规范，信息披露更加真实，降低资本市场信息不对称与代理成本（陈宋生和童晓晓，2017）。如针对四川长虹的实地调研发现，该公司利用 XBRL 产生的颗粒数据，采用一个公共财务共享云平台，公司将做好的纳税申报表放入公共云平台，当地税务局可以通过远程登录，直接网上审核。一般在网上就审核完成，如果需要再到现场审核。公司直接在网上提交经税务局审核的纳税申报表，实现网上审核与提交。公司不再需要专门派出人员向税务局提交纳税申报表，税务局也不用像原来一样派出税务专管员，节省了大量的人力与物力，直接降低了监管成本。

可见，监管者借助 XBRL 可自动获取数据，降低成本，更加快速、有效且可靠地进行数据分析和比较。通过监控数据和业务活动快速、可靠地做出判断，大大提高监管报送的效率，降低监管成本。上交所曾表示，XBRL 应用后，他们对于上市公司的监管能力明显提升。能把每家上市公司与它自己的历史数据、与同行业整体水平及其他公司进行数据对比，快速识别明显高于或者低于历史水平或同行业水平的公司，能够有针对性地要求上市公司进行解释或现场调查（李为，2009）。通过基于 XBRL 的税务申报直通式处理，可以实现网络经济时代税收征管模式的创新，提高税收信息的及时性、准确性和完整性，充分发挥信息管税的作用（周海燕，2011）。

总之，XBRL 通过以上几条路径，改善了信息不对称，降低了经理层与股东间代理成本、大股东与其他股东间代理成本以及债权代理成本，其产生影响的根本途径是 XBRL 技术促进了信息披露，改善了信息质量。大量研究表明，财务信息质量的提升会显著地抑制两类代理成本。这方面的典型文献见表 6-4。

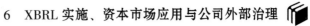

表6-4　XBRL 影响企业信息披露水平

作者	年份	概况
陈宋生、罗少东、严文龙	2016	问题：上市公司 XBRL 信息披露的作用机理如何？其对企业投资效率有何影响 变量：DV：投资者认知，非效率投资（Richardson 模型） ID：XBRL（2005~2008 年为 0，2009~2012 年为 1） 样本：深交所 2005~2012 主板上市公司（国有企业/非国有企业） 结论：XBRL 优化利润财务信息供应链，不仅有助于管理层的投资决策，而且可促进资本市场信息公开透明，提升投资者任职能力，增强资本市场对上市公司管理层投资项目投资决策的监督，最终改善企业的投资效率。XBRL 应用降低了国有企业的过度投资水平，改善了非国有企业投资不足的状况
陈宏明、李芬桂	2010	问题：XBRL 的应用是否真正降低了我国资本市场的信息不对称水平，从而说明 XBRL 的应用是否对我国资本市场的发展起到了积极作用 变量：DV：信息不对称（相对差价） 成对样本 T 检验 样本：深交所 127 家上市公司（2004 年 10 月至 2005 年 3 月、2009 年 10 月至 2010 年 3 月） 结论：XBRL 的应用降低了我国资本市场中信息不对称的程度，有效地促进了我国资本市场的发展，为我国资本市场快速稳健的发展及合理配置资源提供了保障
Yoon，Zo，Ciganek	2011	问题：XBRL 减少了信息不对称吗 变量：DV：relative spread 相对差价；IV：是否采用 XBRL 和公司规模；CV：换手率，波动，股价 样本：550 家韩国上市公司 结论：XBRL 降低了韩国资本市场的信息不对称。首先，XBRL 降低了股票市场传播公司信息的时间与成本，增强了信息的兼容性，有利于不同信息系统的整合。其次，XBRL 增加了资本市场中公司的透明度与信息质量，改善了信息检索能力与公司信息的流通。最后，XBRL 有利于公司信息披露，减少资本市场的信息不对称，XBRL 对信息不对称的减弱作用在大公司中更强。由于大公司比小公司有更多的交易需求，分析师关注、媒体报道及公司规模与信息不对称负相关

作者	年份	概况
肖蕊、谭雅静	2010	问题及结论：XBRL 数据的商业应用对数据的准确性、及时性和全面性提出了更高的要求，并反过来推动有关报送主体提高报送质量，改善治理结构，最终约束其经营行为，推动资本市场发展

6.5 XBRL 实施的经济后果：使用者视角

增强信息透明度与降低信息不对称是 XBRL 促进健全公司治理的关键（Kim，Lim and No，2012）。连接 XBRL 与公司治理效应的关键点是会计信息质量，研究 XBRL 公司治理效应时，有必要厘清 XBRL 环境中财务信息传导路径。

当 XBRL 技术用于公司内部业务与财务活动时，信息被 XBRL 编码记录，形成内部财务管理报告，供内部决策使用，进而相关元素也会在外部财务报告得到体现。如点击"应收账款"时，其明细记录也可以及时显示出来，满足外部使用者、投融资分析师、供应链上下游客户的不同需求等，形成了 XBRL 信息供应链。XBRL 正如条形码一样，从最终的财务报告追溯到最初的业务活动，大大增强了信息的透明度。

结合 XBRL 信息供应链，信息提供者利用 XBRL 提供的颗粒信息决策，企业合规性和财务报告自动化得到强化（Baldwin，2011）。它对内部治理机制产生影响，外部信息使用者利用内外部颗粒信息决策，对外部治理机制产生影响。XBRL 信息提供者与使用者间的交互作用，经由信息不对称下降、代理成本降低、代理问题得到缓解，产生公司治理效应。因而，XBRL 发挥治理效应的主要路径如图 6-3 所示，XBRL 的实施作用于企业内部的财务信息流，对企业信息披露及信息质量产生影响，进而影响外部信息使用者对财务信息的获取与使用。通过内外机制的一系列交互作用，经由信息不对称与代理成本两大通道，最终产生经济后果，发挥公司治理效应，优化资源配置，使企业内部与资本市场各要素的流动更有效。

6.5.1　XBRL 对企业披露信息行为的影响

采用 XBRL 报告这一事件将有可能从三个方面影响公司的信息披露行为，并进而影响资本市场的某些特征，一是采用 XBRL 报告提高了财务报告的可理解性；二是采用 XBRL 报告提高了不同公司之间的财务报告的可比性（SEC，2009），这样公司的信息披露低于行业平均水平或者竞争对手时，投资者会及时发现，促使公司提高其信息披露水平；三是采用 XBRL 报告可能导致公司的信息披露成本的增加，这将导致公司信息披露意愿的降低（杜舟等，2017）。总之，采用 XBRL 报告可以从可理解性增加与可比性增加两个角度促进公司的信息披露。信息披露成本会抑制公司信息披露，导致自愿披露意愿减弱（余良宇和张天西，2016），其中规模大、IT 行业、聘请"四大"会计师事务所的公司更自愿披露 XBRL 报告（何玉和张天西，2005；高锦萍和彭晓峰，2008；黄长胤和吴忠生，2011；黄长胤和张天西，2011），竞争性行业（吴忠生和刘勤，2015；杜威、董珊珊和张天西，2015），公司业绩好、治理结构完善的公司自愿披露效果更明显（Premuroso et al.，2008；李争争等，2011）。表 6-5 是研究 XBRL 对企业信息披露行为影响的主要文献。

表 6-5　XBRL 与企业信息披露行为

作者	年份	概况
余良宇、张天西	2016	问题：财政部要求披露 XBRL 报告对公司自愿性披露水平影响如何 变量：DV：公司自愿性披露水平（财务报告附注页数）；IV：是否进入财政最终拣选名单（1，0） 样本：100 家公司 2009~2013 年 473 个公司年观测值 结论：对于进入财政部最终拣选名单的公司，在按照财政部要求披露 XBRL 报告后，这些公司的自愿性披露水平下降了

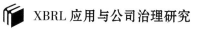

作者	年份	概况
杜舟、黄庆华、罗莉	2017	问题：XBRL 的实施能否改善上市公司自愿性信息披露程度 变量：DV：上市公司自愿性信息披露程度（VD）；IV：是否从 2003 年采用 XBRL 披露模式（1，0） 样本：上海证券交易所 2013 年公布的 904 家 A 股上市公司 结论：XBRL 实施年限与自愿性信息披露程度正相关。自愿性信息披露强化内部治理监督和评价，促进外部监管组织与内部管理者信息交换，保证了外部治理的有序性，节约了其运行成本
何玉、张天西	2005	问题：对公司自愿实施网络财务报告产生影响的公司特征有哪些 变量：DV：网络财务报告指数；IV：股东持股比例、前 10 名流通股东持股比例、独立董事比例、管理层持股情况、是否为四大审计、审计意见类型、是否为信息技术业、公司规模、ROA 与 ROE 样本：在 2003 年披露年报的沪市 A 股上市公司 774 家 结论：管理层持股与公司自愿实施网络财务报告程度负相关，聘任四大以及审计意见标准的公司可能通过强化网络财务报告的形式向市场传递公司的利好消息，IT 行业公司自愿实施网络财务报告程度更高，公司规模都显著影响到公司自愿实施网络财务报告
高锦萍、彭晓峰	2008	问题：上交所的分类标准与报告实务间的差异，有何基本特征 变量：DV：分类标准与报告实务间差异程度；IV：大股东持股比例、流通股比例、是否属于信息技术业与电子业制药业、公司规模、业绩（ROA）、财务杠杆（资产负债率） 样本：沪市 2003 年年报，50% 的上市公司，选取了 371 家上市公司 结论：上市公司 XBRL 财务报表分类标准与公司报告实务间差异及流通股持股比例正相关。规模越大的公司有动力多披露信息，以减少由于信息不对称而产生的代理成本，规模越大的公司报告实务与分类标准的差异越大

续表

作者	年份	概况
Premuroso and Bhattacharya	2008	问题：早期自愿以 XBRL 格式披露财报的公司的公司治理、经营业绩相对于同行业未采用 XBRL 的公司是否更好 变量：20 家自愿采用 XBRL 披露的美国上市公司，以及 20 家同行未采用的美国上市公司 样本：公司治理与是否决定早期自愿采用 XBRL 格式报送正相关。公司业绩因素包括流动比率、公司规模与早期自愿采用 XBRL 格式披露有关 结论：公司治理、公司绩效对 XBRL 采用的影响
黄长胤、吴忠生	2011	问题：从 XBRL 分类标准的视角，以"企业扩展元素总数"度量自愿性信息披露程度，可比性方面研究影响自愿披露因素 变量：DV：企业扩展元素总数；IV：公司规模，国有性质、资产负债率、第一大股东持股比例、董事长是否兼任总经理、代理成本（总资产周转率）、行业竞争程度、是否为高科技行业 样本：2009 年沪深所有 A 股非金融上市公司营业收入规模排序，以 5 为步长，进行等距抽样，共抽取 341 个观测样本 结论：公司规模越大，自愿性信息披露的程度越高。国有企业、高科技企业、负债程度较高和代理成本较低的企业都可能自愿披露更多的信息
李争争、张天西、余良宇、雷强	2011	问题：何种情况下公司更愿意采用 XBRL 披露信息 方法：信号博弈模型 结论：盈余水平高的上市公司，信息披露的意愿强，倾向于采用 XBRL 分类标准来披露信息；而盈余水平低的上市公司，信息披露的意愿弱，倾向于采用纸质和分离于不同信息系统中的信息来披露信息
黄长胤、张天西	2011	问题：公司 XBRL 自愿性信息披露有行业差异吗 变量：DV：公司自愿扩展的元素总数；IV：行业门类、高技术行业、高信息透明度行业、行业竞争程度 HHI 样本：341 家样本公司 2009 年财务报告中资产负债表和利润表共计 64 个报表项目的公司自愿扩展的元素总数 结论：在高技术行业和高信息透明度行业的公司自愿性信息披露的程度相对较高，而高竞争程度行业的公司自愿性信息披露的程度相对较低

作者	年份	概况
吴忠生、刘勤	2015	问题：企业是否采纳 XBRL 技术以及何时采纳 方法：博弈模型 结论：企业是否采纳 XBRL 技术以及何时采纳与其竞争特性有一定的相关性，并受到其他企业决策的影响；根据企业博弈结果，政府能够确定最优辅助策略；发挥政府的干预作用，可以提升企业的竞争特性，促进 XBRL 技术扩散
杜威、董珊珊、张天西	2015	问题：基于 XBRL 分类标准视角重新构造信息披露度量指标，并研究影响上市公司自愿性信息披露的因素有哪些 变量：DV：自愿性信息披露指标（财务信息元素个数）；IV：信息不对称（公司规模）、ROE、前十大股东持股比例平方和、机构投资者持股比例、行业特征、是否为国有 样本：2013 年营业收入规模排序，以 10 为步长，进行等距抽样，共抽取 266 个观测本 结论：上市公司自愿性信息披露主要受到信息不对称（+）、公司经营风险能力（+）、股权集中度（-）、行业竞争度（+）以及产权性质（国有+）等因素的影响，机构投资者对于上市公司信息披露的影响没有得到有效的证据支持
Baldwin	2011	问题：XBRL 对企业的影响是否为多维度的影响 方法：德尔菲法 结论：德尔菲法结果显示，XBRL 很可能影响公司财务报告以及财务报告和审计报告的用户。XBRL 最有可能的影响包括：增加财务报告的可及性，更容易监管合规性，增强财务报告的可用性，促进连续报告，并提高投资和业务决策的效率 XBRL 有以下影响：企业及合规性。XBRL 提供了一种手段来消除潜在的数据收集过程的可重复性。决策者可以直接将所需信息接收到分析软件，从而消除了需要使用信息中介，访问企业网站或叶片通过纸质报告。XBRL 下，与财务报告相关的每一个信息的标签将导致一个稳定和一致的系统，使数据收集和编制财务报告有效。XBRL 使各种各样的财务报告自动化

作者	年份	概况
Yoon et al.	2011	问题：XBRL 降低了信息不对称吗 变量：DV：relative spread 相对差价；IV：是否采用 XBRL 和公司规模；CV：换手率，波动，股价 样本：550 家韩国上市公司 结论：XBRL 降低了韩国资本市场的信息不对称。首先，XBRL 降低了股票市场传播公司信息的时间与成本，增强了信息的兼容性，有利于不同信息系统的整合。其次，XBRL 增加了资本市场中公司的透明度与信息质量，改善了信息检索能力与公司信息的流通。最后，XBRL 有利于公司信息披露，降低资本市场的信息不对称，XBRL 对信息不对称的减弱作用在大公司中更强。由于大公司比小公司有更多的交易需求，分析师关注以及媒体报道，公司规模与信息不对称负相关

6.5.2　XBRL 对企业信息披露质量的影响

近年来的研究主要集于 XBRL 的实施影响信息质量进而产生经济后果。

（1）成本收益法计算，XBRL 所得大于所失，实施有益。

Hunton（2003）运用成本收益法，对比研究 XBRL 格式和传统格式的财务报告。成本方面，XBRL 大量的成本在初始投入运行期间，主要集中在基础模块及设施的建设上，一旦投入使用，就很少产生后续成本；收益方面，XBRL 格式的财务报告能降低信息风险，减少股价由于信息披露不及时产生的波动。Pinsker 等（2008）对美国、加拿大、德国和南非这四个实施 XBRL 国家的公司经理人进行了问卷调查，调查主要针对在自愿实施 XBRL 的情况下，企业的实施动机、实施过程以及产生的经济效果。结果表明，加拿大、德国和南非的公司经理人表示公司实施 XBRL 的目的是降低公司的整体经营成本，事实证明，XBRL 的实施确实提高了企业内部的信息交互效率，降低了信息风险；而美国资本市场发达，公司经理人实施 XBRL 的动机是预期能够影响公司在资本市场的表现，公司应用新技术提高企业信息交互流程对投资者来说是利好消息，事实证明这确实吸引了潜在的投资者，降低了公司的资本成本。程锋（2006）从信息披露的角度指出 XBRL 能节约信息的处理成本，使得及时披露不再遥不可及。袁放建、冯琪、韩丹（2013）通过实证的方法对 XBRL 网络财务报告、信息质量与企业价值的关系进行了研究。选取 2009~2011 年的 6 个半年度财务报告共 4476 个样本进行验证，结果表明，通过使用 XBRL 网络财务报告来披露企业财务信息能够降低投资者的预测风险，主要表现在预期现金流量增加，从而提升企业价值，但是对于降低企业资本成本的效果不是很明显。

（2）提高决策效益。

Hodge（2004）通过对比试验的方法对 XBRL 格式财务报告的信息可获取能力和对投资决策的影响进行了研究。将 97 个 MBA 学生分为两组，其中一组提供 XBRL 格式的财务报告，另一组提供传统模式下的财务报告，而后通过试验比较两组学生对会计信息的获取能力，并对该公司的业绩经营情况进行分析。结果表明，XBRL 格式的财务报告提供了更便捷的搜索解决方案，大幅度降低了非专业人员对于企业业绩的判断，从而可以有效提升投资决策的能力。

（3）降低了信息不对称。

Yoon 等（2010）对 XBRL 在韩国资本市场上的运用进行了实证检验，以股票的买卖价差为衡量信息不对称的标准，假设在有效市场中买卖价差为 0，检验 XBRL 的实施是否可以减少韩国资本市场信息的不对称性。结果表明 XBRL 的采用降低了信息的交易成本、减少了信息不对称，XBRL 的实施有效地增强了信息的相关性，提高了投资者的决策效率。Joung 等（2012）研究美国开始强制实施 XBRL 方法披露财务报告对会计信息质量的影响。研究显示：信息披露效率有所提高、公司不确定事件的收益波动减少并且减少了股票的收益波动。有效验证了强制披露 XBRL 财务报告减少了信息风险和信息不对称的产生，从而提升了会计信息质量。

（4）其他信息质量得到提升。表现在以下六个方面：

第一，技术的改进。XBRL 技术在财务报告的编制、存储、传递、应用等方面是对传统财务报告一次大的变革，使得会计信息和财务报告全球交互成为可能（韩光强，2010）。XBRL 是基于 XML 而发展起来的一种技术标准，沿袭了 XML 的所有技术优势，它的可及性、通用性、开放性、正确性以及效益性等特点和优势，有效提升了会计信息的质量（潘琰，

2003）。XBRL 格式的财务报告和传统格式财务报告对于会计信息质量的最高要求都是决策有用性，从 XBRL 的技术上来看，其对于会计数据的交互性和可定制性，使得会计信息质量的相关性和可靠性都被赋予了新的含义（沈颖玲，2003）。

第二，相关性的改进。传统的财务报告无法反映信息之间的联系。XBRL 财务报告中的数据标签可以建立这种对应逻辑，使用者可以把相同标签的项目或者内容一起评估，减少信息认知方面的成本。吕志明（2011）采用问卷调查的方法，研究 XBRL 是否对会计信息的及时性、可靠性和可比性等方面有所影响。结果显示，XBRL 相对于传统模式具有一定的优势，能影响会计信息的相关性、可靠性、及时性、可理解性和可比性，从而实现决策有用性的高等目标。

第三，及时性的改进。XBRL 实现了财务报告的实时性，整个制作、发布和获取过程中的自动化，避免了传统财务报告交换过程中的二次加工。聂萍和周戴（2011）研究 XBRL 呈现平台的质量情况，以衡量 XBRL 财务报告的质量，文章以上海证券交易所、深圳证券交易所、台湾证券交易所、以色列证券交易所和美国证券交易委员会为研究对象进行比较分析，并提出了我国改进的政策建议。

第四，可比性的改进。XBRL 自身的技术规范性实现了财务报告的标准化、改进报告的合规性从而进行更广泛的比较参考，而自身的可扩展性又决定了报告发布者可以根据自身企业所处行业和经济业务的情况进行拓展性报告，实现"自适应"效用。曾毓东（2006）、应唯（2009）和李静（2013）也指出，XBRL 由于采用标准化的元数据处理，使得会计信息跨平台、高速传输成为可能，也相应提高了会计信息质量的可比性和可理解性。

第五，对重要性的改进。XBRL 技术的实施可以最大限度提高信息披露和使用效率，最大限度降低财务报告相关的编制或发布成本（杜舟，2017）。

第六，透明性的提升。赵现明和张天西（2010）以 2008 年年报、季报和 2009 年季报为研究对象，研究 XBRL 格式财务报告是否提高了信息透明度，研究发现 XBRL 格式的财务报告已经表现出一定的信息含量，但是结果并不显著。沈颖玲（2004）也指出 XBRL 的跨平台财务信息交互，提高了会计信息的质量、增加了信息透明度、促进会计全球化的进程。与传

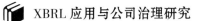

统格式财务报告相比，XBRL 格式主要在披露的及时性、内容的完备性和信息的明晰性三个方面有大幅度的改进。郑艳（2006）认为，今后财务报告的发展方向是按需报告，即依照信息使用者的需求构建基于会计数据的不同形式财务报告，XBRL 技术在这方面有强大的优势。文献分析见表6-6（实证文章）和表6-7（非实证文章）。

表 6-6　XBRL 与会计信息披露质量改进（实证文章）

作者	年份	概况
李争争、张天西、韩宜恒、卓贤林	2013	问题：行业分类标准有更高的信息质量吗 变量：DV：行业扩展可比性，直接扩展可比性，单变量描述性统计 样本：2010 年沪深两市 A 股非金融类上市公司营收分行业排序，以 5 为步长等距抽样筛选出石油行业的企业 34 个 结论：行业扩展模式的可比性比直接扩展模式好四成左右，而且差异不会随着信息元素集合的缩小而发生变化，评价上市公司可比性的测度模型是稳健的
Dhole，Lobo，Gerald，Mishra，Sagarika；Pal，Ananda	2015	问题：SEC 的 XBRL 政策性对财报可比性的影响 变量：DV：财报可比性；IV：是否为 XBRL 政策颁布之后（1，0） 样本：25739 个样本，时间跨度为 2003~2013 年 结论：在政策颁布第一年，财报可比性下降。根据更多具体公司特征应用 XBRL 扩展分类的公司的财报可比性更低
王琳、龚昕	2012	问题：沪深两市上市公司采用新 XBRL 标准平台披露财务报告对会计信息质量有影响吗 变量：DV：累计异常收益率（CAR）；IV：若样本采用新 XBRL 平台输出，XBRLT 值为 1，否则为 0；CV：盈余持续性、公司成长机会和系统风险 样本：沪深 300 成份股 2008~2011 年的（半）年报，事件窗口 [-2，2] 结论：XBRL 格式的披露在一定程度上提升了会计信息的可靠性、相关性和可比性，有助于投资者做出更为准确的决策

续表

作者	年份	概况
徐萌萌、孙红梅	2013	问题：XBRL 财务报告是否增加了年报的信息含量 变量：DV：累计异常收益率（CAR）；IV：2009 年深交所 XBRL 标准实施后取值为 1，实施之前取值为 0；CV：未预期盈余的绝对值、公司成长性、公司规模等 样本：2008~2012 年深市 A 股 53 家制造业企业；事件研究法（CAPM），回归分析，事件窗口 [-1, 1] 结论：XBRL 年报的信息含量已经有所表现，但影响并不显著（原因：没有完全剔除市场行情的影响、没有披露财务报表附注、披露 XBRL 财务报告仍是基于经审计后的 PDF 财务报告，只不过是在深交所的 XBRL 系统中重新填写）
史永、张龙平	2014	问题：XBRL 财务报告是否在提高信息效率方面达到了预期效果？XBRL 财务报告对普通使用者信息搜寻成本、信息分析能力以及信息使用效率是否产生了积极影响 变量：DV：股价同步性指标 SYN（Durnev）；IV：XBRL（证券交易所网站同步披露 XBRL 财务报告取值为 1，否则为 0），Sse（上海证券交易所上市的公司，取值为 1，否则为 0） 样本：2007~2012 年中国 A 股上市的非金融类公司年度数据共 8436 个观测样本 结论：XBRL 财务报告实施有效降低股价波动的同步性；尽管两个交易所实施 XBRL 方式有所不同，在网页呈现质量和信息含量上各有所长，但降低股价同步性的效果上不存在显著差异
许永令	2015	问题：XBRL 对我国中小企业会计信息质量有影响吗 变量：DV：累计异常收益率（CAR）；IV：上市公司财务报告披露时间在首次披露 XBRL 数据之后，其值为 1，否则为 0； CV：未预期盈余的绝对值、公司成长性、公司规模等 样本：深交所上市的制造业 A 股中小板股票，选取 2008~2010 年年报数据（有效样本 96 个），事件窗口 [-1, 1] 结论：XBRL 财务报告的披露在 2009 年、2010 年以及 2011 年都引起了 CAR 的显著变化；XBRL 在中小企业的运用更有利于投资者决策

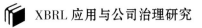

续表

作者	年份	概况
李九斤、叶雨晴、徐畅	2016	问题：企业应用 XBRL 技术披露财务报告能够增加年报信息含量进而提高公司盈余质量吗 变量：DV：股票累计异常收益率（CAR）；IV：事件变量 XBRL（事件发生前取值为 0，事件发生后取值为 1）；CV：未预期盈余的绝对值、公司成长性、公司规模等 样本：沪深 300 成份股（剔除极端值后 247 个）事件研究 结论：理论上 XBRL 可以加大年报信息含量，提升企业盈余质量，但其在我国实际应用中的效果存在差异
赵现明、张天西	2010	问题：XBRL 年报是否真的能够提高公司的透明度，增加投资者对财务数据的利用效率 变量：DV：累计异常收益率（CAR）；IV：Period（首次披露 XBRL 数据之后为 1，否则为 0）；Period 和意外盈余交互项；CV：盈余持续性、公司风险、主营业务增长率 样本：沪深 300 成份股股票 2008 年年报、半年报和季报，2009 年半年报以及第一、第三季度的季报 结论：在短窗口 [-1，1] 的背景下，虽然整体来看市场并没有对 XBRL 年报的披露产生异常波动，但是对于沪市而言，XBRL 年报的披露在 10% 的显著性水平上影响 ERC，这就说明 XBRL 年报的信息含量已经有所表现
Kim，Lim，No	2012	问题：跨财报信息环境中，强制实施 XBRL 信息披露的影响 变量：DV：事件的回报变动，信息效率，日股票回报率标准差的改变；IV：在强制执行文件下发第一年，是否采用 XBRL 样本：在 2009 年 6 月 15 日到 2010 年 12 月 30 日，428 家公司、1536 个年度样本的交互意见被递交到 SEC 结论：信息效率增加，事件回报变动减少，股票回报变动减少，表明：XBRL 披露有通过提高透明度，降低信息风险和信息不对称的潜力

表 6-7 XBRL 与会计信息披露质量改进（非实证文章）

作者	年份	概况
Wagenhofer，Alfred	2003	XBRL 实施促进了网络财务报告信息的格式化和信息内容的规范化
潘琰、林琳	2007	构建新型的基于 XBRL 和 Web 服务的柔性化企业按需报告模式（以下简称"x-w"模式），有助于"升华"传统的会计信息质量 增强会计信息的可靠性、相关性、及时性、可比性、透明度、可重用性、安全性
林华	2007	XBRL 可应用于会计主体的各种对内对外报告，它将提高信息质量
Gunn，James	2007	从国际角度来看：XBRL 可以同时提高信誉和成本效益，提高报告信息的透明度。此外，XBRL 有可能成为当今全球经济的国际财务报告平台，使财务报告更快、更透明、更容易 XBRL 的使用可以降低信息生产和消费的成本，同时增加报告信息的透明度和可比性，从而提高其价值 XBRL 已开始解决目前的资本市场供应链的失真和遗漏发生时，信息项目通过信息中介机构，因此它有可能改善整个财务报告链
Bonsón，Cortijo，Escobar	2008	XBRL 可以帮助 EBR（增强商业报告），为用户提供更大的帮助，帮助企业识别相关报告数据，并利用技术进步来克服传统企业报告模型固有的弱点 XBRL 使技术和组织两方面受益：从技术角度看，XBRL 有可能使业务报告更加透明、相关、可靠和高效 从组织的角度来看，XBRL 团队的工作方法和经验，能使 EBR 团队收益提高。EBR 和 XBRL 的适当协调有助于改善当前的业务报告模式以满足需求、挑战和第 21 世纪的机遇
Apostolou，Nanopoulos	2009	在 XBRL 下，信息不对称可以在财务报表的不同层次和解释附注中最小化 优点：提高财务报表的质量和准确性；提高财务信息的可比性；它提高了财务声明的可读性；它有利于持续的财务报告和会计信息披露

续表

作者	年份	概况
Roohani，Furusho，Koizumi	2009	XBRL 如何在企业报告供应链有助于透明度和监测，XBRL 财务报告采用标准化元素来提高清晰度，因此财务信息能标准无差异地呈现给公众的理解。通过使用 Web 技术，如 XML、XBRL 数据很容易被反复使用，并准备在互联网上传递，改善了公司内部和资本市场的信息不对称
Yuan，Wang，Yanyan	2009	XBRL 在提高会计信息质量中的作用主要体现在： XBRL 有助于增强会计信息的相关性、可靠性和实时性。通过采用 XBRL 格式的财务报告，信息使用者不需要从深度财务报告文本中寻求所需的"信息材料" XBRL 财务报告可提高会计信息透明度
肖蕊、谭雅静	2010	通过对美国联邦存款保险公司（FDIC）和新加坡商业注册局（ACRA）的案例分析得出，XBRL 技术的应用提高了财务信息质量与透明度
陈文铭、王淑娇、郑芳	2011	信息的透明度、可比度以及证券市场的规范度都可以大大提高
Madden，Paul	2011	XBRL 在澳大利亚 SBR 项目中的应用优点：增加了向多方提供的数据的完整性；消除了将业务系统中的财务数据转化为当前所施加的各种语义差异的需要
潘琰、林炎滨	2012	XBRL 通用分类标准的发布实施，将使非结构性信息具有统一可比性，使信息需要多次录入改进为只需一次性编报，有效增强信息的准确性和及时性，实现"数出一门、资源共享"
邵敬浩	2012	降低了会计信息生成过程中会计人员的职业判断对财务信息的影响，提高了信息的相关性
Valentinetti and Rea	2012	考虑到将 XBRL 作为标准，人们把重点放在分类开发上，以规范公司财务报告。评估了国际财务报告准则分类标准（2009年）与意大利上市公司的财务报告做法之间的适应性； 其中，普遍的错配揭示公司披露的财务项目与分类标签之间的差异 PDF 财报项目提供比 IFRS 分类法更加分散的财务信息，现实的披露需求要求更自主的扩展分类应用权限

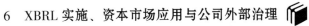

续表

作者	年份	概况
Vasarhelyi；Chan，Krahel	2012	XBRL 相关标准的财务报告的标准化，提高感知有用性和易用性的财务报告信息；更高的分解和同行之间相似性和一致性的数据标准化，提高财务报告信息的有用性；规范化的披露格式，报表可比性、一致性和可理解性；标准化和标记 XBRL 预授权数据，提高可比性和一致性；规范第三方财务和非财务数据，自动数据分析
Chen	2013	XBRL 改善财务透明度，使报告的财务活动信息机器可读和可比。它为监管机构和公众提供机器可读的财务信息，提高透明度
郑济孝	2014	XBRL 财务报告的应用为化解相关性与可靠性之争，提出化解计量属性的抉择的方法
续慧泓、杨周南	2015	借助于 XBRL 在信息披露语义标准和格式标准方面的既有优势，形成联系政府、信息传播途径和社会公众的信息披露机制，提升财政信息透明度，实现由静态呈报向动态披露的转变，降低信息交换成本
Pinsker et al.	2005	对于外部利益相关者：XBRL 的使用使企业提供的信息对用户更加透明。透明度增加可能导致盈余管理措施减少
Yuan et al.	2009	有助于增强会计信息的相关性、可靠性和实时性。不需要从深度财务报告文本中寻求所需的"信息材料"；提高透明度
肖蕊、谭雅静	2010	对美国联邦存款保险公司（FDIC）和新加坡商业注册局（ACRA）的案例分析，XBRL 技术的应用提高了财务信息质量与透明度
韩岚岚、马元驹	2015	监管层对 XBRL 会计信息披露缺乏统一管理。中国证监会、上交所、深交所和财政部同时参与 XBRL 的推进工作，在制定规章制度、法律规定等方面存在着差异。三套分类标准造成了信息披露的不可比和资源浪费 企业的 XBRL 会计信息披露流于形式。我国上市公司只是应用模板将公司会计信息披露出来，将 Word 或 Excel 格式的会计报表变成网页格式的会计报表而已 资本市场对 XBRL 会计信息披露关注不足，"XBRL 实例文档数据仅供参考，请以公司披露的 PDF 文件为准"

6.5.3 对外部信息使用者的治理效果

加拿大注册会计师协会曾从信息使用者的角度阐述了 XBRL 的优势，这其中包括监管机构、证券交易所、税务部门、投资分析师、广大的投资者、债权人以及财务报告的编制者。其他研究学者也印证了其广泛影响。

监管机构。更快速便捷地搜集资料，以内嵌验证公式进行数据正确性的检验。Hannon（2002）发现，美国 XBRL 技术的产生使得监管机构仅需一个简单的分析软件就能够在数以万计的公司中快速查找出财务报告的异常情况。Rezaee 等（2002）发现，不同的监管机构之间，可以依据需求定制财务报告的格式，不需公司重复递交，实现数据电子化的传递并变换格式，导致监管范式的转变（Grosu、Hlacius、Iancu、Prtris and Docoliuc，2010；Roos、Marko，2010）。

证券交易所。XBRL 可以提供一种国际组织认可的财务报告披露格式，减少了不同交易所数据不相容的矛盾（Jensen、肖泽忠，2004；Rashmi，2004）。证券交易所本身对上市公司的监管也如同证监会一样对上市公司自动监管。

税务部门。减少纳税人和税务局的信息交换成本，改善缴税与退税程序，提高效率。税务部门将监管软件直接接入监管用户的 XBRL 平台，直接对纳税申报表等进行审计，不需要多次现场查验。不再需要设置所谓的税务专管员，可以很方便地在网上直接完成税务审核、缴税等，大大提升工作效率，且准确性也可以得到提升。

对分析师、投资者与债权人的影响。XBRL 帮助分析师等高效、便捷收集会计信息（Weber，2003）。Jones 等（2003）对摩根士丹利集团的 XBRL 项目进行了案例研究，证明 XBRL 在信息获取层面确实有很大优势。当然，也有人认为，投资者似乎没有从中获得增量信息，尤其对大投资者而言（Joanne、Alan and Andy，2013），对中小投资者影响较大（Elizabeth、Brian and White，2014；Hodge、Jone and Maines，2004；李为，2009），增强了其认知能力（Pinsker and Wheeler，2009）。

基金公司。降低了基金公司代理成本，提升了开放式基金的绩效水平（曾建光等，2014）。促进了委托人对代理人的有效监管，基金公司的绩效与管理水平得到提升。

XBRL 对外部信息使用者的影响见表 6-8（实证类）和表 6-9（非实证类）。

表 6-8　XBRL 对外部信息使用者的影响（实证类）

作者	年份	概况
曾建光、伍利娜、王立彦、谌家兰	2014	问题：强制要求采用 XBRL 对开放式基金代理成本及其经营绩效有何影响 变量：DV：代理成本（开放式基金收费），绩效（ROE） IV：XBRL（2010 年强制采用及之后为 1，否则为 0） 样本：2008~2011 年开放式基金有效年度观测 1539 个 结论：强制采用 XBRL，降低了开放式基金的代理成本，同时提升了开放式基金绩效水平。新的披露方式降低了投资者的信息搜索成本以及投资者与基金经理之间的信息不对称，促进了投资者作为委托人对于代理人行为的有效监督
Locke，Lowe，Lymer	2013	问题：散户使用 XBRL 与使用 PDF 文档决策时的差异 变量：DV：披露选择/识别公司，认知，IV：是否用 PDF/XBRL 数据优先 样本：45 名新西兰大学会计信息系统学生，实验研究 结论：交互式数据比传统数据格式更有利于参与者从报表注释中定位与整合信息，改善投资者决策没有增量影响。监管方和软件设计者应当减少交互式数据自动生成的比率数据
Blankespoor，Miller，Hal	2014	问题：XBRL 如何影响信息不对称进而影响市场流动性 变量：DV：异常买卖价差，交易的异常价格影响，异常交易量；IV：是否在第一阶段就被强制要求实施 XBRL，会计结束时间是否在 6 月以后，两者的交乘项 样本：666 份公司文档，其中包括 333 家公司在 XBRL 强制实施前（2008 年 6 月 15 日到 2009 年 6 月 14 日）和强制实施后（2009 年 6 月 15 日到 2010 年 6 月 14 日）的数据 结论：大小投资者对 XBRL 的利用能力差异能够加大信息不对称。文中通过 DID 模型发现强制实施 XBRL 公司在披露 10-K 文件前后，买卖价差更高。异常流动性和异常交易量减少，特别是小额交易。信息收集成本的降低并不是想当然地降低信息不对称，可能在初始年度与之相反

续表

作者	年份	概况
赵现明、张天西	2010	问题：XBRL 年报是否真的能够提高公司的透明度，增加投资者对财务数据的利用效率 变量：DV：累计异常收益率（CAR）；IV：Period（上市公司财务报告披露时间在首次披露 XBRL 数据之后，其值为 1，否则为 0）；Period 和意外盈余交互项；CV：盈余持续性、公司风险、主营业务增长率 样本：沪深 300 成份股股票 2008 年年报、半年报和季报，2009 年半年报以及第一、第三季度的季报 结论：在短窗口 [-1，1] 下，整体看市场并没有对 XBRL 年报的披露产生异常波动，对于沪市而言，XBRL 年报的披露在 10% 的显著性水平上影响 ERC，这就说明 XBRL 年报的信息含量已经有所表现

表 6-9　XBRL 对外部信息使用者的影响（非实证类）

作者	年份	概况
Hodge, Kennedy, Maines	2004	问题：XBRL 增强搜索引擎能否帮非专业的财报使用者获取、整合相关的财报信息 变量：DV：并购，投资决定；IV：数据展示形式（可检索和不可检索），数据布置（识别与披露） 样本：96 名二年级学生 方法：实验研究 结论：XBRL 增强搜索引擎增加了个人获取披露注释信息的可能性，XBRL 帮助个人信息获取，可能导致存在是否使用该搜索引擎的个体间的决策差异
Pinsker and Wheeler	2009	问题：XBRL 实施与认知的关系 样本：以 64 位中等规模公立大学的 MBA 学生代表非专业投资者的实验研究 结论：体验 XBRL 辅助分析工具增强了对 XBRL 超越一般阅读、观察的价值认知。在可能的范围内，应该引导投资者使用 XBRL 工具。传播 XBRL 的机构应当考虑到尽可能让 XBRL 分析工具更容易并在更大范围使用。已发布 XBRL 格式文档的组织对 XBRL 的认知比未实施 XBRL 的组织更积极（存在成见效应或光环效应，halo effect）

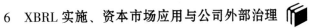

续表

作者	年份	概况
李为	2009	主题：XBRL 的实施可使监督上市公司的人群范围明显扩大。自 2004 年 8 月开始，上交所网站基于 XBRL 技术，陆续开通了沪市上市公司在线数据查询、分析及下载功能 结论：有了这些基础工作支持，以往证券分析师才能做的分析，现在普通投资者也能做了。很多信息的分类界定很清晰，以往缺乏专业知识的投资者对信息判定含混不清得到改观
Debreceny, Gray and Theodore	2001	主题：网络财报能够简化信息检索、降低信息搜寻成本 结论：在内容方面，用户对网络财报的需求：人力资源数据、环境健康和安全报告、员工名录、相关行业活动、信贷设施的细节以及未决诉讼 在形式方面，用户对网络财报的需求：财务报告网站应以文字和图形格式为主。使用多媒体，如音频和视频是次要的。用户满意的内容和形式已包括在传统财务报告中。他们宁愿不定制报告，而是选择传统的报告
Olsen and Jenson	2003	主题及结论：对于事件报告，XBRL 具有三个优势： 提供了访问事件分类信息的机制 便于"向下挖掘"分析，并向用户提供详细信息 提供了有效的事件信息传递机制。用户可以简单地下载 XBRL 输出所提供的各种报告实体，不需要集中的海量数据存储
Wagenhofer, Alfred	2003	主题及结论：XBRL 使用户可以下载到原始数据 XBRL 使财务信息呈现的结构和顺序不重要，因为 XBRL 环境下标签信息无论被放置在何处都可以被发现
Jensen, Roberte；肖泽忠	2004	主题及结论：XBRL 使财务信息供应链上的所有成员均能获益，因为信息可以在不同的应用系统内自由转换，并易于信息使用者查找和多次使用
Malhotra, Rashmi	2004	主题及结论：随着 XBRL 的使用变得越来越广泛，财务信息的使用者将受益，包括公共和私人公司、会计行业、监管机构、分析师、投资界、资本市场和贷款人。XBRL 有利于创建、使用或访问组织的业务数据的任何人。提供了几个关键的好处：技术独立、充分互操作性和可靠的提取财务信息

续表

作者	年份	概况
林华	2007	主题及结论：XBRL 降低交换成本并有利于分析
Grosu, V.; Hlaciuc, E.; Iancu, E.; Petris, R.; Socoliuc, M.	2010	主题及结论：XBRL 具有以下优点： XBRL 有助于定义和交换财务信息 提供有效的方法来沟通业务和财务信息 降低收集、验证信息以及收集、转换、传播和交换数据的成本，有助于解决目前的财务报告问题。带来了易于获取的信息，其通用性、可比性给信息的独立比较创造机会
Roos, Marko	2010	主题及结论：XBRL 可用于定义数据项的标准 XBRL 广泛实施，数据变得可通用，比传统方法快得多 导致监管报告的范式转变
Grosu, Hlaciuc, Iancu, Petris, Socoliuc	2010	主题及结论：XBRL 具有以下优点： 有助于定义和交换财务信息 元数据集在分类标准中定义，提供了有效的方法来沟通业务和财务信息 降低收集、验证信息以及收集、转换、传播和交换数据的成本，其通用性、可比性更强
Baldwin	2011	主题及结论：降低用户获取信息的成本，提高了数据采集和转换精度
Ditter, Henselmann and Scherr	2011	主题及结论：XBRL 有可能促进收集和分析竞争性财务数据（如公开可用的财务报表分析） XBRL 为竞争性信息提供了很多机会。当所有参与者在报告链（发送者和接收者）使用相同的 XBRL 分类，自动选择所需的数据是可能的。与其他互联网技术相结合，金融数据几乎可以直接从源头上实时提取，不再需要高成本获取 有助于定量地、更好地收集数据而不降低数据质量，数据质量反而提高
潘琰、林炎滨	2012	主题及结论：XBRL 还为企业报告的相关用户带来极大便利，如外部用户分析和使用企业信息的门槛大大降低，用户可量身定制各种基于企业报告信息的数据

续表

作者	年份	概况
Alles and Piechocki	2012	主题及结论：公司以外的利益相关者，XBRL 的主要用途将是促进企业信息的沟通 通过官方分类法，用户清晰，有据可查，增加透明度，允许用户创建新的与决策相关的知识，通过查看和分析信息的不同和创新的方式，而不是被迫采用"一刀切"的声明

6.6 XBRL 实施的经济后果：资本市场视角

6.6.1 XBRL 对股票市场影响的理论基础及治理机制

信号传递理论可解释 XBRL 的实施对股票市场的影响。在资本市场中，信息不对称会导致"逆向选择"和"道德风险"问题。"逆向选择"由事前信息不对称引起，"道德风险"由事后信息不对称引起。信号传递理论主要用来解释"逆向选择"问题。在资本市场中，投资者面临的信息不对称问题主要是由于事前无法知晓信息的真实价值而引起的。信号传递就是信息优势方将信息传递给信息劣势方。信号传递理论的基本含义为，如果投资者与经理层之间存在信息不对称，信息披露水平就可以对企业的市场价值产生影响。

XBRL 对会计信息元素赋予唯一的标记来帮助信息使用者获取信息。信息使用者可以通过搜索相应的信息元素标记自动获取需要的信息。通过快速抽取定位与特定主题相关的会计信息，信息使用者就可以获取会计报表及其附注中所有的会计信息，而不需要关注这些信息在年报中处于何位置（Hodge et al.，2007；杨海峰，2009）。信息使用者还可以对这些抽取定位的信息进行综合分析，进行横向对比和纵向对比。在会计信息披露模式下，公司信息透明度增强，更有利于投资者做出正确的决策。现有的研究从多个角度考察了采用 XBRL 格式财务报告对资本市场的影响，如史永和张龙平（2014）验证了采用 XBRL 格式财务报告对股价同步性的影响。陈宋生和童晓晓（2015）探究了 XBRL 格式财务报告对盈余公告后的股价漂移程度的影响。郑济孝（2015）研究了 XBRL 格式的财务报告对中国股市弱式有效性的影响（见表6-10），Efendi et al.（2016）也发现了同样的问题。

表6-10　XBRL 实施对资本市场的影响

作者	年份	概况
郑济孝	2015	问题：XBRL 格式的财务报告是否对股票市场有效性产生影响 方法：时间窗口滚动法 结论：无论以何种基金指数作为中国股票市场的代理指标，采用 XBRL 格式财务报告均可以降低其对随机游走的偏离程度，即提高了中国股票市场的有效性。采用 XBRL 格式的财务报告对上交所股票市场有效性的改善效果大于深交所的股票市场；对大盘股票和小盘股票的改善效果优于中盘基金；对成长型股票基金的改善效果优于价值型股票基金
Efendi, Park and Subramaniam	2016	问题：相比于相同 10K/10Q 报送内容的 HTML 格式，XBRL 报告格式能提供增量信息价值吗 变量：DV：标准化平方异常收益；IV：VFP（sample = 1，control = 0） 样本：2005 年1月1日至2008 年6月30日，67家，291份 XBRL 格式披露文档 结论：在自愿采用 XBRL 格式披露财报的当天，股票价格变动显著增大。披露的内容越多，市场反应越强。XBRL 文档比 HTML 文档有更好的信息价值相关性。XBRL 报告格式提供了增量的信息内容

6.6.2　股价漂移

有效市场假说（Efficient Market Hypothesis，EMH）认为如果一个市场是有效的，那么现有的股票价格就能反映所有的信息，不仅包括历史信息和其他公共信息，还包括个人信息。我国股市虽然已经建立 20 余年，但是依旧处于弱势有效状态，股票价格只能反映历史信息，而无法完全反映其他公共信息，这也是我国资本市场存在盈余公告后股价漂移异象的重要原因。盈余公告后的股价漂移现象最早是由 Ball 和 Brown 于 1968 年提出的，指的是盈余公告后的几周甚至几个月内股票的异常收益率始终朝未预期盈余方向变化，是与有效市场假说相悖的一种异象。

我国股市的弱势有效则是由多方面原因共同导致的：一是我国的资本市场尚处于改革阶段，许多法律制度还在探索当中，使得短期内我国的法律制度对投资者的保护无法发挥明显的功效（陈胜蓝和魏明海，2006）。二是法律环境的薄弱给企业内部人员的机会主义行为以可乘之机，加重了我国资本市场的信息不对称程度，而低质量的会计信息反过来影响相关法律的执行效果。三是投资者本身的认知能力有限，尤其是中小投资者因获取深度信息的成本较高，在投资决策时往往缺乏足够的依据。这些都是盈余公告后股价漂移异象的影响因素。

已有文献表明，XBRL 的实施可以增加分析师跟踪人数，提高投资者专业程度；提高会计信息质量，降低信息获取成本；减弱股市波动性，降低套利风险；增强股市流动性。这些因素都能够改善市场环境，降低投资者的认知偏差和套利约束，缓解股价迟滞现象，提高资本市场效率。因此，XBRL 的强制实施可能减弱盈余公告后的股价漂移现象。

Efendi（2014）首次以盈余公告后价格漂移现象（Post-Earnings Announcement Drift，PEAD）为切入点，探讨研究 XBRL 强制实施对资本市场总体效率的影响，表明 XBRL 强制实施以后，美国股市的价格漂移程度确有显著下降，市场总体效率提高。以美国市场上最先实施 XBRL 的 474 家公司为样本，同样以盈余公告后的股价漂移程度为视角，探索了 XBRL 强制实施以后资本市场信息效率的变化，结果表明 XBRL 实施以后，未预期盈余为正的公司组合盈余公告后的股价漂移程度显著下降；而未预期盈余为负的公司组合则无显著变化，以实验证据支持了 XBRL 对资本市场信息效率的影响，也显示了 XBRL 效用的局限性。

XBRL 实施对于国内股票市场价格漂移的影响，通过研究深交所和上交所 2004~2012 年的上市公司，发现 XBRL 强制实施以后，我国资本市场盈余公告后的股价漂移程度显著下降，而且存在国有股份的企业对 XBRL 的实施更为敏感，在控制了影响股价漂移的市场和会计因素后结论依旧稳健，说明了政府干预对我国资本市场的正向调节作用（陈宋生和童晓晓，

2015）。许金叶和王梦琳（2015）对 372 个上交所 A 股上市公司 2007～
2011 年的年度报告进行实证检验后也发现，XBRL 财务报告的强制披露显
著降低了盈余公告后的股价漂移程度，提高了资本市场的有效性。此外，
Chen et al. （2016）研究 XBRL 应用后的股价漂移现象发现，机构投资者
持股比例越高，股价漂移越不明显。从投资者认知角度来看，机构投资者
信息来源广泛，分析能力强，具备较高的认知水平，而中小投资者却更容
易在使用 XBRL 的过程中受益。XBRL 与股价漂移关系的主要文献梳理见
表 6-11。

表 6-11　XBRL 实施与股价漂移现象

作者	年份	概况
Efendi，Jap；Park，Jin Dong；Smith，L. Murphy	2014	问题：XBRL 报告能提高资本市场信息效率 变量：DV：异常的购买持有回报；IV：是否采用 XBRL，分析师预测误差，市场价值的对数，标准化的非预期盈余 样本：2006～2010 年，474 家，7619 个公司（季度样本） 结论：实施 XBRL 后，好消息组的盈余公告股价漂移现象下降。XBRL 缓解了坏消息的过度反应，提升了市场信息效率。 好消息组 PEAD 降低、坏消息组缓解投资者过度反应
许金叶、王梦琳	2015	问题：XBRL 财务报告这一会计信息标准化措施对资本市场有什么影响 变量：DV：累计异常收益率（CAR）；IV：未预期盈余 SUE（随机游走模型）；XBRL（标准实施之后取值为 1，之前取值为 0） 样本：372 个上交所 A 股上市公司 2007～2011 年年度报告 结论：XBRL 财务报告的强制披露显著降低了盈余公告后的股价漂移程度，提高了资本市场的有效性
陈宋生、童晓晓	2015	问题：XBRL 对盈余公告后股价漂移有何影响以及股权结构对该影响起调节作用吗 变量：DV：购买——持有异常收益（BHAR）；IV：未预期盈余 SUE（随机游走模型）；XBRL（2008～2012 取值为 1，其余取值为 0） 样本：深交所和上交所 2004～2012 年的上市公司 结论：XBRL 强制实施以后，我国资本市场盈余公告后的股价漂移程度显著下降，而且国有股份的企业对 XBRL 的实施更为敏感。政府干预对我国资本市场的正向调节作用

6.6.3 债券市场与融资成本

6.6.3.1 XBRL 对债券市场影响的理论基础及治理机制

与股票市场类似，XBRL 对债券市场发挥作用的理论基础主要可归纳为信息不对称和信号传递理论。

研究认为，高质量的会计信息会减少银行等债权人与管理层之间的信息不对称，债权人所承担的风险降低，对企业而言则会降低其债务资本成本。低质量的会计信息会加剧信息不对称，使企业债务融资成本过高。

通过编制、发布公司财务报告和其他信息的标准化方法，XBRL 能降低数据采集成本，提高数据流转及交换效率；提供更为精确、相关和可比的财务信息。债权人是基于信息做出对未来的预期来确定要求报酬率，当公司的信息披露水平提高，债权人面临的不确定性即风险降低，所要求的报酬率降低，对公司来说则是债务资本成本的减少。

6.6.3.2 债务融资成本与融资约束

会计信息综合反映了企业的财务状况和经营成果，是银行等债权人评价企业偿债能力的重要参考。会计信息质量的提高有助于降低债务契约的监督成本和执行成本。如 Leftwich（1983）发现会计信息影响债权人的决策和产权保护。所以会计信息质量越高，债权人面临的不确定性越小，贷款风险越低，从而要求贷款的风险溢价越低，对于企业来说则是债务资本成本下降。Wattsand 和 Zimmerman（1986）发现，会计信息综合反映了企业的财务状况和经营成果，作为债务契约签约之前重要的信息来源，会计信息在债务融资中具有重要作用。Bushman 等（2004）发现，信息披露水平与市场关注程度越高，公司的透明度也越高，这将有助于解决公司面临的信息不对称问题，从而有利于降低融资成本。Bharath（2008）发现，低质量会计信息的公司倾向于私人债务，例如从银行融资，这与银行能够获取更多信息、有能力减少逆向选择产生的成本相一致。会计信息质量相同的情况下，对于公共债务所要求的利率是私人债务的 2.5 倍之多。但无论私人债务还是公共债务，债权人都会对低质量会计信息的公司要求更高的风险溢价，企业面临更高的融资成本。一方面反映出私有信息对于企业融资有一定影响，另一方面也反映出信息不对称能够导致融资受限。Hope（2009）研究发现，透明度高的企业更容易获得外部融资。这表明财务的透明度影响信息的不对称性，进而影响在传统借贷市场进行融资。

冯琰琰（2016）证明了 XBRL 的强制推行对于降低企业债务融资成本的积极作用；XBRL 在发挥上述作用时受到了政治关联因素的影响。对于有政治关联的企业来说，XBRL 降低债务资本成本的水平远低于没有政治关联的企业。这一方面证实了政治关联在我国企业债务融资中扮演的重要角色，另一方面也启示没有政治关联的企业，应该寻求其他途径（如更积极主动地披露 XBRL 格式的财务与非财务信息）来缓解公司和外部债权人之间的信息不对称，从而降低企业的债务成本。张纯和吕伟（2007）用中国证券市场的实证数据进行研究，发现信息披露水平越高，公司所面临的融资约束水平越低。姚立杰和夏冬林（2009）的研究也发现，反映企业会计信息质量的企业盈余质量的高低与企业债务成本的大小负相关。卢闯（2010）等发现，银行关注并能够识别借款企业会计报表中的盈余管理问题，借款企业的盈余管理问题越严重，其获得信贷资金时支付的贷款利率越高。在金融市场化程度越高的地区，银行对企业盈余管理的识别能力也越强。在信息透明度与银行贷款利率相关性研究方面，胡奕明和唐松莲（2010）发现，银行短期借款利率和长期借款利率均不直接受借款公司信息透明度高低的影响。张金鑫和王逸（2013）发现，会计稳健性水平的提高总体上有助于缓解公司的融资约束。

XBRL 的实施降低了权益资本成本（陈宋生、李文颖和吴东琳，2015；高锦萍和周慧琴，2016），加快贷款速度并降低利率（Kaya and Pronobis，2016），因为金融机构可借助 XBRL 对信贷申请进行实时的可比性分析，有效地评估公司的风险及等级，从而降低风险并且加快贷款的速度（曲吉林、寇纪淞和李敏强，2005）。但在 XBRL 早期实施阶段，由于交易成本较高，因而资本成本较高（Liu et al.，2014）。

对于银行而言，Kaya 等（2016）关注了自愿采用 XBRL 如何影响借款契约的价格与非价格条款，运用 2005～2007 年比利时非金融私有公司的 4149 个样本，发现相对于强制使用 XBRL 的公司，银行对自愿采用的公司索取的贷款利率差更低，贷款规模更大。XBRL 与债务资本成本关系的主要文献见表 6-12。

表 6-12 **XBRL 实施与债务融资成本关系**

作者	年份	概况
Kaya，Devrimi；Pronobis，Paul	2016	问题：自愿采用 XBRL 如何影响借款契约的价格与非价格条款 变量：DV：借款成本，贷款规模配给；IV：是否自愿采用 XBRL 样本：2005~2007 年比利时非金融私有公司，总样本 4149 个 结论：相对于强制使用 XBRL 的公司，银行对自愿采用的公司索取的贷款利率差更低，贷款规模更大
曲吉林、寇纪淞、李敏强	2005	对于金融机构，对信贷申请进行实时的可比性分析，有效地评估公司的风险及等级，从而降低风险并且提高贷款的速度。对于投资者，满足投资者的各种查询的要求，提高了数据分析的效率和准确度
刘玉廷	2010	对于投资者、债权人等而言，XBRL 大大降低了获取信息的成本，加快了信息获取、加工和扩展的速度，提升了准确性和科学性。投资者数据获取将变得更加方便，成本大大降低，投资者也可以拥有进行深入分析所需的大量数据，从而增强中小投资者的分析和决策能力

6.6.3.3 债券研究现状

20 世纪 90 年代以来，国外学者开始关注信息披露与股权融资成本的关系，上市公司信息披露质量对股权融资成本的影响也是近年来研究热点问题之一。国外学者基于发展较为成熟的资本市场研究了两者之间的关系。理论方面分别从流动性、预测风险和预期现金流三个角度分析了信息披露质量对股权融资成本的影响。大量的实证研究也表明上市公司信息披露质量的提高能够降低信息不对称程度，提高股票流动性，降低投资者的预测风险，最终降低股权融资成本。

股权融资成本可以认为是投资者要求的对公司未来现金流折现后的回报率，而信息披露质量能够直接作用于公司预期现金流，所以信息披露质量可直接影响股权融资成本。在股票流动性与市场风险方面，信息披露是通过影响其他因素来影响股权融资成本的，它是一种间接影响。

Botosan（1997）首次对信息披露质量与股权融资成本进行了实证研究。自行建立指标体系来衡量公司信息披露水平，用 GLS 模型来计算股权融资成本，以 1990 年 122 家美国公司年报作为研究样本，发现在分析师数量较多的样本公司中并未发现信息披露质量与股权融资成本的负相关关系，而在分析师数量较少的样本公司中，这一负相关关系是成立的。但是，由于其创建的指标体系只考虑了年报数据，随着分析师数量的增多，指标并不能很好地衡量信息披露质量。Botosan 和 Plumlee（2000）选取了43 个行业的 3620 家公司为研究样本，以经典的股利贴现模型来计算股权融资成本，分别检验了年报信息、季报和其他公告、关联交易与权益资本成本之间的关系。发现年报信息与权益资本成本的负相关关系依然成立，但季报和其他公告信息与权益资本成本则呈显著正相关关系，而未发现关联交易与权益资本成本的显著关系。Olsson，Francis 和 LaFond（2005）选取了样本公司 30 年的数据来研究年报信息与股权融资成本、债务资本成本之间的关系。信息披露质量与两项资本成本都呈负相关关系，而且存在其他相关因素会影响股权融资成本。Graham 等（2005）发现，分析师越关注的上市公司，信息披露质量与股权融资成本之间的负相关越显著，但这种关系并不存在于所有公司。蒋高峰和汪炜（2004）研究了信息披露质量与股权融资成本的关系。选取沪市 A 股 516 家上市公司 2002 年数据为样本，采用经典收益折现模型、季报和临时公告的数量分别估算股权融资成本、衡量信息披露质量，控制了财务风险、公司规模因素后实证证明了两者的负相关关系。但是只考虑了信息数量，不能有效地衡量信息披露质量，且只采用了 2002 年的数据，样本较少。

陆正飞、曾颖（2006）选取深市股上市公司作为研究样本，用盈余披露质量、信息披露总体质量衡量上市公司的信息披露水平，采用模型计算股权融资成本，并在实证模型中控制了资产周转率等因素，研究了信息披露质量对股权融资成本的影响。发现边际股权融资成本与信息披露质量显著负相关，而且信息披露总体质量和盈余平滑度是影响股权融资成本的主要因素。

以西方发达国家数据为研究样本的实证研究，大部分支持信息披露质量与股权融资成本负相关，但仍有少部分研究对该结论表示质疑。受资本市场发展成熟度等各种因素的影响，国内研究起步较晚，大多是借鉴国外研究实证分析。多数学者研究得出信息披露质量与股权融资成本负相关的结论。现有研究中股权融资成本计量方面，股权融资成本受多种因素的影响，其影响因素的复杂化给股权融资成本度量带来了很大困难。各种计量模型并不能完全考虑股权融资成本的影响因素，而是将复杂问题简单化，导致计算出来的结果与实际具有一定偏差。另外，计量模型多需要未来预测数据，如 Ohlson-Juettner 模型（后文简称 OJ 模型）需要预测未来每股收益，而剩余收益折现模型（后文简称 GLS 模型）需要预测未来几期乃至更多期的净资产收益率等因素，预测信息的主观性也会影响到股权融资成本。国内研究过程中计算的股权融资成本有偏低的倾向。

对于 XBRL 与资本成本，特别是权益资本成本的研究，高锦萍和周慧琴（2016）采用深交所 A 股上市公司 2007~2012 年的数据对 XBRL 财务报告实施效果检验，结果却与理论预期相反，2009 年同步披露后，企业股权资本成本上升，而且 2010 年后股权资本成本仍然上升。这可能是因为目前中国存在多种分类标准、XBRL 财务报告未经过审计、相关技术的不确定性，使得早期采用的交易成本和资本成本增加。Liu 等（2014）关注了中国首批强制实施 XBRL 对于组织资本成本、交易成本的影响，同样发现技术不确定性、使用困难、信息误差等问题增加了交易成本与 XBRL 使用早期的资本成本。陈宋生等（2015）基于我国 2005~2014 年上市公司财务数据，检验了我国 XBRL 的实施对权益成本的影响。研究发现 XBRL 的实施显著降低了权益成本。高治理水平的公司权益成本下降幅度大于低治理水平的公司，国有企业权益成本整体下降幅度大于非国有企业。对于超额回报，蒋楠和庄明来（2007）探究公司宣告采用 XBRL 事件时的股价异常报酬。运用 2003~2006 年采用 XBRL 的上海证券交易所 49 家上市公司，研究表明 XBRL 在我国的市场反应并不显著（见表 6-13）。

表 6-13　XBRL 与权益资本成本关系

作者	年份	概况
Liu，Luo，Sia，O'Farrell and Teo	2014	问题：在中国首批强制实施 XBRL 影响组织资本成本、交易成本吗 变量：DV：资本成本，交易成本（买卖价差的自然对数）；IV：是否强制采用 XBRL 样本：2001~2006 年的中国组织 结论：关于未证实技术的不确定性，在有限公共信息的组织之间出现的：使用困难、信息误差、增加交易成本与早期使用期间的资本成本。早期 XBRL 实施增加了资本成本和交易成本

作者	年份	概况
陈宋生、李文颖、吴东琳	2015	问题：我国 XBRL 的实施对权益成本的影响如何 变量：DV：权益成本（OJ 模型、CT 模型）；IV：XBRL（上市公司实施前取值为 0、实施后取值为 1），公司治理得分（主成分分析法），交互项 样本：2005~2014 年沪深股市所有 A 股非 ST 上市公司 结论：XBRL 的实施降低了权益成本。高治理水平的公司权益成本下降幅度大于低治理水平的公司，国有企业权益成本整体下降幅度大于非国有企业
高锦萍、周慧琴	2016	问题：XBRL 财务报告披露是否提升信息反馈价值，增强信息透明度，从而降低股权资本成本 变量：DV：股权资本成本（PEG 模型）；IV：2009 年企业实施 XBRL 财务报告（1，0），2010 年财政部实行企业会计准则通用分类标准（1，0） 样本：深交所 A 股上市公司 2007~2012 年的数据 结论：2009 年同步披露后，企业股权资本成本上升，2010 年后股权资本成本进一步上升。这可能是因为目前中国存在多种分类标准、XBRL 财务报告未经过审计、相关技术的不确定性，使得早期采用的交易成本和资本成本增加

6.6.4 股利分配

股利政策是指公司（特别是上市公司）是否发放股利、发放多少股利以及在多个会计年度里如何分配股利发放等公司制度安排几十年来，公司财务学者一直致力于探索理想的股利政策模式。现代股利政策理论以 Modigliani 和 Miller 的股利无关论理论为开端。此后，众多经济学家沿着 Modigliani 和 Miller（简称 MM 理论）开创的研究路线进行了更深入的研究，通过放松假设条件从不同角度提出了不同的股利政策理论观点，其中在信息不对称的共同假设前提下，主要的股利政策理论包括信号传递理论和代理成本理论。

股利政策的信号传递理论认为，管理当局与企业外部投资者之间存在信息不对称和代理成本，股利是管理当局向外界传递其掌握的内部信息的各种手段中成本最低的。如果管理层预计到公司的发展前景良好，未来业绩有大幅度增长时，就会通过增加股利的方式将这一信息及时告诉股东和潜在的投资者。

盈余和股利等公开信息的发布具有信息含量。假设公司股利确实具有某种信息含量，那么在股利公告日及其以后的一段时间（事件窗口期间）投资者就会对此做出反应，并体现在股价的波动上。学者们对于公告后是否降低信息不对称水平仍存在一些争论，主流的看法是公开信息的宣告可以降低投资者之间的信息异质性，进而降低市场信息不对称水平（Kane et al.，1984）；由于公告发布的时间是高度可预期的，非知情交易者可以推迟交易至公告后以降低信息风险，因为此时市场信息不对称程度降低（Brook，1996）；但相反观点则认为，信息释放增加了信息的异质性，因为投资者根据公开信息披露前的私人信息安排最优投资组合，私人信息具有不同的精确度。信息公告后一部分投资者对信息解读方面更有优势，导致公告后对股票价值的预期差异和不同的信念修订，反而使信息不对称程度增加（Kim and Verrecchia，1994）。我国市场作为一个新兴市场，市场结构、市场机制尚不完善，存在较严重的信息提前泄露与内幕交易现象，公开信息的宣告应该可以一定程度上降低信息不对称。

股利代理成本理论围绕内部人（如管理层、控股股东）与外部人（如中小投资者）之间的代理冲突，将现金股利看作缓解代理问题、降低代理成本的机制之一（Roseff，1982；Easterbrook，1984；Jensen，1986），是债务、董事会治理、机构投资者持股、管理层持股、投资者法律保护、产品市场竞争等公司内外部治理的替代机制（Jensen et al.，1992；Agrawal and Jayaraman，1994）。然而，股利政策也可能是公司内外部治理机制改善的结果，股利支付水平与公司治理水平呈正相关关系。La Porta et al.（2000）正式提出两个不同的股利代理模型，即"替代"模型和"结果"模型，为考察股利政策与公司治理机制的关系提供了研究范式和分析框架。在此基础上，学者们开始讨论公司内外部治理机制与股利政策之间的竞争性关系，如 Short 等（2002）、Adjaoud 和 Ben-Amar（2010）、董艳和李凤（2011）等。

研究发现，高质量的会计信息具有降低公司代理成本的公司治理功能，能够降低上市公司的信息不对称程度，还有利于监督管理层的行为，降低管理层将公司资源用于追求私人收益的可能性，降低代理成本（Bushman and Smith，2001；Lambert et al.，2007；Ball et al.，2008），并对公司财务决策具有重要影响（曾颖和陆正飞，2006；Brockman and Unlu，2011）。

作为上市公司重要财务决策之一的股利政策，极有可能也受到信息披露质量的影响。一方面，信息披露质量的提高可能有助于增强上市公司股利支付意愿，提高股利支付水平。投资者通过质量较高的会计信息对上市公司的财务状况、经营成果以及可持续经营情况进行考量，能够更客观地判断公司的投资效率和价值，从而加大内部人损害外部投资者财富的过度投资行为被发现的概率和风险，因而更容易迫使内部人"吐出"（Disgorge）现金，作为股利支付给股东。另一方面，上市公司信息披露与股利支付都可以作为提升公司治理水平、降低代理成本的公司治理手段，可能存在互相替代的关系。当上市公司需要从外部资本市场筹集资金时，需要通过支付股利建立一个适度保护外部投资者利益的信誉机制。因为在外部人看来，支付股利可能减少留存在企业里的多余现金，减少内部人过度投资或滥用现金的可能性，从而是上市公司向外部投资者发出的其利益不受侵占的信号。

在信息透明度较差的上市公司中，内部人更有机会进行利益侵占，可能产生更高的代理成本。内部人常常通过混淆和模糊公司业绩、隐瞒低利润部门的信息等手段避免引起外部投资者和政府的监督，利用低质量的会计信息掩盖公司可能存在的代理问题，为其掠夺行为提供便利（Lang et al.，2006；Jin and Myers，2006；Berger and Hann，2007；Hope and Thomas；2008；Brockman and Unlu，2011）。当投资者无法通过信息透明度较差的公司披露的信息来辨别公司真实状况从而监督管理者时，他们可能会依赖于上市公司释放的股利支付信号；而信息透明度较好的公司则不需要向外部投资者释放类似的股利支付信号。因此，在"替代"模型的逻辑下，信息披露质量越差的上市公司，现金股利支付倾向和支付水平越高；反之亦然。

对于 XBRL 的实施与股利分配之间的关系，目前尚无学者探讨。通过上述分析可知，股利支付受信息披露质量影响，而 XBRL 影响信息披露质量的研究已经较为成熟，未来研究可以将其影响路径拓展到股利分配，探讨 XBRL 实施对公司股利政策的影响机理。

6.7　证券投资者角度治理文献总结及研究展望

6.7.1　XBRL 对股票市场研究展望

6.7.1.1　现状

从理论方面来看，XBRL 在国际上发展迅速，大量研究均表明 XBRL 可以提高公司会计信息的透明度。XBRL 有助于提升公司的信息披露质量，降低管理层与投资者之间的信息不对称水平，从而在一定程度上缓解股价漂移，并有助于降低权益融资成本。然而，有关 XBRL 与股票市场中的诸多要素之间关系的研究尚不充分。如 XBRL 与股利分配等领域尚有研究机会。

从实践方面来看，XBRL 实例文档的法律地位在我国资本市场上尚未得到认可。虽然早在 2008 年我国就实现了 PDF 格式文档和 XBRL 实例文档的同步披露，但每个显示页面后面无一例外地都会加上"XBRL 实例文档数据仅供参考，请以公司披露的 PDF 文件为准"一句作为特别提醒，这表明我国的 XBRL 会计信息目前还仅是 PDF 格式会计信息的补充，其重要性还没有得到资本市场的完全认可。

6.7.1.2　研究展望

资本市场对于会计信息不重视的原因主要在于，XBRL 会计信息的披露质量尚没有得到充分的理论研究和经验数据的支持。中国证监会早年就确立了 PDF 文件在披露会计信息时的法律地位，然而截至目前，虽然上市公司已被要求强行披露 XBRL 会计信息，但 XBRL 实例文档的法律地位尚未确立。出于规避投资风险的考虑，投资者不会使用尚未获得法律地位的 XBRL 实例文档进行投资决策。XBRL 会计信息对投资者的投资决策没有发挥应有的作用。XBRL 在设计之初，其对投资者的作用主要表现在三个方面，但这三方面的作用目前对投资者而言尚没有得到充分发挥，未来研究可着眼于探究如何提升 XBRL 对投资者的影响力。

首先，XBRL 可以帮助投资者快速精确地搜索信息。在 XBRL 下，所有会计数据都有特定的结构化标记，这些结构化标记连接起来就是 XBRL 会计报表。XBRL 会计报表具有很强的透明性，它可以将企业、会计师事务所、税务部门和其他有关部门联系起来，实现信息的交换和流通。投资者可以便利地在网络上下载所需的 XBRL 会计信息及其他相关信息并对其重新整理，对比分析。由于 XBRL 的这些功能在我国资本市场上还不太健全，所以投资者无法通过收集企业、会计师事务所、税务部门和其他有关部门的有用信息来为决策所用。

未来研究可以着眼于构建 XBRL 模式下企业、会计师事务所、税务部门之间信息联动系统的逻辑关系。通过理论研究、模型推导、实验、案例研究等方法，论证 XBRL 格式下多部门信息联动生态系统的构建对于进一步缓解企业与投资者信息不对称程度的作用，为监管部门深入推进 XBRL 的应用提供理论依据。

其次，XBRL 可以提高会计信息的可比性。传统的披露模式下，会计信息生成的权力掌握在企业手中，企业对会计信息具有垄断权。投资者获得的会计信息大多是经过加工的信息，一些重要的会计信息或被隐瞒或被虚化。在 XBRL 下，由于会计信息元素都被赋予了统一的信息标记，信息使用者可以用相同的编制规则得出具有一致性特征的 XBRL 会计报表。XBRL 的最大创新之处在于，可以实现信息披露平台和披露语言的跨越，让数据更加快捷地传递，让数据的分析更有价值含量、更有意义。这些具有一致性特征的会计报表，可以实现跨公司、跨行业、跨国家和跨期间的横向、纵向比较。目前我国上市公司的会计信息披露一定程度上仍是传统报表披露模式的简单转换，并没有提高会计信息的可比性。投资者使用会计信息无法获得超越传统报表披露的信息，其积极性受到影响。

鉴于这一问题，我国财政部正逐步试点推行企业内部 XBRL 形式信息的全覆盖，未来研究可观察股票市场对于 XBRL 渗入企业内部信息链条的反映，探究 XBRL 内部化对于增强企业信息透明度的作用。

最后，XBRL 可以完善对非会计信息的披露。投资者的投资决策需要综合的信息，既包括会计信息，也包括诸如营销能力、创新能力、可持续发展能力等在内的非会计信息。传统的会计信息披露模式无法对非会计信息进行确认和计量。在 XBRL 信息披露模式下，所有的经济业务信息都可以信息元素化并被标记，实现与会计信息的同步披露。投资者可以及时地获得企业的会计信息和非会计信息，提高决策的准确性。目前，XBRL 模式对于非会计信息的披露仅限于公司基本情况信息，对投资者有价值的企业营销能力、创新能力和可持续发展能力等方面的信息较少。

在未来研究中，学者们可以重点关注 XBRL 非会计信息的披露对帮助投资者做出合理投资决策的额外贡献。

6.7.2 XBRL 对资本结构及债券市场研究展望

资本结构管理是公司理财活动的主要内容之一，也是企业筹资决策的核心问题。企业根据自己的目标，基于效益原则选择融资方式，其结果就构成了资本结构。关于资本结构的理论研究始于 MM 理论，其后其他学者通过放宽严格假设等，扩展出了资本结构一系列理论。

Modigliani 和 Miller（1985）最早研究了资本结构与资本成本之间的关系，认为股权资本成本总是和负债率保持同水平涨落。其后国内外诸多学者对此展开了研究，得到较为一致的结论，即随着负债率增加，企业财务风险变大，股权资本成本增大。

Botosan（1997）率先用经验数据研究了信息披露对资本成本的影响，并提供了直接证据，证明年报自愿性信息披露水平增加，股权资本成本下降。其后更多研究支持该结论，其原因是良好的信息披露有助于降低投资者对收益预测的不确定性，缓解信息不对称和增加股票流动性，从而降低投资者要求的风险溢价。

资本结构与信息披露之间具有一定联系。根据非对称理论和信号揭示模型理论，资本结构和信息披露作为管理者输出的信号之一，是公司与外部博弈的结果。企业负债率越高，其管理层会倾向于采用更多或者更少的信息披露政策，补充调整资本结构信号传递效应，诱导投资者对公司价值做出正面评价。首先，从资金供给方来看，债务契约签订后，债权人出于对资金安全的考虑，会持续关注公司运营情况并评估其对借款的使用情况。基于此，债权人对上市公司信息披露具有更大需求。从资金需求方来看，管理者可能为了证明公司运作良好，消除债权人投资的不确定并获得债务人的支持，进而取得到期借款延期的优惠，公司更具有自愿披露的需求和动机。其次，经理层也有可能为了缓解高负债率，向投资者传递高财务风险的不良影响和降低诉讼风险，倾向于更少地披露信息。

大量的实证研究表明，负债比率与信息披露水平正相关，负债率越高，信息披露越充分。Hossain 等（1994）采用内容分析法构建信息披露指数，分析了马来西亚上市公司信息披露的影响因素。检验的影响因素包括公司规模、负债比率、所有权结构、固定资产比例、审计事务所、上市情况（是否在国外上市）等。研究表明公司规模、负债比率、上市情况等对信息披露水平具有解释能力，其中负债比率与信息披露水平正相关。Hossain 等（1995）将自愿信息披露研究焦点转移到新西兰，用以衡量信息披露的披露索引表数目，得出结论与 Hossain 等（1994）的研究结论基本一致，公司规模、负债比率和海外上市排名与披露水平正相关。

陈美娟（1997）以中国台湾上市公司为样本，采用内容分析法构建信息披露指标，分析台湾上市公司信息披露水平影响因素。检验特征变量包括成立年数、公司规模、负债比率、会计师事务所、是否有海外分支机构、前一年度披露水平、上市与否、总经理受教育程度以及行业类别。研究结果发现公司负债率对财务信息披露水平有正向影响，而对整体披露水平无显著影响。李建然（1997）的研究也支持类似结论。巫升柱（2007）对多家上市公司信息披露状况进行统计和分析，发现我国上市公司自愿性信息披露意愿不强，总体水平偏低。同时，发现其重要影响因素包括企业规模、上市状况（是否交叉上市）及负债比率，其中上市公司自愿性信息披露程度与负债率在水平上显著正相关。也有一些学者研究表明，资本结构与信息披露并不存在正相关关系，负债的使用并不会促进信息披露水平的提高。Eng 和 Mak（2003）对新加坡上市公司信息披露影响因素的研究表明，规模较大的公司和负债比率较低的公司信息披露水平高，即负债率与信息披露水平负相关。然而，向凯（2006）通过对 147 家上市公司的数据检验，发现财务杠杆对信息披露并无显著影响。李高雅（2010）以沪市股票上市公司为样本，发现总财务杠杆和短期财务杠杆均与自愿性信息披露质量负相关。这表明我国资本市场中，上市公司的负债资本不一定会促使管理层进行更多信息披露，这可能是因为我国上市公司的股权融资偏好导致负债率普遍不高，债权人在监督公司运营上所发挥的作用有限。总的来说，负债比率越高，管理层越有可能为了证明公司运营情况良好，消除债权人的不确定性而进行更多信息披露；另外，管理层为了缓解高负债率、向投资者传递高财务风险的不良影响和降低诉讼风险而倾向于更少披露信息。

已有的文献通常使用四个财务杠杆指标单独或者组合来衡量公司资本结构，这四个指标为：总负债/总资产账面价值、总负债/总资产市场价值、长期负债/总资产账面价值和长期负债/总资产市场价值。

现有研究尚未关注 XBRL 与企业资本结构的关系。但由于企业信息披露与资产负债率之间存在一定关系，学者们可基于 XBRL 提升企业信息披露水平的视角进一步观察 XBRL 的实施与否及实施程度是否与企业资本结构安排产生关联。

XBRL 的实施有利于提高会计信息的质量，对降低债务资本成本有显著的作用。当前我国企业普遍面临融资困难的问题，尤其是私人债务（银行贷款）成本过高，阻碍了很多企业的发展。XBRL 中国化的进程应该不断加快，让银行等资金提供者更好地利用 XBRL 获得公司的信息，缓解信息不对称、减少借款的风险、降低贷款的利率。由以上文献梳理可得，在理论研究方面，有关 XBRL 对债务市场的影响的研究相对薄弱，研究重点主要集中在 XBRL 降低债务资本成本的作用。在未来的研究中，学者们可以进一步细化债务市场的研究视角，如对债务的来源及结构进行细分，观察 XBRL 是否对企业债务融资安排产生影响。

6.8　XBRL 分析师公司治理影响

6.8.1　分析师公司治理机制

分析师是资本市场中重要的中介机构，其主要职能是对于资本市场中企业的部分盈利指标进行预测，包括盈余总量、每股盈余等。在盈余预测的基础上对于股票的价值和风险进行评估，最终形成分析师报告并对外公布，以帮助投资者进行决策。这个过程中，分析师首先要收集企业的信息，然后进行分析和加工，最后形成市场预期，并且把这个信号传递给资本市场。分析师的预测会影响股票的价格（Lys and Sohn，1990；Womack，1996）。如果企业的盈余低于分析师的预期，则会导致负的市场回报率（Skinner and Sloan，2002）。Jensen 和 Meckling（1976）认为，证券分析师在资本市场中起到了公司治理的作用。因为资本市场是不完美的，如果在完美的资本市场中，股东和管理层信息完全对称，就不会存在第一类问题，由于信息的不对称才使得资本市场中中介机构的存在有了意义，即降低信息不对称，分析师通过向投资者提供有助于决策的信息，影响投资者对公司未来现金流量和估计风险的判断，从而形成约束公司机会主义行为的有效外部监督，最终带来公司价值的最大化（欧阳励励，2011）。

分析师的公司治理机制如图 6-4 所示。

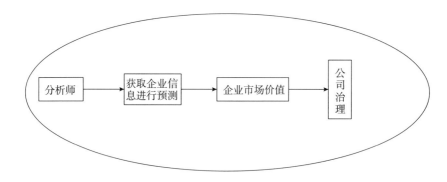

图 6-4　分析师公司治理机制

分析师通过调研上市公司以及从公开的途径获取企业的财务数据和对企业未来的经营产生影响的信息，在此基础上预测企业的业绩。如果企业的业绩低于分析师的预测，那么企业的股票价格就会下跌，因此管理层为了避免企业市场价值的下降，会通过提升公司治理水平等提升企业的业绩，从而达到分析师预测的水平。因此分析师预测是作为资本市场的外部机制来提升企业的公司治理。

6.8.2　XBRL 对于分析师的影响

XBRL 对于分析师的公司治理机制的影响主要体现在分析师获取数据的过程中（如图 6-5 所示）。XBRL 财务报告格式的数据，第一，保证数据的真实性，使分析师对于企业未来盈利状况的预测是基于准确的财务数据进行的。第二，XBRL 报送格式轻松实现企业内部、企业间、行业间甚至跨平台、跨资本市场的可比性，使得分析师可以轻松实现数据的对比，有助于增加预测的准确度。第三，XBRL 允许上市公司依据自己的实际情况进行扩展的报送，因此可以使分析师关注企业的独特之处，提升分析师的预测准确性。第四，XBRL 实施之后，不只是企业的财务信息，企业的非财务信息的透明度也增强了，分析师可以依据自身的需求在 XBRL 报告中进行查找，可以方便地获得企业的非财务信息。综上，XBRL 数据格式提高了分析师进行盈余预测的准确度。分析师的预测代表着分析师在经过缜密的分析之后，认为上市公司在未来一段时间内应该达到的业绩。分析师的预测越准确，预测值越接近企业实际能够达到的业绩标准。因此，一方面，如果分析师预测的业绩越高，管理层为了尽力达到分析师过高的预测水平，会选择损害企业的价值进行盈余管理。另一方面，如果分析师的预测越低，管理层消极怠工，企业绩效较差的时候也能满足分析师的预测，这也会增加企业的代理问题，损害企业的价值。因此，分析师预测越准确，分析师对于上市公司的治理效果就越强。XBRL 通过增加上市公司的信息透明度，使分析师收集信息的准确度以及基于此而做出的预测更准确，从而提升了上市公司的治理水平。

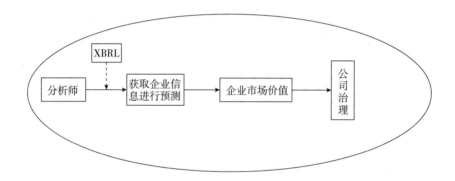

图 6-5 XBRL 对分析师公司治理机制的影响

实证研究显示，在绝大多数国家和地区，实施 XBRL 会增加分析师预测的准确度。Ly（2012）以 338 家被 SEC 要求提交 XBRL 财报的公司为研究对象，研究了 XBRL 实施后的分析师季度预测次数和季度预测离散度，发现 XBRL 实施后，分析师预测频率与质量都显著增加。

Liu 和 Grace（2013）以比利时、意大利、日本、新加坡、西班牙和韩国的 1850 家样本公司为研究对象，研究会计文化水平上的文化维度（专业化、一致性、谨慎性、保密意识）在 XBRL 实施与分析师预测精确度方面的作用，发现 XBRL 与专业化的交乘项和分析师预测精度负相关；与一致性、谨慎性和保密意识的交乘项及分析师预测精度正相关。

史永、张龙平（2014）研究了 XBRL 财务报告是否提高分析师对财务报告的使用效率，是否对分析师的预测研究行为产生影响。发现上交所与深交所实施 XBRL 财务报告后，预测效率方面上市公司被预测分析的频率和研究报告中的预测项目数量显著提升，并且机构投资者持股比例较低的上市公司在分析师跟踪及预测效率上提升幅度更大；预测质量方面，实施 XBRL 后分析师预测分歧度显著降低，准确度显著提高。

Liu 等（2014b）发现强制实施 XBRL 与分析师跟踪人数及预测精度显著正相关。这种关系在第一阶段比第二阶段表现更强。

吴建刚和张辽（2016）发现上市公司强制披露 XBRL 财务报告，可以披露更多公司层面信息，降低信息的不对称性，显著改善分析师的信息环境，使得分析师跟随人数显著上升；同时在分析师信息环境改善的情况下，分析师对于业绩良好的公司关注程度更高。

但是我国早期采用 XBRL 的上市公司，分析师的预测准确度反而降低了。这可能是由于企业早期实施 XBRL 的过程并不顺利，XBRL 本身推行起来相对复杂，因此刚开始披露 XBRL 数据的上市公司面临着信息误差，因此降低了分析师的预测准确度（Liu、Wang and Yao，2014），如表 6-14 所示。

表 6-14　XBRL 对分析师公司治理效果的影响

作者	年份	概况
Ly	2012	问题：XBRL 如何影响分析师报告及其预测质量 变量：DV：分析师季度预测次数，分析师季度预测离散度 IV：预测期是否在实施 XBRL 之后 样本：338 家在 2012 年 12 月 31 日被 SEC 要求提交 XBRL 财报的公司 结论：XBRL 实施后，分析师预测频率与质量都显著增加
Liu and Grace	2013	问题：在会计子文化水平上的文化维度在 XBRL 实施与分析师预测精度两者之间起到的作用 变量：DV：分析师预测精度；IV：是否采用 XBRL，文化价值维度（专业化、一致性、谨慎性、保密意识），两者的交乘项 样本：来自比利时、意大利、日本、新加坡、西班牙和韩国的 1850 家样本公司，6941 个样本 结论：由于强制实施 XBRL，会计值在影响分析师预测精度（信息质量）方面起了重要作用。XBRL 与专业化的交乘项和分析师预测精度负相关；与一致性、谨慎性和保密意识的交乘项和分析师预测精度正相关

续表

作者	年份	概况
史永、张龙平	2014	问题：XBRL 财务报告是否提高分析师对财务报告的使用效率？是否对分析师的预测研究行为产生影响 变量：DV：Ln（分析师预测次数 +1），Ln（分析师跟随人数 +1），分析师更新预测频率，分析师报告中平均预测项目数，分析师预测分歧度，分析师预测准确度；IV：交易所网站同步披露 XBRL 格式财务报告年度，即 2009 年及以后取值为 1，否则为 0 样本：2007~2012 年我国 A 股市场 结论：上交所与深交所实施 XBRL 财务报告后，预测效率方面上市公司被预测分析的频率和研究报告中的预测项目数量显著提升，并且机构投资者持股比例较低的上市公司在分析师跟踪及预测效率上提升幅度更大；预测质量方面，实施 XBRL 后分析师预测分歧度显著降低，准确度显著提高
Liu；Yao，Sia，Wei	2014（a）	问题：在中国早期采用 XBRL 影响分析师预测准确度吗 变量：DV：预测精确度；IV：是否强制采用 XBRL 样本：2001~2006 年，总样本 672 结论：关于未证实技术的不确定性，如在较少公共信息经济体中，早期采用 XBRL 的公司可能面对信息误差，进而降低了分析师的预测精确度
Liu，Wang and Yao	2014	问题：XBRL 实施后分析师跟踪人数越多分析师预测越精确吗 变量：DV：分析师跟踪人数，预测精确度；ID：是否属于强制采用 XBRL 期间 样本：2005~2010 年 I/B/E/S 数据库中的所有美国分析师数据 结论：强制实施 XBRL 与分析师跟踪人数与预测精度显著正相关。这种关系在第一阶段比第二阶段表现更强
吴建刚、张辽	2016	问题：分析师对上市公司披露 XBRL 财务报告有何反应 变量：DV：Ln（分析师跟随人数 +1）； IV：交易所网站同步披露 XBRL 格式财务报告年度，即 2009 年及以后取值为 1，否则为 0 样本：2007~2014 年我国沪深 A 股上市公司 结论：上市公司强制披露 XBRL 财务报告，可以披露更多公司层面信息，降低信息的不对称性，显著改善分析师的信息环境，使得分析师跟随人数显著增加；同时，在分析师信息环境改善的情况下，分析师对业绩良好的公司的关注度更高

6.8.3　XBRL 影响分析师治理机制的未来研究展望

关于 XBRL 对分析师的治理功能目前并没有文献进行研究，因此未来研究可以关注以下几点：①XBRL 是否影响分析师对公司的治理；②上市公司特征是否会影响 XBRL 与分析师治理作用的关系；③XBRL 实施的情况对于分析师治理作用的影响，例如 XBRL 的上市公司可扩展的部分是否有助于分析师的预测准确度，最终影响分析师的治理水平。

6.9　XBRL 实施对于审计师治理作用

6.9.1　XBRL 影响外部审计的技术特征

XBRL 对于审计的影响。XBRL 的提出改变了传统商业报告的信息披露方式，影响整个商业报告信息供应链的各个方面，XBRL 增加了公司财务报告披露的透明度，提高了财务报告处理信息的效率和能力。

获取被审计单位的电子数据，即数据采集是开展计算机审计的第一步。传统计算机审计技术主要面临两大问题：数据接口问题和数据标准化问题。由于企业使用的管理软件和财务软件种类繁多，且基于不同的操作系统、数据库、开发平台，没有统一的数据接口标准。因此，如何进行数据采集，以获取标准化的统一的企业财务数据，一直是制约传统计算机审计技术有效实施的首要瓶颈因素。此外，由于我国存在多种会计规范，不同企业所使用的会计科目（特别是明细科目）可能不尽相同。这样即便获取了企业的电子数据，也只是解决了所谓的"语法"问题，而相关的"语义"问题并未得到解决。因审计系统无法自动"读懂"企业的数据含义而限制了查询、统计、分析功能的使用。对于上述第一个问题即数据接口问题，目前审计系统所采取的策略大致有两种：一种方式是审计系统供应商通过了解主流管理软件产品所使用的后台数据库系统、系统数据库结构、用户数据库结构等多方面的信息，并把这些信息"固化"在审计系统中，实现智能采集，方便用户使用。这就需要软件厂商做大量基础性工作，甚至需要做到

"逐日盯市"，紧密跟踪主流管理软件产品版本更新情况。因此，工作量是巨大的，设计、运行成本较高，也在一定程度上限制了智能采集的应用范围。另一种方式是手工采集，即由用户自行采集所需的电子数据。这种方式尽管给用户较大的自由，但是操作复杂，对用户的要求较高，必须熟悉管理软件的数据库结构。对于数据标准化问题，主要是通过数据映射（科目映射）加以解决。只有在用户电子数据与系统提供的标准数据之间建立了映射关系，电子数据才得以具备语义功能，后续的自动查询、统计、分析功能才能顺利得以实现。因此，工作量巨大，运行成本较高。XBRL的出现，为上述问题提供了最佳（至少从目前来看是这样）的解决方案，使得语法功能和语义功能同时得以实现。在XBRL技术框架内，存在XBRLGL和XBRLFR两个层次的分类标准。XBRLGL分类标准位于底层，用于规范交易层面的原始数据和分类账。XBRLFR分类标准位于上层，用于规范财务报告相关信息。由于所有企业的财务报告及分类账都遵循统一的XBRL规范和分类标准，这就使得数据接口得以标准化。同时，由于XBRL将财务报告（特别是财务报表）要素以及分类账都进行了统一"贴标"，也就解决了"语法"问题。这将有利于审计系统自动识别所有报告要素，并识别内容能下沉至明细账和记账凭证，也有利于审计系统预先内置的大量统计分析经验模型，使得专家知识库的自动执行成为可能。

由此，XBRL的技术框架极大地简化了审计工作的操作流程，使得连续审计成为可能。在实务中，企业首先根据企业信息系统生成的XBRL实例文档通过安全认证机构进行加密和数字签名；据加密和数字签名后的XBRL实例文档生成XML Web服务并在XML Web服务注册中心注册。审计方即XML Web服务客户端根据授权访问企业XML Web服务中心，获取所需XBR实例文档。根据XBRL分类标准，审计师对企业方提供的XBRL实例文档进行一致性验证；对企业数据进行数据逻辑关系校验与项目完整性与合规性检验等。检验过后，如有问题，审计师将记录于工作底稿，并最终形成审计意见。基于XBRL的财务报告及分类账在简化审计过程的同时，还可以结合相关领域研究成果制作专家库系统，如风险评估模型、舞弊识别模型等都可以应用到审计作业中。在审计过程中，可以随时将审计内容、审计中遇到的问题及疑点记录在审计工作底稿，生成审计报告；将审计报告通过安全认证中心加密和数字签名，并将加密和数字签名后的审计报告发送至企业服务器，企业便可以向相关部门机构提交财务报告及审计报告（如图 6-6 所示）。

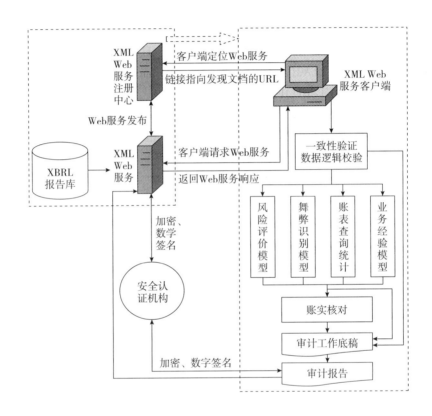

图 6-6 基于 XBRL 的审计流程（吕志明，2011）

尽管理论上 XBRL 能够对审计活动产生较大影响，但在意大利的研究样本中，却发现意大利强制实施 XBRL，可是四大会计事务所审计师并不会关注并且使用 XBRL（Rosa and Caserio，2013）。Pinsker（2003）同样发现，虽然 XBRL 是进化高级的数字语言，可以为业务流程贴标签，是全球商业报告的普适语言标准，但是对审计师和客户进行半结构化的问卷调查发现，许多审计师和客户对于 XBRL 的经验和知识很少，审计师和客户也不认为 XBRL 的使用会增加潜在的收益。

6.9.2　XBRL 对外部审计活动的影响

6.9.2.1　XBRL 对审计职能的影响

（1）XBRL 扩大了审计功能。

审计师可以利用 XBRL 技术提供更多的增值服务，那就是在传统的鉴证职能基础上，提供与报告相关的咨询服务及与信息有关的认证服务。

鉴证职能与正在兴起的认证服务的区别。根据美国《鉴证业务标准公告第 1 号》（SSAE 1）的定义，"鉴证服务是一种约定，在这个约定中，从业人员发表或承诺发表一种书面信息，以表达关于另一方责任的书面认定可靠性的结论"。财务报表审计就是一种由审计师执行的独立鉴证程序，审计师通常就财务报表的表述发表意见。

鉴证服务有如下要求：鉴证服务需要书面认定及执业者的书面报告；鉴证服务需要正式建立衡量标准或对标准的描述；鉴证服务的服务水平受检查、复核、执行商定程序等因素制约。

认证服务则构成了一个更宽泛的概念，它包含了鉴证服务及其他一些服务内容。认证服务是提高决策者使用财务及非财务信息质量的一种专业服务。其领域并非人为固定，它不会限制当前尚未预见的未来服务机会，可以通过改进信息帮助人们更好决策。

（2）XBRL 进一步扩大鉴证职能并为更广泛的认证服务提供机会。

由于 XBRL 本身的局限性，需要审计师对 XBRL 实例文档是否与 XBRL 技术规范一致、是否符合 XBRL 分类标准、特定的数据元素是否映射到已发布的财务报表中提供验证。美国审计准则委员会 2003 年 9 月通过了《鉴证业务标准公告第 10 号》（SSAE 10）第五号解释"对报告 XBRL 实例文档在内的财务信息进行鉴证"。该解释要求注册会计师为 XBRL 实例文档使用者提供有关文档是否与技术规范及分类相一致的验证信息。当财务报告是以 XBRL 编制时，审计师就必须对规格说明、分类标准和实例文档进行控制性测试。具体包括对分类标准恰当性的检查、对数据标记正确性的检查以及对标记数据完整性的检查。审计师需要对这些控制程序进行记录和回顾，并对其有效性实施测试。

XBRL 是一个基于 XML 的专门用来编制企业财务或商业报告、在网络环境下披露企业信息（不仅是会计信息）的标准化语言。当 XBRL 应用深入到企业账簿系统和交易系统后，注册会计师有机会开拓新的认证服务领域。如为网上交易数据提供数据水平认证（Data-Level Assurance），进一步扩大网络认证服务范围。目前 XBRL 实施计划还未在各国全面铺开，仍处于试行阶段，各国均未对 XBRL 的鉴证提出强制性要求，可能涉及的鉴证业务仅是对 XBRL 文档的鉴证。但是一旦各国将来强制要求使用 XBRL 标记数据，由于标记数据包含更动态的数据并可以实现交互式报告，未来鉴证重心将会转向对所用的产生标记数据的系统可靠性的鉴证。XBRL 全面实施后，注册会计师将有机会开拓另一新的认证服务领域，如对信息系统可靠性的认证。

（3）XBRL 的应用可减少分析数据录入和转换时间，提高分析性复核速度和准确度。

分析性复核程序是指审计师分析被审计单位重要经济指标的比率或变化趋势，包括调查这些比率或趋势的异常变动，及其与预期数额和相关信息的差异。确认重大差异，特别是重大的非预期差异，既是被审计单位会计管理需注重的问题，也是审计的重要领域。分析性复核程序可使审计师更好地了解被审计单位的经济状况、可能存在错报的风险领域、计划测试范围、评价审计中形成的结论、是否需要对相关资料进一步检查等。

过去由于会计信息的记录和计算完全是手工操作，即使后来出现了计算机辅助审计，由于数据库之间不兼容，使得审计师在审计时仍然需要手工输入数据，这大大增加了审计师的工作量，延长了审计时间，增加了审计成本。XBRL 可以和许多不同的软件兼容，所以它能自动、方便地在不同系统平台上运行，使用者可以选择包括数字和文字信息在内的所有企业信息，当通过网络浏览器浏览网页或把数据导入电子表格运用程序以便计算和分析时，应用软件能识别每一个数据。而且，XBRL 数据一经创建及首次格式化，无须第二次键入或重新格式化为任何特殊的报表形式，这大大降低了处理、计算和格式化财务信息的成本，同时也降低了手工输入或键入数据可能发生的错误率。XBRL 的运用可以减少审计师的数据录入和转换时间，从而将更多的时间放在对被审计单位的分析性复核上，并有利于提高分析性复核的速度和准确性。

（4）XBRL 促进了审计执业模式的网络化。

由于跨行业（或地区）公司的出现，信息的载体处于一个高度分散的状态，从而使得能联系全国以至全球的网络有了用武之地，企业普遍实现了网络化经营。同时企业管理系统通过互联网技术的衔接方式进行重新组合，使会计所需要的各种数据普遍以电子形式直接存储于计算机网络中，实现了信息的异地及时传送，企业会计信息系统也实现网络化，许多企业可直接通过网络披露财务报告。面对这样的网络环境，注册会计师执业模式也应实现网络化。然而，在线的实时软件和复杂的信息系统同时很可能增加审计工作的难度，尤其当该信息系统的界面和功能不是标准的软件包时，则可能变得很复杂，这在很大程度上阻碍了注册会计师普遍运用网络进行审计。

XBRL 有效解决了以上问题。它统一了网络数据定义与格式，有关数据可以准确地在不同操作系统、不同数据库、不同软件之间传输和交换。XBRL 兴起恰当解决了网络财务报告和软件包标准化问题，从而使包括注册会计师在内的信息使用者可以迅速地获取信息、便捷地使用信息，运用网络进行审计成为可能。

（5）对 XBRL 信息系统的审计将成为鉴证服务的重心。

企业使用 XBRL 作为会计报告语言，不但改变了企业会计信息系统的输出，也改变了微观审计环境。XBRL 的特点及其固有风险决定了鉴证的内容，包括对 XBRL 系统处理和控制功能的审查。同时，随着 XBRL 在网络报告上的普遍运用，会计数据与管理数据紧密结合，使得鉴证不再局限于会计系统而是延伸至整个企业信息系统。因此，在 XBRL 系统条件下，鉴证的内容应包括 XBRL 的开发与设计、会计数据库文件及内部控制的审计和数据输入输出的审计，同时还必须对 XBRL 系统的内部控制制度、XBRL 系统的应用程序、存储在磁性介质上的数据文件、系统开发以及对 XBRL 系统硬件本身的可靠程度即整个企业信息系统的安全可靠性进行审计。审计师要花费较多的时间和精力了解和审查 XBRL 系统的功能，以证实其处理的合法性、正确性和完整性。除了对投入使用后的信息系统进行审计外，还应在系统的设计、开发阶段对系统进行事前和事中审计。

（6）将最终实现对实时信息系统的连续审计。

信息技术环境为企业的财务信息系统带来了很多变化，企业对外信息报告的内容和时间、方式都可能发生变化。比如，采用了 XBRL 财务报告语言以后，对外财务报告的内容不仅包含现有的财务报告信息，而且可能包含更多的非财务报告信息，对外报告的时间间距可能更短。很多理论研究认为，在采用了 XBRL 以后，会计信息便可以进行实时报告。AICPA 的副主席 Alan Anderson 把未来的财务报告模式归结为在线的、实时的披露系统。随着 XBRL 与企业经营活动结合的日渐紧密，信息使用者可以随时从网上获取企业的会计信息，通过 XBRL 会计信息实现了实时更新。在实时会计系统下，许多财务信息和审计证据只能以电子形式获得，而且联机的实时数据处理使很多经济业务在发生时没有留下任何手工凭证，这些改变需要执行新的审计程序来完成审计任务。实时会计系统下，财务报表审计的基本目标和基本审计准则不会发生变化，但审计程序将会发生改变，需要审计师实施连续审计。另外，如前文所述，以 XBRL 编码的实时报告同样存在许多缺陷，XBRL 实例文档需要经过第三方鉴证才能被使用者所接受。也就是说，审计是实时财务报告质量的外部保证，为保证实时财务报告的质量，对连续审计的需求将成为一种趋势。

6.9.2.2　对审计师审计行为的影响

（1）管理层认定与审计目标。

当企业的业务系统、内部控制系统和会计核算系统均按 XBRL 技术规范开发相应的分类标准后，企业的数据便能真正实现一次输入，多方多次共享，XBRL 财务报告也将替代传统财务报告。替代环境下，XBRL 财务报告的审计目标将包括传统财务报表的审计目标即公允性和合法性，因为 XBRL 的实施并没有改变现有的会计准则；而上述并存期间"XBRL 财务报告商业事实是可靠的"这一具体审计目标不再存在，因为此时传统财务报告已经被 XBRL 财务报告替代，这一审计目标其实已在公允性和合法性中得以实现。将传统审计目标和 XBRL 审计相融合，认为替代环境下管理层的具体认定可以分为两大层次：一是关于 XBRL 财务报告中财务信息的认定，该层次的认定主要分为两方面：①与各类交易和事项相关的认定。通常包括发生、完整性、准确性、截止和分类。②与期末账户余额相关的认定。通常包括存在、权利和义务、完整性、计价与分摊。这一层次的认定与目前传统财务报表审计中的认定类似，这里不再具体展开论述。二是关于 XBRL 实例文档的认定，具体包括实例文档中元素映射（标记）的认定和元素拓展的认定，该层次的认定类似于上述并存期间的相关认定。

（2）重大错报风险评估和风险应对。

替代环境下，审计师的基本职责就是确定被审计单位管理层关于财务信息水平的认定及 XBRL 实例文档水平的认定是否恰当，识别和评估上述认定是否存在重大错报。审计师需要重点了解实施 XBRL 所要求的额外程序和政策，以及对这些程序的检查、授权情况等。由于 XBRL 标记数据包括了更动态的数据并可以实现交互式报告，则对 XBRL 标记数据生成系统的可靠性进行了解和评价就尤为重要。

审计师针对认定层次重大错报风险确定应对措施有：①控制测试。在并存环境下，控制测试主要是对生成 XBRL 财务报告的软件系统的一般控制测试。替代环境下，需要对基于 XBRL 的各交易循环系统、会计核算系统、报告系统等层面进行控制测试，重点测试 XBRL 系统的安全性、系统处理过程的准确性和稳定性等。审计师可以通过超级链接跟踪审计线索，自上而下地考察数据源，最终获得所需的审计证据。②实质性测试。在并存阶段，进一步审计程序主要是实质性测试。通过检查（包括顺查和逆查）、观察和重新执行等程序，借助智能化软件，对管理层的相关认定进行细节测试。替代环境下，主要通过分析性程序，结合观察、检查、询问和重新执行等程序对管理层相关认定进行细节测试。由于 XBRL 深入到企业会计信息系统内部，在整个会计信息产生的流程中，都是计算机根据已编码好的程序来运行，机械性地加计工作、表间表内勾稽关系以及合并报表的准确性都是有保证的。所以，XBRL 环境下，机械性的实质性测试已经没有必要，审计师可以把更多的精力放在分析性复核上。XBRL 可以让审计师更方便地提取、分析和解释证据，发现异常交易或伪造交易，分析被审计单位经济指标重要的比率或变化趋势，包括调查这些比率或趋势的异常变动及其与预期数额和相关信息的差异，从而阻止欺诈。

6.9.3　XBRL 对外部审计师治理的影响

XBRL 提升审计师的治理作用。

美国资本市场中实施 XBRL 能降低审计费用，并且大企业比小企业效果更加明显（Shan and Troshani，2014；Shan et al.，2015）。

审计收费与资产正相关。就美国与日本上市公司而言，XBRL 减弱了审计收费与资产规模的正向关系。然而，这种调节作用在日本公司中更弱（Shan et al.，2015）。

在我国资本市场中，实施 XBRL 可以提高上市公司的审计质量，增加审计收费，降低异常审计收费，同时公司治理水平作为调节变量对 XBRL 的实施效果起着有益的作用（田高良等，2017）

以上的研究基础是审计师容易接受 XBRL，并且在审计工作中会使用

XBRL（见表6-15）。

表 6-15　XBRL 对外部审计师的影响

作者	年份	概况
Yuan and Indrit	2014	问题：XBRL 有利于财报审计吗 变量：DV：ln（审计收费）；IV：是否采用 XBRL 样本：2009~2011 年，纽交所与纳斯达克的上市公司 结论：XBRL 能够减少审计成本，此作用与公司规模相关，大公司比小公司更受益
Shan，Troshani，Richardson	2015	问题：XBRL 如何影响审计收费以及相关的国别差异 变量：DV：ln（审计收费）；IV：是否采用 XBRL 样本：2005~2012 年的纽交所与纳斯达克上市公司，以及 2004~2011 年的东京交易所上市公司 结论：XBRL 应用与审计收费负相关，而审计收费与公司规模正相关。就美国与日本上市公司而言，XBRL 减弱了审计收费与资产规模的正向关系。然而，这种调节作用在日本上市公司中更弱
田高良、封华、司毅	2017	问题：从审计的视角来看，XBRL 报告的实施效果如何 变量：DV：审计质量（DA 绝对值），审计收费，异常审计收费；IV：上交所、深交所网站上是否能查到披露 XBRL 信息（1，0） 样本：2007~2010 年中国 A 股上市公司 结论：实施 XBRL 报告可以提高中国上市公司的审计质量，增加审计收费，降低异常审计收费；同时，良好的公司治理水平对 XBRL 的实施效果起着正向的调节作用
Pinsker	2003	问题：审计师是否意识到 XBRL 的重要性 变量：DV 对于 XBRL 的知识和经验，对于 XBRL 重要性的感知 样本：调查问卷，包含 9 位女士和 8 位男士，7 位审计师和 9 位会计师 结论：审计师和会计师对 XBRL 的了解和使用经验非常少，审计师和会计师并没有感知到使用 XBRL 的潜在收益

续表

作者	年份	概况
Rosa and Caserio	2013	问题：意大利的独立审计师是否会对 XBRL 感兴趣 变量：DI 独立审计师对于 XBRL 知识的了解程度 样本：电子问卷以及半结构化的问卷调查，对象为意大利企业 结论：独立审计师对于 XBRL 的知识和经验了解程度较低

Ding 等（2017）利用 XBRL 披露的信息量作为审计投入的代理变量，发现 XBRL 中的信息含量与审计收费正相关，将信息含量分为通用的信息含量和公司特定的信息含量，研究发现通用的信息含量和公司特定的信息含量都会显著增加审计收费，公司特定信息含量对于审计费用的影响高于通用信息含量。

6.10　XBRL 实施对于媒体治理作用

媒体与其他独立第三方有所不同。首先，媒体不具有利用公司信息进行直接套利或交易获益的动机。媒体在利用公司信息时更具有独立性与客观性，更不容易受到自身利益追求的干扰。其次，媒体的整体影响力远超单一的第三方组织。尽管单一媒体的报告影响有限，但是一般媒体的运作机制是允许大规模转载，特别是刺激性新闻的披露能够通过媒体瞬间传播，并且以互联网推送等批量定向新闻传输技术的引入使得即使受单个媒体的信息用户影响也会呈爆炸式增长。最后，媒体对社会普通投资者影响更为广泛。媒体信息更注重在普通民众间传播，能够缩短普通投资者与其他独立第三方的信息差距。此外，公众媒体还关注社会公众利益，有利于规范企业的盈利行为，具有一定的社会治理功能。

6.10.1　媒体的治理作用路径

现有文献对于媒体的治理作用主要是从声誉机制的角度出发的。由于网络技术的发展和普及，大众由传统的信息接受者变成了自媒体，任何人都可以随时发布消息，也可以及时接收消息，这大大加快了消息的传播速度，因此媒体对于企业负面消息的传播比以往迅速很多。负面消息的传播在很大程度上影响企业的声誉。企业的声誉和资本市场上股东的反映息息相关。如果媒体报道出企业的负面新闻，那么上市公司的股票价格会在一定程度上下跌，损害上市公司的市场价值，这是因为媒体可能会引导投资者的行为（Chen et al.，2009）。声誉的建立是一个漫长的过程，但是声誉的毁损却非常快，因此企业为了维持自身的声誉，会尽量地规范企业的行为以避免产生负面的媒体报道，或者通过努力来提高正面的媒体报道来增加企业的声誉，进而增加企业的价值（Dyck et al.，2008）。

随着媒体曝光数量的增加，上市公司改正违规行为的概率也随之提高。相对于政策导向性媒体，市场导向性媒体具有更加积极的治理作用；深度报道以及曝光内容涉及对投资者构成严重侵害的报道也表现出显著的治理效果。我国媒体公司治理作用的发挥是通过引起相关行政机构的介入实现的（李培功和沈艺峰，2010）。

首先，媒体关注将促使政治家（议员、政府官员等）修改并有效实施公司法。其原因是政治家担心无动于衷将使他在公众心目中的形象受损，并最终危及其未来的政治生涯（Besley and Prat，2001），

其次，媒体关注将迫使公司董事（经理人）维持"好"的董事（经理人）声誉。按照 Fama（1980）、Fama 和 Jensen（1983）等，经理人未来的薪酬取决于现雇主（股东）和未来雇主对经理人是否严格履行责任的信念。为了避免长远的货币损失，经理人有激励放弃暂时的内部交易的机会，从而形成他是一个"好"经理人的声誉。

最后，媒体关注将影响公司董事（经理人）的社会声誉和公众形象。为了避免在人际交往过程中出现尴尬，他们将努力维护公众形象。

但是媒体发挥作用需要具备一定的条件。首先，媒体的"寻租"行为无疑将给社会经济生活带来效率损失，损害社会福利。如何减少媒体"寻租"行为相应成为使媒体发挥公司治理作用必须解决的问题之一。如果存在一个竞争性的媒体市场，即使其中一家为了"寻租"同意不报道负面新闻，但很可能被没有获得租金的其他媒体曝光。因此，一个更具有竞争性的环境将有利于维护媒体的可信度，减少媒体的"寻租"行为。因此，在政府适度监管下形成媒体充分竞争的局面和对新闻自由的法律保护等成为提高媒体可信度，从而发挥公司治理作用的关键（郑志刚，2007）。其次，

法制环境也是保证媒体起到治理作用的关键。即使媒体报道出了负面的消息，法制环境如果不健全，市场环境混乱，那么媒体披露信息对于政府以及中小股东的影响会变弱（如图 6-7 所示）。

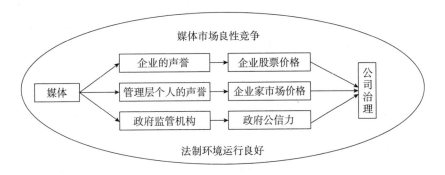

图 6-7　媒体公司治理的路径图

6.10.2　XBRL 对于媒体治理作用的影响

XBRL 提升了上市公司的信息透明度，因此下文从三个路径来分别阐述 XBRL 是如何通过影响媒体的治理机制来影响上市公司的公司治理过程（如图 6-8 所示）。

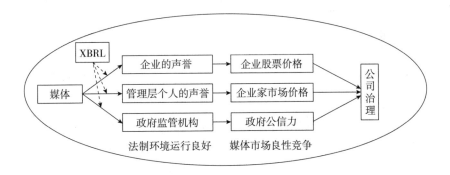

图 6-8　XBRL 对于媒体公司治理路径的影响

首先，就企业自身声誉而言，实施 XBRL 后，企业的信息披露更加透明，媒体能从企业获取更多信息。XBRL 的实施增加了媒体获取企业信息的便捷性，提升了媒体的认知能力。如果企业出现负面消息，媒体能更轻易获取企业的负面消息，对企业的声誉损失更大。其次，XBRL 获取信息能力增强之后，一旦媒体传播企业方面的信息，管理层在高级经理人市场中的价值也会波动，使得管理层不敢轻易做出损害公司价值的事情，提升了管理层做决策的谨慎性，有助于提升公司的治理。最后，媒体获取信息的便捷性，使得政府监管部门及时获得信息，以增强政府公信力。另外，由于公众和投资者可以便捷地获得企业的信息，因此会给政府部门施加压力，使得政府监管部门对此做出反应，包括修订法规或处罚企业，这进一步提升了对上市公司的治理效应。

6.10.3　XBRL 对于媒体治理作用未来研究展望

到目前为止，本书以"XBRL"与"媒体治理"为关键词在知网进行搜索，没有发现关于研究 XBRL 对于上市公司媒体治理影响的文章。因此 XBRL 对于媒体治理的作用及其影响因素，仅限于理论的推导，并没有实证的文章佐证。未来的研究可以借用成熟的媒体治理模型实证探究 XBRL 的作用。同时，媒体治理的公众监督者角色及其相关功能并没有在已有实证文献中得到区分，未来的研究可以进一步区分媒体治理与其他独立第三方治理的功能性差异。此外，XBRL 技术的普及使会计信息分析的专业性要求得到提升。媒体内部区分部分财经专业媒体与其他综合媒体。XBRL 应用可能拉大财经专业与非财经专业媒体的公司会计信息挖掘能力差异，使得媒体治理走向专业化。

6.11　XBRL 实施对于评级机构治理作用的影响

国内的公开评级机构发展较晚，在学术界尚未形成较为普遍的研究热点。国际上，评级机构的重要作用已经受到社会各界的重视。与分析师等角色不同，评级机构主要聚焦于公司本身的偿债能力及股东与债权人的代理矛盾。因而，尽管评级机构与其他独立第三方一样可以利用 XBRL 的技术优势，但其作用的对象是有所差异的。

6.11.1　评级机构的治理路径

评级机构对于上市公司的影响是重大的，因为评级机构在做出信用评级的时候是对上市公司的整体经营情况进行打分。评级机构关注的一方面是上市公司的财务因素，另一方面是上市公司的公司治理（J. B.，2004）。

6.11.1.1 信用评级与财务信息

无论是早期的定性、定量评级方法，还是目前被广泛运用的定性定量相结合的层次分析法，都将财务信息赋予很大权重。李萌（2005）在分析了国外企业信用评级指标的基础上，构建了企业偿债能力、盈利能力、流动性、成长性指标、资产管理效率指标、资本结构与财务杠杆指标、资本市场表现指标、资产质量指标和现金流量指标八个层面的评价指标，并用Logit分析法对评价指标进行了筛选，进而建立了商业银行信用风险评估体系。李志辉（2001）以速动比率、流动比率、主营业务收入比重等反映企业偿债能力的指标来构建信用评价指标体系。

实证中，关于财务信息与信用评级的关系，有学者做了详尽研究。从债券评级预测的统计技术研究开始，Horrigan（1966）从财务指标视角，发现会计数据和财务比率对公司债券评级起决定作用；Pinches等（1975）运用MDA方法提出6变量判别模型，发现投资回报及其他盈利指标均在评级决定中扮演重要角色；Ghosh等（2005）认为信用评级主要基于公开的和非公开的信息，公开信息主要包括财务比率（如盈利指标）以及其他财报信息等。

可见，财务信息是影响信用评级的重要基础信息。财务信息的质量在很大程度上能够影响到信用评级质量的高低，从而对信用评级有效性产生影响。

评级机构对于上市公司的评级方法主要是因素分析法和信用度量分析法。其中，因素分析法进一步包括"5C"要素分析法、"5P"要素分析法、"5W"要素分析法以及CAMPARI要素分析法。主要是从不同的角度将公司信用的各个影响因素提取出来，并给予综合评价。信用度量分析法是指以数理知识为基础的信用风险评价系统，可以对信用风险进行更为精确的度量。其中，多元线性判别分析法较其他方法和模型更受青睐。主要是构建各个要素之间的标准关系，再分析具体公司与标准的差异进而判断其信用状况。

6.11.1.2 信用评级与非财务信息

评级机构除了评估企业的财务信息外，还会结合企业的非财务信息进行评估，例如公司的治理结构等。评级机构也使用层次分析法对上市公司

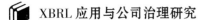

进行整体评级。层次分析法是一种将定性分析与定量分析相结合的多目标层次权重决策法（叶伟春，2011）。基本方法是将要解决的问题进行层次化，按性质不同分成相互联系的若干层次。根据要达到的总目标分解为不同的组成因素，并对相关因素按照相互影响，以及相对于评价总目标的相对重要性进行计算，确定出每一层次所有因子的相对权重，进而形成一个多层次分析结构模型。最后通过计算综合评价值获得各要素的重要性次序高低。

借鉴鹏元资信公司债券评级的分析路径图（如图 6-9 所示），可以发现对上市公司评级过程中考虑的因素包括外部经营环境分析、发行人分析以及债券条款分析。发行人即为上市公司主体，除了财务分析，上市公司还进行了业务分析和经营管理分析。经营管理分析中包含了公司治理分析，因此企业的评级中也包含了公司治理水平的分析。

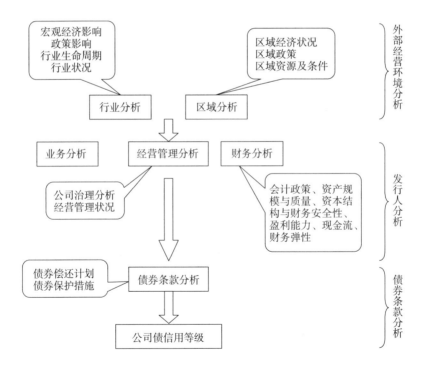

图 6-9　债券评级的分析路径图

综上，XBRL 对上市公司的治理作用主要是通过如下两种途径：①直接影响。评级机构所给出的信用评级能够引导债权人或债券投资者对公司信用风险做出较为正确的评价。这有利于双方确定合适的债券、债权定价以及相应的利息率，减少相关的代理矛盾。②间接的影响。评级机构所做出的信用评级能够约束对应公司的相关行为。这种约束，不仅体现在债权方面，股权投资者甚至交易方都可能参照信用评级进行决策。因而，上市公司有动机去获得更好的信用评级，满足信用评级所需的各项指标，以提升公司债务治理水平与整体治理水平。

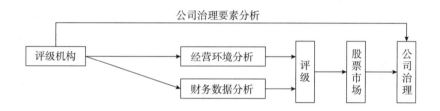

图 6-10 评级机构对于上市公司治理路径图

6.11.2 XBRL 实施对于评级机构治理作用的影响

我国自 2008 年开始全面推行 XBRL 以来，大量文献证明 XBRL 的实施提高了财务信息质量。如潘琰和林琳（2007）提出了将 XBRL 技术应用于上至交易数据下至终端报送的整个信息供应链构想，并认为该模式有助于提高会计可靠性、相关性、及时性及可比性。王琳和龚昕（2012）以累计超额收益为变量，实证检验发现 XBRL 财务报告信息披露时的市场反应更强烈，由此推测 XBRL 技术在一定程度上改善了会计信息的可靠性、及时性及可比性。Liu 等（2014）基于第一批报送 XBRL 财务报告的美国上市公司数据研究发现，采用 XBRL 格式财务报告以后，公司的分析师跟踪人数及分析师预测准确性显著提高。Efendi 等（2016）研究发现，XBRL 格式财务报送当天股价差异显著上升，报送的内容越多价格差异越大。当将季度收益差异进一步分解为盈余差异、HTML 报告差异和 XBRL 报告差异时发现，XBRL 报告相对于 HTML 报告有更多的增量信息效应。

综上，XBRL 的实施带来了财务信息质量的提高，而债券信用评级以财务信息为基础数据，其质量也随 XBRL 的实施得到提高。

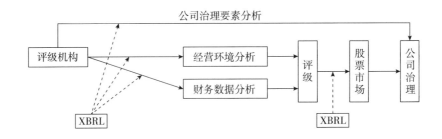

图 6-11　XBRL 对于评级机构公司治理影响路径图

如图 6-11 所示，XBRL 对于上市公司财务信息透明度评级机构治理的作用体现在评级机构公司治理的两条路径上：首先，XBRL 使得评级机构更加清晰、便捷地获得上市公司相关的信息，不仅包括财务信息，也包括非财务信息。由于评级机构在评级过程中会首先考虑上市公司的公司治理情况，XBRL 使得上市公司的信息更加精确，因此为了获得更好的声誉，公司治理差的上市公司会改善自身的治理，以获得更好的评级。其次，评级机构对于上市公司的评级除了公司治理等其他定性的数据以外，主要依赖于上市公司定性的财务数据。XBRL 的实施增强了企业财务数据的真实性以及可比性，因此评级机构可以更加精确地对企业进行评级，如果企业的评级效果较差，XBRL 中的数据也会进一步加强负面评级对于资本市场的影响，从而造成更大的损失，因此为了防止 XBRL 实施后由于评级机构造成的损失，企业会进一步增强自身的公司治理，以提前预防和缓冲这种损失。

6.11.3　XBRL 实施对于评级机构治理作用研究未来展望

有关 XBRL 对于评级机构的影响，目前尚未有文章进行研究，因此 XBRL 对于评级机构的影响仅限于理论上的分析，缺乏实证数据支持，因此未来的研究可以关注 XBRL 对于评级机构公司治理作用的影响，并且不同的企业特质对于 XBRL 发挥作用也不相同，可能 XBRL 在治理水平高的公司起到的作用低于治理水平低的公司。信息披露机制已经成熟的企业，XBRL 对评级机构治理作用的影响也可能会有差异。此外，分析 XBRL 对评级机构的债务治理影响对挖掘 XBRL 潜能、完善公司整体质量可能更有意义。

在一个完全有效的资本市场中，财务报表的信息已经被市场提前感知，因此发布财务报表之后企业的股票价格就不会发生变化。但是，如果在部分有效或者无效的资本市场中，披露财务报表后企业的股票价格就会受到企业财务报表中信息含量的影响。如果 XBRL 能够增加信息含量，那么在 XBRL 财务报表披露后盈余反应系数会增大。盈余反映系数是用来衡量某一证券公司的超额市场回报相对于该证券公司发布的报告中的盈余中非预期因素的反应程度。因此，在 XBRL 财务报表发布之后，企业的盈余反应系数显著增加。但实证研究表明，这种现象仅在上交所上市的公司中显著存在，在深交所上市的公司中则不显著（赵现明和张天西，2010）。这可能因为 XBRL 作为新技术在证券市场上还没有完全体现出优势。尽管交易所从 2002 年就开始了 XBRL 的相关工作，但是由于投资者的路径依赖，更倾向于从原有的渠道获取信息。由于上交所率先推行 XBRL 试点，所以投资者对 XBRL 的关注度要领先于深交所的上市公司。

7 监管机构的 XBRL 运用

7.1 XBRL 在监管机构中的运用动机

7.1.1 传统会计监管和风险控制中存在的问题

目前，我国在会计和金融领域的监管机构有财政部、证监会、银监会、保监会、中国人民银行、国资委和国家税务总局等，各监管部门执行风险控制所需要的信息存在差异。这给企业创造了盈余操纵的空间。企业往往出于自身利益考量，利用会计政策方面的灵活性进行财务报告的调整，甚至进行舞弊。同时，《会计法》虽然明确规定了各个监管部门所需要承担的责任，但对各部门间职责的划分、履责成果的利用都未做出明确规定。因此，传统会计监管和风险控制存在多方面难以解决的问题。

（1）多头监管。各监管部门之间缺乏协调，降低了监管和风险控制效率。每个企业的会计信息均同时受到多部门的外部监管，这不仅导致监管条例烦琐甚至重复，且各部门之间互相推脱责任。由于现在各部门之间沟通较少，企业监管信息无法互通，比如税务部门查处 A 公司的财务问题，很难被其他监管部门所直接利用。

（2）各监管部门信息获取滞后，信息利用难以实现及时、有效。会计信息是一种具有经济效果且时效性极强的信息商品（杨世忠，2007）。其及时性是会计信息披露的一个重要质量要求，因为市场环境是瞬息万变的，此时有用的会计信息随着时间的推移其相关性会大大降低（沈艺峰，1996）。目前我国对公司信息披露时间要求依据中国证监会发布的《公开发行股票公司信息披露实施细则》，该细则对企业中期报告、年报完成、披露时间做出明确规定。但企业基于理性经济人考虑，更可能推迟提交财务报告。随着市场经济竞争越来越激烈，企业利益相关者对企业信息及时性的要求越来越高，过长的财务报告周期已无法适应使用者获取实时财务信息的需求。因此如何提高财务报告的编制效率，及时披露是企业本身、会计监管机构及其他利益相关者面临的重要难题。

（3）规则导向的企业会计准则成为有效监管的障碍。目前我国的会计准则和财务报告体系是以规则导向为主制定的。政府制定了财务报告编制的要求，规定每种业务怎么处理，这种方法的优点在于严密、完备，可操作性强。但企业在该规范下形成的财务报告，难以和日常复杂的经济事项保持一致。这无疑对监管部门进行有效监管造成极大阻碍。由于会计监管部门的实质性审查工作无法细化到每一家上市公司的每一项经济业务，时常发生由于查出问题积累已久，相关损失已扩大至无法挽回的情况，可见监管普遍存在滞后性。

7.1.2 XBRL 应用下会计监管和风险控制

信息技术环境下，企业账务处理模式、处理工具和信息载体发生了很大的变化。针对各机构对所属领域进行监管时存在报送口径不一致、信息源不一致、信息不具可比性、机构协作性较差、无法实现信息沟通的问题。XBRL 在国际监管机构应用的实践，证明可以通过对数据信息进行标记加以解决。

（1）XBRL 能为机构间的信息共享提供依据，提高政府监管效率。XBRL 作为嵌入到软件系统中的应用程序，企业相关的信息都存储在后台数据库中。只需要设定统一的接口标准，各监管机构就可以按照符合标准的口径获得各自需要的信息，保证了报送口径和信息源的一致性。由于 XBRL 标准采用对数据元素进行标记的方式，各监管机构在直接通过数据库获取信息的同时，可以及时标记发现的问题，促进不同监管机构之间的信息共享水平。这将使得会计信息更加透明，实现信息资源的互联互通与多重监管，为今后实现财税一体化等提供保证。

（2）促进企业信息系统之间的信息共享。信息技术以及企业业务多元化发展使现代企业越发重视信息的有用性和及时性。XBRL 分类标准是基于 XML 的国家层面的标准，可以解决系统之间的不兼容和不互通，实现了信息的共享，并利用标记属性使信息能够在企业内部不同的系统中顺利流通，为内部信息使用者提高信息处理效率提供契机，也为外部监管者对企业各方面信息进行实时监控创造条件。

（3）多边互通提高风险控制的效率。风险控制从两方面理解：企业内部的风险控制和监管机构对行业整体的风险控制。无论是企业内部或是政府监管机构，利用 XBRL GL 的"向上"和"向下"挖掘功能和标记属性，也可以实现对财务事项的跟踪，提高风险稽核效率，查找风险控制点，建立风险预警机制，采取及时有效的风险控制举措。

在这种背景下，监管部门在监管过程中对 XBRL 的运用程度，将直接影响到其与企业利用会计信息系统处理会计数据同步性，以及监督工作的超前性。

7.1.3　XBRL 的治理路径

监管机构利用 XBRL 的治理路径可以描述为，监管机构→管理层、大股东→权益代理成本、股东代理成本。

XBRL 节约了监管成本，并使监管机构更好地发挥监管职能，使公司运作更合乎规范，信息披露更加真实，降低资本市场信息不对称与代理成本。

借助 XBRL，监管者可自动获取数据，大幅降低成本，更加快速、有效和可靠地进行数据分析与比较。通过监控数据和业务活动快速、可靠地做出判断，大大提高监管报送的效率、降低监管成本。上交所表示，在应用 XBRL 后，其对于上市公司的监管能力明显提升。能把每家上市公司与它自己的历史数据、与同行业整体水平及其他公司进行数据对比，快速识别明显高于或者低于历史水平或同行业水平的公司，能够有针对性地要求上市公司进行解释或进行现场调查（李为，2009）。通过基于 XBRL 的税务申报直通式处理，可以实现网络经济时代税收征管模式的创新，提高税收信息的及时性、准确性和完整性，充分发挥信息管税的作用（周海燕，2011）。

我国在会计和金融领域的监管机构有财政部、证监会、银监会、保监会、中国人民银行、国资委和国家税务总局等，由于部分部门（财政部、证监会、银监会、保监会、中国人民银行）的 XBRL 运用叙述已贯穿于各个章节，因此，本章重点介绍 XBRL 在国资委、税务机构监察工作中的相关运用。

7.2 国资委

7.2.1 运用机理

2014 年国资委颁布实施的《国资委财务监管报表 XBRL 扩展分类标准编报规则》和《国资委财务监管报表 XBRL 扩展分类标准指南》，标志着我国国有企业资产监管系统开始应用 XBRL。然而，现有文献中针对国资委的研究主要集中在国企分类改革或混改，针对国资委 XBRL 实施的构想的研究很多，而国资委真正实施规范后，有关其监管系统的 XBRL 运用方面的研究文献少之又少，本书在对国资监管系统的结构、信息特点进行分析的基础上，对相关文献进行梳理。

了解国资委的职能以及工作流程是学习国资委 XBRL 扩展分类标准的前提条件。国资委的主要职责在于，依法对企业年度财务决算报告的编制工作、审计质量等进行督查，并对企业财务决算报告的真实性、完整性进行核实。为了配合国资委开展工作，国有企业需要定期向其提交《企业财务决算报表》、《企业财务预算报表》、《企业财务快报》和其他报表。其中《企业财务决算报表》是核心报表，国资委通过上报的《企业财务决算报表》对企业年度财务状况、经营成果、现金流量、资产质量和国有资产保值增值等基本经营情况进行了解和掌握，为各项国有资产监管工作的开展提供可靠依据。《企业财务预算报表》是反映企业预算年度生产经营情况的综合财务报告，也是国资委履行出资人各项监督职责的重要依据。它能够促进企业加强成本费用控制、合理使用资金、优化资源配置、全面提升经营管理水平。《企业财务快报》是企业向国资委报送月度经营成果和财务状况的统一报告格式。与财务快报一同报送的还有月度财务分析报告，内容包括当月生产经营和财务状况的增减变动情况及原因；财务预算完成情况、预算执行差异及原因；当月及累计重要非经常性损益形成的原因及金额；重大财务事项及对财务状况的影响；面临的财务风险及应对措施等情况。

国有资产监管系统是规范企业所采用的可扩展商业报告语言（XBRL）

财务监管报表，是根据《可扩展商业报告语言（XBRL）技术规范》（GB/T25500—2010）系列国家标准而制定的。国资委扩展分类标准是通用分类标准在监管领域的延伸。从架构结构来看，其与通用分类标准的架构基本保持一致。为妥善处理国资委扩展分类标准与通用分类标准及其他监管扩展分类标准之间的关系，国资委扩展分类标准体系采用了相对灵活的架构设计，即国资委扩展分类标准和通用分类标准之间进行紧密的集成，但并不直接捆绑在一起，便于未来财政部和国资委对通用分类标准和监管扩展分类标准进行版本升级，或进行相对独立的修改完善。

在这一模式构建的思路下，国资委扩展分类标准与通用分类标准的关系如图 7-1 所示。

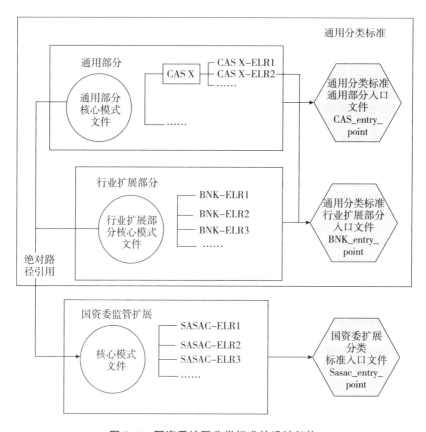

图 7-1　国资委扩展分类标准的设计架构

具体来看，对于通用分类标准通用部分和行业扩展部分中已经定义的概念，国资委扩展分类标准不再重复定义元素，而是直接引用；对于财务监管报表中特有、通用分类标准通用部分和行业扩展部分中未定义的概念，国资委扩展分类标准采用与通用分类标准相同的方式定义了一批新元素，以满足国资委对企业的监管要求。对于有特殊保密要求的企业，如不便于在联网环境下进行操作，国资委会将通用分类标准、国际财务报告准则分类标准核心模式文件以及 XBRL 标准数据进行打包并与国资委扩展分类标准同步下发。企业可以通过在本地进行引用通用分类标准、国际财务报告准则分类标准核心模式文件以及 XBRL 标准数据的方式使用国资委扩展分类标准。

按照上述架构，国资委扩展分类标准中包含的元素和扩展链接角色的设计具体如下：国资委扩展分类标准中元素设计的依据是《可扩展商业报告语言（XBRL）技术规范第 1 部分：基础》（GB/T25500.1—2010）、《可扩展商业报告语言（XBRL）技术规范第 2 部分：维度》（GB/T25500.2—2010）、《可扩展商业报告语言（XBRL）技术规范第 3 部分：公式》（GB/T25500.3—2010）和《可扩展商业报告语言（XBRL）技术规范第 4 部分：版本》（GB/T25500.4—2010）系列国家标准、通用分类标准，其本质可以理解为国资委根据监管要求从财务监管报表中提取的 XBRL 报告概念。该版国资委扩展分类标准中包含元素 3775 个，其中引用通用分类标准通用部分及银行业扩展部分元素 1249 个，新定义的扩展元素 2526 个。国资委扩展分类标准所包含的元素类型、元素属性、使用的重要虚元素和主要元素标签规则，大部分与通用分类标准保持一致。同时，在通用分类标准已有数据类型的基础上，国资委扩展了适用于国资委财务监管报表的特殊数据类型。国资委建立与新扩展元素相对应的独立模式文件，用于存放国资委扩展分类标准新定义的元素。国资委扩展分类标准通过绝对路径引用通用分类标准通用部分及银行业扩展部分的核心模式文件。在链接库构成上，国资委监管扩展分类标准使用了列报链接库、定义链接库、计算链接库、标签链接库和公式链接库，未使用参考链接库。国资委扩展分类标准中所包含的各类链接库的使用方法与通用分类标准一致。

7.2.2 国资委 XBRL 应用研究现状

由于《国资委财务监管报表 XBRL 扩展分类标准编报规则》颁布时间

尚短，实施范围有限，当前少有针对国资委 XBRL 应用的研究文献。同时，因为国资委 XBRL 财务监管试运行工作覆盖范围内的国有企业具有政治代表性及广泛的经济影响力，其国有资产管理、业务流程设计绝大部分事关国家政策走向及经济命脉，其内部管理资料和财务数据需要遵循一定级别的保密性规定，以致学者很难近距离接触并了解该批国有企业的国有资产 XBRL 财务监管报告的内容和数据，一定程度上阻碍了该领域的理论、实证研究。但关于各个试点央企的国有资产 XBRL 财务监管报告的实施案例，可以从各类新闻媒体报道中看到。参加实施国资委财务监管报表 XBRL 扩展分类标准的首批试点的 13 家中央企业按照有关工作要求，逐步推进扩展分类标准的实施工作，部分企业还进一步探索了将 XBRL 标准应用于内部管理系统的可行性，促进了企业信息化水平不断提高。如中国航空器材集团公司组织实施了 XBRL 实例文档全级次报送；宝钢集团有限公司将 XBRL 技术内嵌于自身信息系统；中国船舶工业集团公司搭建了基于 XBRL 标准的成本数据分析平台，加强船舶制造企业成本管控；中国石油天然气集团公司建立了 XBRL 年金数据分析平台，提高年金数据处理的效率和准确性。

财务监管是国资监管的核心内容，而《国资委财务监管报表 XBRL 扩展分类标准编报规则》的颁布与实施是我国财务监管信息化建设的重要里程碑，XBRL 的应用是提高国资监管水平的重要手段。在传统监管活动中，存在监管不及时和信息不对称两个致命的监管漏洞（杜美杰，2014）。通过构建国资监管系统的统一技术平台，借助标准化的 XBRL 数据和业务操作流程，国资委能够逐步实现国有资产日常管理的资金流、物流和信息流的三流合一。首先，有效增强监管工作的过程管理和控制力，实现对国有企业经济运行的实时、动态监管，并有效消除国有资产监管中信息不对称的问题。实现监管者、经营管理者和决策者的信息共享，推进电子政务，提高行政效率。其次，通过国资委对 XBRL 国资监管系统的推行和完善，国资委下属企业间统一的 XBRL 分类标准实施将促使 XBRL 报告信息更具一致性。这有利于各个公司间的相互比较，好的公司治理更容易在同行业或国资委企业之间被借鉴和推广，整体公司治理结构得以完善。最后，企业也可借助国资委财务监管信息化平台和 XBRL 标准化数据，简化企业内部的管理链条，实现精细化、扁平化管理，实现企业资源的集中调配、实时管控和业务协同，进而提高管理效率，提升企业管理工作质量，最终实现内部的深度财务监控。

7.2.3 研究展望

《可扩展商业报告语言（XBRL）技术规范》是国资委构建国有资产监管系统、制定 XBRL 财务监管报表分类标准的理论依据，但随着《国资委财务监管报表 XBRL 扩展分类标准编报规则》的应用和推广，该领域的理论研究一直滞后于实践。

可从以下两方面展开研究：其一，国资委实施《可扩展商业报告语言（XBRL）技术规范》三年来，实务界尤其是参与试点的国有企业积累了一定数目的资料和案例。如果这些案例能够得到充分挖掘和有效分析，将产生巨大的理论价值。可从国有资产监管实务工作者和该领域理论研究者入手，借助横向课题、项目等形式，打通实务界与理论界的壁垒，在不违反保密性的原则下，探究现阶段国资委 XBRL 财务监管报表分类标准的实施流程、成效，困难和机遇，为该领域的理论研究奠定充分的经验基础。其二，自 2014 年颁布实施以来，国资委从未停止过对《财务监管报表 XBRL 扩展分类标准》的调整和修订，2017 年 3 月国资委推出了《2015 版国资委财务监管报表可扩展商业报告语言（XBRL）扩展分类标准》，并在 18 家国有企业中试点推行。虽然相关经验研究受到数据和文件的限制，但前后两版分类准则是对外公开的，学者可以通过对比两版规范的异同，挖掘制度变化背后的实务支撑，结合实践调研等研究方法，探究现行扩展分类标准的可行性与实用性。

7.3　税务部门

7.3.1　运用机理

相对其他财务报告使用者而言，税务部门对于会计信息的需求具有一定特殊性（王华明，2009）。体现在两个方面：第一，税务部门工作覆盖面广。无论某公司上市与否，资产规模或是产权性质都必须按照税务机关核定的纳税期限如期纳税申报，并同时报送税务部门要求的财务报表。因此，税务部门对于会计信息的需求具有广泛性、固定性、确定性和强制性等特征（戴德明，2002）。第二，一般外部报告使用者只能获取企业对外公布的财务报告信息。税务部门如果决定对企业实施税务稽查，依据相关法律规定，企业有义务向税务部门提供账证表及其他相关资料（杨世忠，2007）。同时，这些资料属于企业私有信息，可能涉及其商业秘密，税务部门负有保密责任。可见，税务部门对于会计信息的需求更加复杂。XBRL 在税务稽查中的应用，能够很大程度地适应这一特殊性。

当前，我国国家税务总局并没有专门制定税务报告 XBRL 扩展分类标准。XBRL 技术一般以"大数据"、"云计算"的称谓在税务机关的管理工作中有所涉及和运用，并主要用于税务稽查系统的构建与运行。税务稽查系统参与者涉及企业、税务局、税务稽查局、XML Web 服务注册中心、认证中心及银行。企业是被稽查对象，需要通过互联网定期向税务稽查局提供账证表等会计资料；税务稽查局与税务局内网互连，在政策允许的情况下，税务稽查局可以从税务局的税收征管信息系统导入企业的纳税申报资料等相关信息（如四川长虹已与税务构建税务局共享的云平台，税务局可以通过公司的内网直接进行税务稽查）；通过认证中心为企业和税务稽查局提供加密、数字证书、认证等服务；Web 服务注册中心为企业和税务稽查局提供 XML Web 服务。

基于 XBRL 构建税务稽查系统，企业的 XBRL 账证表资料、企业纳税申报资料可直接导入。税务稽查系统可实现自动识别其具体数据含义，极大地方便了账证表的联查以及分析评估、经验模型等功能的应用，降低了税务稽查成本。数据转换过程的简化可以大大提高税务稽查效率。从三个方面得以体现：一是系统管理。税务稽查部门的系统管理工作主要包括案件管理、用户管理和权限管理。通过构建 XBRL 税务稽查系统，同时处理多个企业、多个稽查案件，并对稽查案件进行合理分工和权限控制。二是数据核验。税务稽查部门在正式开展稽查工作之前，一般需要对所需数据进行核验。XBRL 实例文档一旦形成，就可遵循特定的数据逻辑对企业会计数据的勾稽关系进行校验，如期初余额试算平衡、期末余额试算平衡、发生额试算平衡和凭证试算平衡等。同时，还能提高数据核验过程中发现问题、记录问题环节的效率。三是数据分析。在 XBRL 技术支撑下，无须数据转换便可直接利用 XBRL 账证表资料、企业纳税申报资料和标准参考值进行各种数据分析操作。通过数据分析，可以快速锁定可疑账户，确定稽查重点，为进一步查账工作指明方向，从而大大提高稽查效率。

税务部门在执行税务工作中还应该予以保密性原则足够的重视。中共十六届、十七届、十八届四中全会均把信息安全作为国家安全的关键组成部分，并明确提出增强国家安全意识，严格执行国家安全战略，确保国家的政治安全、经济安全、文化安全和信息安全。作为信息安全的重要内容之一，财务数据安全是应用 XBRL 于税务稽查过程中不容忽视的重要问题。只有将安全防范技术应用于税务稽查流程，才能防范潜在的安全风险，降低社会应用成本，将 XBRL 税务稽查技术的效用发挥至最大。

保证 XBRL 实例文档的安全性主要可从两个方面入手，一方面，要保证 XBRL 文档产生过程是可靠的，产生的文档应该具备一致性特征，这可以通过运用 XBRL 一致性套件得以实现。另一方面，应保证 XBRL 文档存储和网络传输过程的安全性。即通过运用计算机网络安全技术有效预防传输、存储中的恶意破坏和攻击。XBRL 是基于 XML 技术产生的，XBRL 实例文档本质上是一种 XML 文档，可以通过 Web 服务的形式进行传输。在传输过程中，应该保证 XBRL 实例文档的保密性、真实完整性、可靠性以及 Web 服务安全性等问题。保密性是指 XBRL 实例文档在存储和传输过程中不会被恶意访问。真实完整性是指 XBRL 实例文档通过互联网传输过程中没有被恶意更改或破坏。可靠性是指通过互联网传输 XBRL 实例文档的双方确信对方是自己所声明的，以避免 XBRL 实例文档的发送方和接收方发生纠纷。

7.3.2   我国税务管理信息化研究现状

1994 年以增值税为主的税制改革标志着中国的税制建设上了一个新台阶（付江峰，2015）。与此同时，出现大量虚开、代开、伪造增值税专用发票等的经济犯罪现象，造成国家税款的大量流失。为了提升税收监管水平，严厉打击虚开、代开、伪造增值税专用发票等涉税违法行为，保护国家利益，国家税务总局建设了增值税监管体系——金税工程。1994 年 3 月国家税务总局组织实施全国 50 个城市的增值税计算机交叉稽核系统试点工程，标志着"金税"一期正式开始建设。1998 年"金税"二期开始建设，主要包括增值税防伪税控开票系统、防伪税控认证系统、增值税计算机交叉稽核系统和发票协查系统四个应用子系统。2001 年 7 月 1 日四个子系统在全国各省区投入运行。2003 年 7 月全国所有增值税一般纳税人全部使用防伪税控系统，标志着"金税"二期全面完成（王建平，2008）。目前正在推广的"金税"三期，是我国电子政务的核心系统之一。其设计目标是建立基于统一规范的应用平台，依托税务系统计算机广域网，以国家税务总局为辅，高度集中处理信息，功能覆盖各级税务机关税收业务、行政管理、决策支持、外部信息应用等所有职能的功能齐全、协调高效、信息共享、监控严密和安全稳定的高度智能化的税收信息系统。"金税"工程作为增值税的生命线，其在税收管理中的作用已初见成效（靳万军，2011）。然而，从设计理念来看，"金税"三期在加强对纳税人监控的基础上，重点突出了与银行、工商、海关等综合监管部门的数据联网和信息共享，对纳税人的监控仍然以企业申报的纳税资料为主，而对企业电子财务信息的获取方面仍然涉及不多（魏陆，2011）。与此同时，各级税务系统正在推行"以申报纳税和优化服务为基础，以计算机网络为依托，集中征收、重点稽查"的税收征管模式。从 2000 年起国家税务总局开发的 CTAIS（中国税收征管信息系统），逐步统一了全国的税收征管软件。这在加强税源监控、确保税收持续增长、打击偷骗税等方面发挥了重要作用（吴笑晗，2016）。经过多年发展，我国税收征管已初步纳入了信息化管理体系。申报环节有"金税"工程系统的监控管理，征管环节有税收征管系统的监控管理。税务稽查是税务机关依法对纳税人、扣缴义务人履行纳税义务、扣缴义务情况所进行的税务检查和处理工作的总称，具体包括选案、实施、审理、执行四个环节，是税收征管工作的重要组成部分（叶建芳，2005）。1988 年税务稽查工作从税收征管工作中分离出来，朝专业化方向发展。目前税务稽查的选案、审理、执行已实现了信息化管理，但较为关键的税务稽查实施环节，即税务查账环节信息化水平仍相对滞后。我国现阶段税务稽查技术主要有三种形式：手工稽查、计算机辅助稽查和税务稽查软件稽查，其中以手工稽查和计算机辅助稽查为主，税务稽查软件尚未普及，只在个别省市局部范围内有所应用（蒋丽华，2007）。随着 XBRL 的全面实施和深入发展，这种状况将有望得以改善。

从税务部门的角度来看，其各项工作的开展普遍能够从税务稽查软件的运用中获益。众所周知，获取企业的电子会计数据是开展税务稽查的第一步（叶建芳，2005）。税务稽查软件一般都具有数据采集功能，用于完成企业财务数据的采集工作（蒋丽华，2007）。数据采集是为了满足税务查账系统的需要，通过设定数据接口标准，将企业财务数据、税务征管数据等转换成标准数据，然后通过税务稽查系统提供的数据导入功能，将标准数据导入税务稽查系统数据库，从而形成较为完整的企业涉税信息的过程（田永青，2002）。传统税务稽查数据采集的处理流程如图 7-2 所示。

图 7-2　传统税务稽查数据采集流程

征管数据内容及格式由税务机关规定，其采集过程比较简单，而会计数据的采集相对较为复杂（李宇，2008）。由于目前市场上会计软件种类繁多，且基于不同的操作系统、数据库、开发平台没有统一的数据接口标准（刘维晓，2010）。如何获取标准化的统一的企业财务数据，是制约税务稽查实施信息化建设的瓶颈因素。采集过程的复杂性限制了传统税务稽查软件的应用范围。即便将企业会计数据导入稽查系统，由于传统软件环境下会计数据本身并不具有语义功能，这就限制了税务稽查经验模型，如自动预警、纳税评估指标分析等的设计和应用，只能提供账证表的普通查询功能，因而导致稽查效率不高（张莉，2008）。因此，无论从应用范围还是从应用深度而言，传统税务稽查软件对于降低税务稽查成本、提高税务稽查效率方面的作用是有限的（于众，2016）。

XBRL 在会计领域的应用，将能够解决以上难题（Kim，2013）。基于 XBRL 的税务稽查数据采集流程如图 7-3 所示。

图 7-3　基于 XBRL 的税务稽查数据采集流程

XBRL 提供了一种统一的、标准化的会计数据，所有企业的财务报告及账簿、凭证都遵循统一的 XBRL 分类标准，这就使得数据接口标准化，自动数据采集得以实现（Matherne，2001）。同时，由于 XBRL 将所有财务报告、账簿及凭证要素都进行了统一"贴标"，因而各类会计数据具备了软件可以自动识别的含义，税务稽查系统能够自动识别所有报告要素，并能关联到账簿和凭证，实现财务数据向业务环节的全链条追溯，这无疑可以降低纳税成本。

案例介绍：2016 年我国云计算领导厂商浪潮集团对阿里巴在 11.11 的销售收入进行网上数据抓取，与阿里对税务申报的数据进行比较后发现，两者相差百分之零点几，准确度非常高。而其所利用的便是网上抓取技术，如果企业使用 XBRL 技术实现财务数据的全部颗粒化，则税务部门可独立获取网上数据，直接核定企业应纳税额。由此简化征收环节，降低征、纳税成本。

同时，XBRL 在税务方面的扩展运用也使得税务稽查经验模型的深度应用如自动预警、自动化指标分析等成为可能，因此更便于快速发现并锁定涉税疑点（旷凌云，2013），提升税务稽查准确性。综上，XBRL 凭借其统一的数据格式和标准化的数据内容，能够解决税务稽查在数据采集以及经验模型深度应用方面的难题（Cohen，2006），有效降低税务稽查成本、提高税务稽查效率、提升税务稽查质量，对于构建和维护良好的涉税生态环境具有重要作用（周海燕，2011）。

从企业纳税管理视角看，当前各公司董事会出于税务管理属于专业范畴的考虑，将该部分工作全部交由税务专员或外聘专家完成。他们忽略或低估了自己需要参与的程度，导致无法对税务风险做出适当的评估，参与制定避免或减少风险的税务战略。一个企业如果偷税漏税，企业公司治理必然是不完善的。公司治理结构的完善，意味着公司能够合法经营照章纳税，而不是采用各种非常手段获取不当利益，损害公司长远利益。XBRL技术的引入，能够帮助企业管理层更直接地参与到税务风险管理。例如，长虹集团建立云平台池，将企业报税信息放置在"公共云"中，税务机构直接在"公共云"中审核，然后直接确立申报报税，确定纳税额。税务机关采用由 XBRL 技术颗粒化的数据对云平台进行征管，能更快速地追踪到企业税收方面的违法行为，企业的违法成本将短期内上升，由此倒逼企业逐渐减少选择偷税来节约成本的方式，而是转向纳税筹划这种合法避税的方式。

XBRL 技术应用对于企业的税收筹划也同样发挥效用。对于企业来说，偷税漏税具有较高的违法成本，而纳税筹划需要管理层具备一定的预测与决策能力，如果公司治理结构相对完善，纳税筹划将有利于企业财务利益最大化。通过税收筹划，减少经营成本；由于纳税筹划可以降低现金流的抵减项，可以提高企业现金流的安全性。XBRL 的使用，将使管理层有更好的技术方法进行纳税管理，提升税收管理水平，从内部监控的视角完善了公司治理。

7.3.3　研究展望

我国税务部门目前尚未将 XBRL 技术运用于企业报税标记语言。但 XBRL 在税务征收、稽查中的运用已在多个国家得到运用。例如早在 2008 年 12 月德国签署了一项减轻税务行政负担的法律，要求所有用到纸张的程序现在必须用电子媒介代替。为遵守该项法律，德国税务管理机关选择了 XBRL 作为报送损益表和资产负债表的法定数据标准；英国皇家税务颁布规定，从 2011 年起英国公司必须使用 XBRL 标记语言提交纳税申报表和账目。受到实务发展的限制，我国现阶段关于税务领域 XBRL 运用的文献集中于 XBRL 引入税务管理构想、可行性的探究。基于国外税务部门的 XBRL 运用经验以及国内外针对 XBRL 税务技术平台适用性分析，XBRL 技术平台的税务稽查系统可以实现从原始数据的自动采集到查询分析，再到稽查报告制作的全流程支持，并有利于稽查经验模型的应用。这将极大地降低税务稽查成本，提高税务稽查效率。它也会促进企业依法纳税、提高注册税务师涉税鉴证质量、构建和维护良好的涉税环境。就当前我国 XBRL 在会计领域的全面应用和深入发展的局势，其对税务征收、稽查工作也将产生深远的影响。由此，在我国税务部门推行 XBRL 技术应用具备较为成熟的经验基础及理论基础，而税务部门向 XBRL 技术进军的进一步举措，也将为该领域理论研究提供更丰富的经验支撑和实务素材。

XBRL 与监管文献分析见表 7-1。

表 7-1　XBRL 与监管文献分析

作者	年份	概况	相关理论
杜兴强	2002	会计信息产权的界定是一个持续性的博弈过程 企业所有权分享与会计信息产权界定密切相关，剩余索取权为利益相关者参与会计信息产权界定提供动力，并决定会计信息产权界定的动向 会计信息管制的内因在于矫正企业所有权分享下会计信息产权界定的无效性	交易费用 委托—代理理论
沈艺峰	1996	根据我国 1993 年 6 月 10 日颁布的《公开发行股票公司信息披露实施细则》，"公开"原则是股票市场公认的三大原则之一，它要求上市公司必须履行信息充分披露的义务。其中会计信息是上市公司必须披露的主要信息	
杨世忠	2007	企业各方利益主体之间的利害关系博弈服从于各方力量大小和方向的相互作用结果；对企业承担风险和责任大、做出贡献也大的利益相关者，其力量大；反之，对企业承担风险和责任小、做出贡献也小的利益相关者，其力量小；在各方力量大小不同的条件下形成的均衡，笔者将其称为"企业内部的经济域秩序" 基于"企业内部的经济域秩序"而形成的"企业内部的会计域秩序"既是研究会计信息质量特征组合与层次的出发点，也是确认会计信息质量评价要素的基础	博弈论
周海燕	2011	XBRL 技术构架 XBRL 在我国的发展 基于 XBRL 的税务申报直通式处理（STP）模式结论：通过基于 XBRL 的税务申报直通式处理，可以实现网络经济时代税收征管模式的创新，提高税收信息的及时性、准确性和完整性，充分发挥信息管税的作用	

续表

作者	年份	概况	相关理论
李为	2009	探讨美国、中国以及其他国家 XBRL 运用情况 总结了目前中国存在的问题，并就进一步推动 XBRL 技术在中国的发展提出了可行性建议	
杜美杰、李吉梅、刘凯	2014	国资委监管扩展分类标准的扩展思路、基本架构、统计数据 XBRL 分类标准在国资委财务监管中的应用及展望	
王华明	2009	财务会计与税务会计的分离日益显著 我国企业税务会计信息披露的现状及存在的问题 改进我国企业税务会计信息披露的设想	
戴德明、周华	2002	评价会计制度与税收法规的协作历程的基础上，讨论两者在税收征收管理的信息需求方面加强协作的必要性 运用模拟法以"租赁或借款安排"为例实验分析了在税收监管中实现有效合作的可能措施 推动税制和税法的进一步完善的建议	
付江峰	2015	分析增值税改革现状及面临困境 增值税改革的基本原则和整体思路 从推进"营改增"全覆盖、全面完善增值税制、合理调整增值税中央与地方分享比例、启动增值税立法等方面提出对策建议	
王建平	2008	我国现行增值税制度存在的弊端 建立规范化增值税制度的迫切性 增值税改革应以全面推行消费型增值税和扩大增值税征收范围为重点	
靳万军	2011	梳理中国增值税发展进程 合理解决税收与税源背离问题，妥善处理中央与地方税收分配关系，确保区域之间统筹协调发展，确保调动两个积极性，确保增值税改革顺利进行	

附录一：XBRL 实践案例与实务发展

一、XBRL 实践案例：湖北石油应用 XBRL 实现"业财一体化"

（一）中国石油湖北分公司的 XBRL 实践

中国石油湖北分公司的 XBRL 内部应用目标是面向用户，充分发挥 XBRL 标准化、结构化和可拓展等优势，采用 XBRL 标准构建方法论，建立 XBRL 指标体系，实现原始交易数据的实时采集和颗粒化、标准化管理。

中国石油近些年在 XBRL 扩展应用上进行了有益探索，其中湖北石油在该方面取得的成效尤为显著。以加油卡为例，湖北石油采用付 1000 元现金，给 50 元折扣的优惠。在没有实施 XBRL 之前，加油员自己提前购买单位加油卡，并用自己加油卡为客户加油。在客户不知情的情况下，加油员每收取 1000 元现金，便可将 50 元折扣收入囊中。这种中饱私囊的内部管理乱象曾长时间困扰中石油治理当局，而 XBRL 技术的引进，为治理该乱象提供了一剂良方。湖北石油为每一张加油卡打上唯一的 XBRL 条形码，如此一来，可以实时监控每一张加油卡的实时使用情况。同时，湖北石油根据加油惯常，规定一天之内，一张加油卡在同一加油站只能加一次油。如果加油员收取客户现金，并重复用自己购买的卡为多位客户加油时，将直接触发 XBRL 应用系统中的预警装置，马上被查处。

可见，湖北石油将 XBRL 技术融入公司营运管理，很大程度上增强了公司的风险防控能力。针对与财务紧密关联的重点风险防控领域，如卡套现、损耗监控、游离客户等，以往难以从每日超过 300 万条的各类交易数据中寻找可疑的交易。运用 XBRL 全面梳理并建立监控指标体系，实现了重点风险区域的持续监控、自动预警，并可借数据颗粒化的特点，由监控结果数据追溯到基础交易细节数据，第一时间为风险应对提供必要的支持信息，全面强化风险防控能力，降低可能产生的损失。

不仅如此，湖北石油运用 XBRL 整合业务与财务数据，重构不同于传统业务、财务报表的"动态价值报表"，增强了公司管理层决策的支撑力度。以往受限于系统间的壁垒，获取加油站的运营信息、财务状况，通常需要一两天进行信息汇总。经 XBRL 技术颗粒化、标准化后的数据，在十几分钟内即可生成湖北全省 775 座加油站的销售、费用、库存等综合性决策报表，并可穿透钻取到每张交易小票的信息，管理决策效率得到提高。

湖北石油的 XBRL 应用协助优化企业价值评价体系。湖北石油借助 XBRL 将业务、财务的指标进行重新梳理并统一标签化，并从应用分析场景的需求出发，定义了指标项与维度项的关联关系，为多维度地分析指标的评价结果提供了极大的支持，从而使管理人员可以深入分析和解读指标背后的规律与原因。例如，过去的评价结果只能简单地反映实际销量与预算间的差量，无法快速了解到哪些加油站产生差量和原因等。现在以 XBRL 为基础的企业价值评价体系，允许企业从差量直接定位到具体差量的站点以及原因，如促销不当、客户流失等。

（二）XBRL 的行业扩展分类实践

1. 石油行业 XBRL 分类扩展实践

（1）石油行业 XBRL 分类扩展概括。

2011 年 12 月财政部发布了我国第一个行业扩展分类标准：《石油和天然气行业扩展分类标准》（以下简称石油行业扩展分类标准）。该行业扩展分类标准吸收和借鉴了石油和天然气行业的共性特征，反映了石油和天然气行业的业务特点，以满足该行业高质量财务报告披露的需要。

石油行业扩展分类标准是在通用分类标准的基础上，按照石油行业财务报告实务中的共性做法扩展而成。作为通用分类标准的行业扩展分类标准，石油行业扩展分类标准的架构与通用分类标准一致。在逻辑设计上，石油行业扩展分类标准按照通用分类标准的建模方法，将石油行业企业的财务报告共性映射到 XBRL 语言上。在物理结构上，石油行业扩展分类标准各文件和文件夹的层级设计和组织方式与通用分类标准基本相同。

石油行业扩展分类标准采用了通用分类标准核心模式文件。当通用分类标准中的定义与石油企业财务报告的概念一致时，石油行业扩展分类标准则直接引用通用分类标准的定义。在内容上，石油行业扩展分类标准包括财务报表、财报附注等财务报告组成要素，涵盖了石油行业企业普遍使用的财务报表和报告披露事项，与通用分类标准类似。在构成上，石油行业扩展分类标准是在通用分类标准基础上的具体化。其中，石油行业扩展分类核心模式文件中只包含石油行业扩展分类标准所扩展的全部元素。其链接库包括列报链接库、计算链接库、定义链接库、标签链接库（包括中文和英文标签），未使用参考链接库和公式链接库。而石油行业扩展分类标准的入口文件暂设在石油行业扩展分类标准文件夹中，拟在未来修订通用分类标准时，择机由通用分类标准统一定义。

（2）XBRL 石油行业扩展分类标准的扩展统计数据。

由于内容上石油行业扩展分类与通用分类标准差别较小，我们从构成上分析石油行业扩展与通用分类标准的差异。从核心模式文件上看，cas_core_ yyyy-mm-dd. xsd 是通用分类标准中定义通用分类标准元素的核心模式文件，石油行业扩展分类标准引用的 641 个通用分类标准元素存放在该文件中。cas_ ogi_ core_ yyyy-mm-dd. xsd 是石油行业扩展分类标准的核心模式文件，446 个扩展元素都存放在该文件中。石油行业扩展分类标准中的元素总数为 1087 个。

由于企业会计准则的所有披露要求都已在通用分类标准中定义，石油行业扩展分类标准不再设置参考链接库。而公式链接库是一项新技术，拟计划在通用分类标准实施取得丰富经验之后再将其引入行业扩展分类标准。此外，石油行业扩展分类标准使用了通用分类标准中用到的其他四种链接库，列报链接库、定义链接库、计算链接库和标签链接库。各类链接库的使用方法与通用分类标准一致，其中列报、计算和定义链接库根据石油行业财务报告共性进行建模。

（3）通用分类标准与石油行业扩展分类标准的比较。

对比石油和天然气行业 XBRL 扩展分类标准与通用分类标准可以发现，两者在定义元素结构、文件等方面存在较大的差异。XBRL 通用分类标准的具体行业适应性有所不足。当前的 XBRL 通用分类标准要满足行业具体信息披露要求必须立足于行业特征进一步扩展分类标准。XBRL 依据行业特征提供扩展分类差异可能影响到 XBRL 的实施效益。具体对比如附表 1-1所示。

附表 1-1   通用分类标准与石油行业扩展分类标准的比较表

统计项目	通用分类标准 （cas2010）	石油行业扩展分类标准 （ogi2011）
核心元素总数	4872 （cas，2845；ifrs，2027）	5313 （cas，2845；ifrs，2027；ogi，446）
其中：		
定义的元素个数	2954	1087 （共同的定义链接个数：309； 定义中的共同元素个数：631）
列报的元素个数	2984	1087 （共同的列报链接个数：309； 列报中的共同元素个数：631）
参与计算的元素个数	826	303 （共同的计算链接个数：153； 计算中的共同元素个数：164）
有标签的元素个数	2984	1087
有参考的元素个数	2984	0
文件总数	430	28
其中：		
模式文件个数	43	14
链接文件个数	387	14
DTS 中链接文件总数	387	6
其中：		
列报文件个数	114	1

续表

统计项目	通用分类标准 （cas2010）	石油行业扩展分类标准 （ogi2011）
计算文件个数	54	1
定义文件个数	114	1
参考文件个数	33	0
其他文件个数	69	2
概念标签链接总数	6946	2944
其中：		
语种与个数	zh：3473；en：3473	zh：1472；en：1472
扩展链接角色个数	196	84

（4）石油和天然气行业扩展分类标准新增元素扩展领域。

通过比对企业会计准则通用分类标准元素清单与石油和天然气行业扩展分类标准元素清单可知，石油和天然气行业扩展分类标准元素，主要从以下几个方面进行了扩展：

第一，将基本元素扩展至粒度更细的具体元素，如长期股权投资分为对联营企业和合营企业投资、对子公司投资两个类别，分别在年初余额、本期增加、本期减少、期末余额四个方面进行披露。

第二，增加了部分由企业自愿性披露的元素。如在关联方关系及交易中增加了主要管理人员薪酬元素，在应付账款、其他应付款和预收账款方面增加了持有本公司5%（含5%）以上表决权股份的股东款项元素。

第三，根据石油和天然气行业的行业特征新增基本元素。如对营业税金及附加增加了石油特别收益金、产品税及其他三个项目。对或有事项和承诺事项则是根据行业特征，将披露项目按照扩展标准进行分类。承诺事项被要求从经营租赁承诺事项、资本性承诺事项、勘探和采矿许可证及其他重大承诺事项四个方面进行披露。其中，石油和天然气行业特征新增的信息披露基本元素为勘探和采矿许可证。具体见附表1-2。

附表 1-2　石油和天然气行业扩展分类标准新增元素表

财务报告附注披露会计科目	新增元素内容	新增元素数量
长期股权投资	长期股权投资分类明细（年初余额、本期增加、本期减少、期末余额）	12
长期待摊费用	长期待摊费用项目明细	2
资产减值准备	坏账准备年初余额明细，本期增加明细，本期减少（转回、转销）明细，期末余额明细	15
应付账款	应付持有本公司 5%（含 5%）以上表决权股份的股东的款项，账龄超过一年的应付账款	2
预收账款	预收持有本公司 5%（含 5%）以上表决权股份的股东的款项	1
其他应付款	对持有本公司 5%（含 5%）以上表决权股份的股东的其他应付款	1
一年内到期的非流动负债	一年内到期长期借款的长期保证借款，一年内到期的长期借款前五名及借款详情	13
长期借款	长期保证借款、长期借款到期日分析（按年限）、长期借款前五名及借款详情	17
资本公积	其他资本公积明细	4
未分配利润	未分配利润变动项目明细	7
营业收入和营业成本	营业收入和营业成本明细及主营业务和其他业务收入、成本明细	8
营业税金及附加	石油特别收益金、产品税及其他	3
销售费用	折旧、折耗及摊销，运输费及其他	3

续表

财务报告附注披露会计科目	新增元素内容	新增元素数量
管理费用	折旧、折耗及摊销，修理费，安全生产费用，其他税费，其他	5
财务费用	油气资产弃置义务因时间推移产生的利息支出	1
营业外收入	营业外收入计入本年度非经常性损益明细	4
营业外支出	营业外支出计入本年度非经常性损益明细	6
所得税费用	所得税调整项目明细	4
每股收益	其他每股收益的说明	1
分部报告	区域信息及明细	6
关联方关系及交易	主要管理人员薪酬	1
或有事项	或有事项按照形成原因（提供担保、环保责任、法律或有责任、其他）分类	4
承诺事项	按照经营租赁承诺事项、资本性承诺事项、勘探和采矿许可证及其他重大承诺事项四项进行信息披露	18

2. 基金行业的 XBRL 分类扩展实践

近年来，为了提高基金信息披露质量，证监会于 2008 年启动基金电子化信息披露建设。通过应用 XBRL 技术，实现了基金信息的电子化自动交换和智能识别分析，高效解决了海量基金信息的传递与使用难题。

2009 年 7 月 20 日基金信息披露网站正式上线。该网站为中国证监会子网站，有其专用域名，并独立于中国证监会网站。网站的基本定位是"基金信息披露义务人按法规规定以 XBRL 实例文档形式向中国证监会报备并对外披露信息的专用网站"。通过该网站，投资者可以查询自 2009 年 1 月 1 日以来所有基金的净值日报 XBRL 实例文档；同时，实现报送与展示的同步，整个网站系统实现 7×24 小时不间断监控和维护。此外，随着基金信息披露 XBRL 项目的推进，投资者通过该网站将可进一步查询基金年度报告和半年度报告 XBRL 实例文档，基金临时公告、基金招募说明、基金合同等基金信息披露文件的 XBRL 实例文档；借助于相关分析工具，实现相关数据的横向及纵向的比较和分析；利用 XBRL 特有的展示工具，投资者可以按任意章节快速阅读基金报告，并直观查看各类基金数据生成的图表。除了 XBRL 文档外，基金信息披露网站还登载了 XBRL 介绍、基金 XBRL 业务及技术文档、基金信息披露 XBRL 大事记、基金各类机构的基本信息、部分基金定期报告的 PDF 文档等内容。

2010 年 4 月国际组织正式确认上海证券交易所上市公司、基金 XBRL 分类标准通过"Approved"认证，并在其官方网站正式发布了相关信息。"Approved"认证是 XBRL 国际组织对分类标准最高级别、最权威的认证，认证过程严格细致、耗时长，对标准的技术规范性、业务适用性及社会评价度均有严格要求。此次认证成功，是我国资本市场为我国乃至国际 XBRL 发展事业做出的重要贡献。

XBRL 在基金全行业应用，只需向证监会负责，因此不像上市公司面临两套标准。同时，XBRL 不仅应用在向证监会报送信息时，而且从起始端起就使用电子技术处理数据，极大地提高了基金公司本身的效率。截至 2017 年第二季度，XBRL 覆盖了 4206 只基金，分别为 686 只股票型基金，1955 只混合型基金，1078 只债券型基金，309 只货币型基金，131 只 QDII 基金，47 只短期理财债券型基金。

此外，2010 年 12 月 6 日，我国新建的基金电子化信息披露系统正式上升成为主系统，所有基金管理公司和托管行正式向新系统报送所有定期报告，各方信息使用者可通过基金信息披露网站（fund. csrc. gov. cn）查询基金定期报告、净值公告和部分临时公告，比较不同基金间的业绩表现。其具体的分类标准框架如附图 1-1 所示。

XBRL 在基金行业的运用不同于上市公司，其被强制要求以 XBRL 形式披露每天的日报、季报、年报等数据，而不是 PDF 或者 DOC 文档形式。尽管上市公司信息披露的 XBRL 化已经通过一些行政力量实现了全覆盖，但毕竟不是法定的披露手段和义务，一旦遇到数据冲突，最终还是以 PDF 版本为准。因而 XBRL 技术将对基金行业的信息披露影响更为显著，此外，基金行业的 XBRL 扩展分类适用性会影响行业 XBRL 信息披露执行效率。

XBRL 在基金信息披露中的应用将有利于促进信息披露的规范化、透

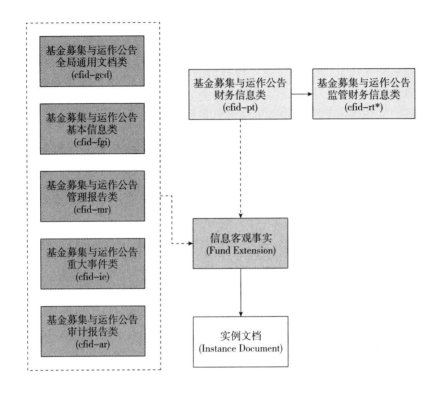

附图 1-1　基金电子化信息披露系统图

明化和电子化，提高信息在编报、传送和使用过程中的效率和质量。银河证券基金研究中心负责人胡立峰表示，基金信息披露应用 XBRL 将直接使基金信息、数据标准化，将有利于基金评价机构、新闻媒体等第三方在此基础上更深刻、更全面地评价基金和基金公司。

（三）基于案例的 XBRL 实践的治理影响

1. 一般影响

从案例可知，采用 XBRL 将有助于其梳理内部信息系统和相关业务流程，实现流程再造，促进业务效率和内部控制水平的全面提高，进而提高组织内部的信息透明度。

资本市场的信息使用者（中介机构、投资者等）将希望以更低成本和更便捷的方式获得高质量的公开信息。这有利于其继续决策分析与数据挖掘，进而优化投资决策，抑制个人的非理性行为，减少认知偏差。

对于监管部门，通过公开信息和监管信息的 XBRL 化，可以提高数据分析的深度和广度，提高监管效率和水平。比如"基金净值与基准的比较"，以监管层的现有人力来实时监测上千只基金的每日净值，几乎是不现实的。实施 XBRL 后，在数据信息化和相应软件的应用下，数据分析、事实处罚、依法审批等工作流程必将更大限度地保证基金管理人遵守基金合同，维护基金投资者的合法权益。

2. 案例差异影响

联系案例可知，当前的 XBRL 实践是多数执行通用分类标准与部分执行行业扩展分类标准并行，两者之间存在较大的 XBRL 分类适用性与元素覆盖率差异。可以预见，适用性更强的行业扩展分类的执行效果将优于通用分类标准。因而，XBRL 实践效果存在差异，而当前的学术研究中尚未对此有足够的重视，特别是实证研究，因而可能出现有偏的结果。

此外，我国的 XBRL 领导机构较为复杂。就通用 XBRL 实践而言，主要存在证监会与财政部两个领导机构，两者的标准在多数上市公司中是并行的。我国的 XBRL 行业扩展分类也分别由财政部与证监会领导，但是领导权是错开而不并行的。财政部领导石油天然气行业 XBRL 行业扩展分类制定，而证监会领导基金业 XBRL 行业扩展分类制定。由于 XBRL 的通用分类的适用性较差，并且行业差异明显，将来企业内部实施 XBRL 必然依据行业扩展分类，这就决定了将来我国 XBRL 实践的交错领导格局。当各行业扩展分类逐步形成并执行，我国内部的 XBRL 执行效率也可能因为领导机构的不同而不同。

二、基于互联网的 XBRL 应用发展趋势

1. 公司将广泛地采用电子报告

基于 XBRL 的互联网财务报告实质上是一个全球互联的实时报告系统。可以设想公司会计系统采用了 XBRL，可以及时结账。审计师能紧跟着客户的工作进度，通过持续的监控系统跟踪企业交易事项和 XBRL 会计分录。贷款人也能通过 XBRL 直接或由相关软件编制的专用报告来监控借款人的

财务状况，每个公司还能得到基于 XBRL 信息的实时信用评级，可以评价其交易伙伴的业绩。企业财务报告和对财务报告的分析的工具最终都将电子化。

2. 地域性会计准则与国际会计准则之间转换不再困难

XBRL 将使公司更容易地生成财务报告，应用在总分类账和会计分录中，使在不同的会计准则下的财务报告编制更加容易。一个公司外部的分析师或投资者可能无法把一个财务报告从美国公认会计准则规格转换为国际会计准则规格，但是有了 XBRL 他们没有必要再亲自做这些工作，这种转化工作完全可以交给专门的转换软件来自动完成。财务报表的编制者和审计师将因此能够产生和协调适应性最为广泛的报告。

3. 非财务信息必将具有和财务信息同样的地位

会计师事务所将从公司财务业绩的验证工作转移到验证财务预测和非财务信息（顾客满意、员工留持和环境报告等）的合理性和真实性等工作上，如验证 XBRL 标签的应用是否恰当，信息是否被操纵以及数字报告是否可信等。而财务信息中的数量化的部分都可以通过 XBRL 来自动分类、汇总、检索、传递和列示。财务报告的商品化使得财务专家日益致力于揭示、翻译、评估那些非定量的信息。这些信息来自于跨行业的组织或来自于从人力资源到客户关系管理等广泛的企业部门，因为只有这些财务信息处理是计算机及其高级数据处理语言所无法取代的。这种分工的结果使得非数量化的财务信息和决策中必要的非财务信息的处理和地位与量化信息同等重要。

4. 公司视角的企业报告就是数字式媒体

XBRL 把纸质报告转换成通用的数字文件。公司将记录这些虚拟文件如何使用、谁使用及使用目的是什么。围绕有关权限的管理（如何获准使用这些信息）、流动传播媒体（以任一语言在互联网上不停播放公司信息）、互动式交流（提供方和使用方进行对等的信息交流）、审计介入和审计轨迹等新的问题，新的业务和服务将不断出现。和其他的互联网媒体一样，基于 XBRL 的信息披露方式代表一种非接触的感知用户的方式。通过这种方式理解用户行为、要求，获取用户的反馈，从而对公司信息的关键用户——股东愈加熟知。

5. 财务信息中介的角色出现危机

信息的供应链结构将消除信息集成者和信息中介人这样的传统角色。

现有的财务信息中介人，要么重新定义，要么丧失其角色。对于信息集成者和信息分析师，未来的悖论是他们必须通过公司网络地址或是借助于人工智能把基于 XBRL 的信息迅速集成，这样才能体现他们存在的价值，但是，一旦投资者也拥有所有的这些工具和信息，那么他们又有什么呢？许多企业将没有存在的必要了，评级机构将与金融服务组织合并，财务出版商将成为财务传媒组织的一部分，地方性的、中型的会计公司将出于效率而合并，以此抑制更大公司的进入。

6. 政府将更能对其绩效负责

在许多国家，当公共部门的会计陈报变得越来越有效和透明，官僚作风、管理不善和欺诈就会减少。有了 XBRL，政府可以对其投资的重大项目和政府各部门进行有效的管理，因为可以获得更为及时的财务信息，可以获得实时监控所需要的特殊财务信息，这都使得政府对其投资绩效以及公众或有关世界组织对政府绩效进行正确可靠的评估成为可能。如世界银行和国际货币基金这样的组织将要求发展中国家接受适应当今互联网发展的报告系统和评估控制。正如电子商务和贸易的日益便利加快了跨国界协定和组织的发展，全球的政府部门和其他私人部门接收和使用 XBRL 进行信息披露，将对全球性的组织如 IMF、OECD、世界银行和联合国等而言预示了一个更为重要而且有力的角色。

7. 权威部门将在数字代码中写成政策

XBRL 将容易地把一个报告准则转换成一个互联网披露的技术标准，使得软件可以利用业务自身的逻辑和严守现有的报告政策进行自动化的数据处理。新一代的司法、监管和准则制定机构将能用语言代码写成相关政策，并发布到相应的网页上，每个组织可下载并遵从之。XBRL 标识的一个现实而重要的应用就是把复杂的政策转换成数字代码，这将成为数字社会的一道风景线。

8. 全球资本市场将趋于民主化

XBRL 瞄准了全球性资本市场，任何投资者都有同等的机会关注并获得遍布世界各行各业的公司的信息，这不再是一部分人的专利。在一个全球性的资本市场中，不论企业的规模大还是小，营运水平、业绩如何，因为以 XBRL 作为信息披露的工具，都将拥有同等的机会参与到资本市场并获得全球性的资本，这将不再是大公司的专利。XBRL 是自互联网诞生以来个人投资者拥有的最实在的工具，借助于 XBRL，投资者可以切实关注被投资的企业，这不再是机构投资者和财务分析师的专利了。企业拥有了XBRL，可以向全球投资者、债权人等各种利益相关者呈报丰富和个性化的信息，信息不对称将得到极大缓解，资本市场中投资者歧视和企业歧视的现象将逐渐消除。

9. 电子报告将和电子商务一样重要

现在的 XBRL 是关于财务报表和其他各种企业报告的，但是互联网报告的未来是实时商务通过接入 XBRL 对实时经营、实时定价、实时管理等工作进行实时陈报。现在这些固化的数据库，即财务报表将被更具有流动性的、虚拟的文件所代替，这些电子文件是可以在网络交易后迅速生成的，电子商务征税可以跨国界进行，被授权的监管者可以深入到公司内的各种交易。提供透明信息的 XBRL 将为投资、并购、战略性计划、电子化企业中的每个人降低决策风险。

10. 基于 XBRL 的经济宏观监控

虚拟网络联结使得公司管理层能了解公司经营的真实业绩并能在任何时候发现企业面临的问题和机会。XBRL 的信息披露模式，经济层面上的虚拟联结能使经济政策的制定者有能力获得经济运行中准确的变化并及时地应对。若每个经济组织都能实时披露其经济状况，整个区域经济或国家经济全貌就可以被实时把握了。构建经济层面上的数字报告就是要创建一个全球性、机能性的企业业绩反馈系统，这将是一个使得政策制定者能在充分信息下做出决策的实时监控器。

XBRL 的目标是及时了解企业和整个经济体发生了什么，将成为人类决策的基础，其价值精髓是把能自动化的自动化，从而让人的创造性思维从这些机器可以替代的工作中解放出来，致力于决策和战略问题的研究。如果这种理念真能在微观交易层面和宏观经济层面取得成功，那么 XBRL 和基于 XBRL 的互联网陈报的影响将是革命性的。

附录二: XBRL 治理效应的探索性分析示例

本书前文从公司治理要素出发, 探讨了 XBRL 对于这些要素治理作用的影响。从股权结构、管理层薪酬契约、董事会、股东大会、审计委员会等角度探讨了 XBRL 对于这些治理要素治理效果的影响。那么 XBRL 是否会影响公司的治理水平? 这里利用公开的数据对 XBRL 的行业应用以及在上市公司中的治理效应进行简单的示例分析。

一、中国开放式基金市场 XBRL 的应用

(一) 开放式基金市场 XBRL 应用背景

作为一种财务报告语言, XBRL 为资本市场信息披露和信息交换注入了全新的活力, 特别是 2003 年 12 月 XBRL 规范版本 2.1 在美国的正式诞生, 更标志着 XBRL 将引领信息披露跨入一个全新的变革时期。在我国资本市场高速发展的背景下, 资本市场中的参与各方都对上市公司和基金披露的信息质量、数量和信息获取的便捷性提出了更高的要求。

开放式基金就是随着我国资本市场不断成长的 "新生儿"。中国的第一只开放式共同基金在 2001 年 11 月开始交易。截至 2016 年第四季度, 证监会网站上披露的基金总数为 3427 只。基金资产净值已达 86940.96 亿元。基金类型包括指数型基金、货币型基金、债券基金、股票型基金、混合型基金和合格境内投资者基金 (QDII) 等。从基金发展历史和数量增量不难看出, 中国基金市场发展迅猛。另外, 中国的共同基金有很多独特的特

点。不像美国有董事会（受托人）监管的法人实体基金，中国的开放式基金是契约型基金而不是法人实体。中国的开放式基金投资者是基金的受益人而不是股东。中国共同基金的费用结构是不灵活的。从 2002 年开始，大多数中国股票型基金必须缴纳净资产总额的 1.5% 作为管理费用。在美国，共同基金费用结构更加灵活，费用通常会经过董事会的讨论决定，管理费用取决于不同的市场竞争情况和基金业绩。

近年来，中国证监会、财政部等相关部门都在努力实现我国资本市场与国际资本市场的接轨和融合。迄今为止，XBRL 在国际上被很多公司、会计师事务所以及金融机构所采用。因此中国在共同开放式基金上对于 XBRL 的采用也能一定程度上加快中国的国际化进程，加强中国在开放式基金市场上与世界其他国家的联系。日本东京的交易所通过 TDnet 系统中的可扩展性商业语言呈现财报信息，澳大利亚的交易所对于 XBRL 技术尚处于摸索阶段，德国的德意志银行使用可扩展商业语言对信用度和贷款资料记录分析，从而使其借贷程序更顺畅。学者们在进行探究分析后认为，XBRL 使市场信息、财报等透明度大大提升。为了推动我国基金市场的健康发展，保障基金投资者的信息知情权，从 2010 年开始，中国证监会在开放式基金市场全面推广使用 XBRL。强制要求所有基金公司在规定的网站上（http：//fund. csrc. gov. cn/web/login_ do. login）以 XBRL 格式为投资者呈现实时详细信息。在信息披露板块中，投资者可以按照报告类型、信息披露主体和基金类型三种方式查找到想要的基金对象的 XBRL 报告，包括日报、季度报告、半年度报告、年度报告和临时公告。报告内容也十分丰富，包括基金日收益、七日年化收益。净值变动等基金收益风险情况还包括基金管理者介绍，基金投资组合情况等信息。

（二）基金市场 XBRL 实践的文献回顾

国外有关开放式基金的研究大都集中在三个方面：一是探究基金投资者在选择基金时将哪些因素纳入考量的范围，也就是探究哪些因素会左右投资者的投资选择。二是围绕基金业绩—基金资金流动关系（Performance-Flow Relationship）这一传导机制的研究。三是针对基金流动性展开的探讨。国外文献较少直接研究 XBRL 在基金市场的应用情况。许多国家在基金市场推广使用 XBRL 的时间都比中国晚，而且各个国家在使用 XBRL 之前进行基金信息披露的工具各不相同，这就造成 XBRL 在基金市场的应用效果存在较大差异。对于那些信息透明度本身就比较高的基金市场而言，XBRL 的应用效果并不明显，研究关注度自然也不高。

国内的研究肯定了 XBRL 在中国基金市场应用产生的积极影响，尤其是 XBRL 在增强市场信息透明度方面发挥的作用。曾建光等（2015）认为，XBRL 的一大优势在于将纷繁复杂的财务信息标准化，这削减了基金管理者与外部投资者之间在信息获取方面的非对等程度，降低了投资者获取信息和解读信息时付出的各项成本，提升了监管层的监督效能。XBRL 的推广使用降低了开放式共同基金代理成本，同时改善了开放式基金的业绩。国内基金市场 XBRL 的应用在降低信息不对称方面有显著作用，这也将对投资者的行为方式和理性程度产生不可忽视的影响。

（三）基金市场 XBRL 影响的研究话题

1. 基金 XBRL 应用与基金 PFR 传导机制

中国开放式基金市场存在不同于海外发达国家开放式基金市场 PFR（业绩—资金流关系）的赎回异象。其产生原因是中国人的独特投资心理和大环境。比如处置效应、过度自信、噪声交易、过高的交易成本、中国开放式基金较差的持续性等。XBRL 很可能会对 FPR 产生影响，但也有学者认为，中国基金市场不存在赎回异象。因此，中国开放式基金市场是否存在赎回异象值得关注，XBRL 的应用对 PFR 传导机制又会产生什么样的影响值得探究。有必要收集基金在年度、季度、日层面的数据，从不同周期考察是否存在赎回异象，以及 XBRL 对赎回异象的影响。

2. 基金 XBRL 应用对投资者的影响

如果从投资者分红敏感性的角度观察投资者的理性程度，基金 XBRL 的应用确实降低了基金投资者的分红敏感性，提高了投资者理性水平。需要研究的，一是论证投资者的分红敏感性能否反映基金投资者理性程度。二是验证在各种控制变量情况下，上述结论是否成立，控制变量包括基金管理者个人特征（年龄、受教育程度、从业年限、性别）以及基金评级情况。但是由此出现的问题是该如何对这些衡量管理者个人特征的指标赋权。现有研究非常粗糙，大都是武断地给予整数的权重，没有任何理论或实务基础。另外一个问题就是每只基金的管理者都至少三人以上，这就给基金管理者个人特征的衡量加大了难度。

XBRL 的应用对于不同投资者来说作用肯定是不一样的。初步的调查研究也显示，XBRL 的普及程度其实并不广，真正在投资决策中应用到 XBRL 这一工具的也仅局限于机构投资者的分析师们或者极少数的个人投资者。绝大多数个人投资者获取信息的意愿没有被调动，运用信息的能力也有待提高。这是 XBRL 进一步推广需要解决的受众问题。

3. 基金分红与基金 PFR 传导机制

可能尝试的方向是基金分红与基金 PFR 之间是否也存在着潜在的关系，分红是否会通过与业绩的相互影响从而推动赎回异象的产生。

4. 基金 XBRL 应用与基金投资策略

XBRL 披露让基金的投资组合更容易被投资者所了解，这样一种变化会不会对基金投资策略产生影响。

二、XBRL 对上市公司治理水平的初步影响

（一）XBRL 公司治理效应文献回顾

本书上文已经针对不同主体与治理关系分析了 XBRL 改善公司治理的各种路径。这里对 XBRL 的研究路径进行综合概述：XBRL 增加了企业的信息透明度。一方面，XBRL 提升了企业信息披露的数量，XBRL 实施后企业的自愿信息披露程度增强（杜舟等，2017）；另一方面，XBRL 的实施提升了的企业的信息披露质量。第一，XBRL 重塑了企业的会计业务流程（刘杰、薛祖云，2010），可以自动生成企业的财务报表，因此 XBRL 增加了信息披露的及时性（王琳、龚昕，2012）。第二，XBRL 中的计算链接库可以自动进行业务流与数据流的一一核对，也可以进行各个账户的数据的核对，因此 XBRL 内置的验证机制，可以降低企业财务数据的错报率（王琳、龚昕，2012），提升了企业财务信息的可靠性。第三，XBRL 也增加了企业财务信息的可比性。XBRL 在企业内部的实施实现了会计电子信息的标准化和规范化，XBRL 的技术规范文件规定了企业实施的 XBRL 的标准，增强了企业内部、企业间、行业内部、行业间会计信息的可比性（王琳、龚昕，2012），另外，投资者也可以实现跨资本市场上企业间以及同一个企业市场价值的对比。因此，XBRL 增加了企业信息的可比性。第四，

XBRL 增加了企业信息的相关性。传统 PDF 格式的财务报表只能通过鼠标点击下拉进行阅读，XBRL 格式生成的财务报告便于检索，这使得企业信息使用者依据自己的需求检索信息，这更加有助于企业财务信息使用者做出企业评价或者预测。因而，XBRL 能够增强公司的会计报告质量，增加公司的信息透明度，减少投资者与公司管理层的信息不对称。鉴于信息不对称是代理问题产生的前提之一，也是治理问题的根源，我们可以预期 XBRL 能够改善公司治理水平。

（二）样本、变量与模型

1. 样本

回归分析所用数据来自于过泰安数据库。研究的样本为 2003~2016 年深市和沪市上市公司，删除变量缺失值后共 23359 个观测值，由于金融行业的特殊性，因此删除金融行业的数据（347），最终主成分分析过程中剩余 23012 个观测值。

2. 变量定义

（1）被解释变量。

被解释变量涉及公司治理水平。因为涉及公司治理水平的指标很多，一一回归虽然方便解释，但是对于整体治理水平反映程度不强，无法准确地反映公司治理水平，因此文章使用主成分分析法构建，借鉴白重恩等（2005）以及柯希嘉等（2016）的研究，对其部分指标进行了修改，本书采用的衡量公司治理水平的指标见附表 2-1。

附表 2-1　衡量公司治理水平的指标

考虑因素	变量定义	变量名称	变量说明
董事会治理	两职兼任	DUAL	如果 CEO 兼任上市公司董事长则等于 1，否则为 0
	外部董事比例	INDP	独立董事人数/董事会人数
	外部监事比例	INDM	不领取薪酬的监事人数/监事人数
高管激励机制	高管薪酬	COMP	前三高管薪酬总额
	高管持股比例	MANSH	高级管理层人员持股/总股本

考虑因素	变量定义	变量名称	变量说明
股权结构	第一大股东性质	SOE	分为绝对控股、国有强相对控股、国有弱相对控股、国有参股和无国有股，采用虚拟变量衡量
	第一大股东持股比例	TOPSP	第一大股东的持股比例
	关联交易	TRSCT	年度关联交易总额
	股权集中度	HHI3，HHI5 HHI10	前三大股东持股比例平方和，前五大股东持股比例平方和，前十大股东持股比例平方和
信息披露机制	海外上市	ABORD	如果上市公司在港市或者海外上市等于1，否则为0

运用主成分分析法，将表中的各个变量构成公司治理的指数（Z 指数），由于公司治理集合中的各个变量对于公司治理水平的影响并不相同，例如两职兼任程度越高、第一大股东持股比例越高、关联交易越多、股权集中度越高，公司治理越差，因此，在做主成分分析时，使用这些变量的取负值，这样使得主成分的效果不会被抵消。

（2）解释变量。

本书考察的是沪深两市采用 XBRL 标准披露年报后对公司治理水平的影响。上交所和深交所均要求上市公司从 2008 年年报开始以 XBRL 格式报送，故引入虚拟变量——XBRL_ 2008，如果是 2003~2007 年，则 XBRL_ 2008 等于 1，否则等于 0，2010 年财政部介入 XBRL 的报送，因此引入虚拟变量 XBRL_ 2010，如果年份为 2010~2016 年，则 XBRL_ 2010 等于 1。

（3）控制变量。

影响公司治理水平的因素有很多，因此需要控制其他的变量。公司规模、负债程度以及企业所处的行业都会影响上市公司的治理水平，因此，选择：①公司规模（SIZE）等于公司资产的自然对数；②负债程度

（LEV）等于总负债除以总资产；③行业虚拟变量，在具体的行业分类上，采用证监会 2012 年的分类标准，以农、林、牧、渔业为基准，设置了 16 个行业的分类虚拟变量来控制行业带来的影响①。

计量模型，$Z = a_0 + a_1 XBRL\_2008 + a_2 XBRL\_2010 + Control + \varepsilon$

（三）初步结果

描述性统计。对 2003~2016 年的公司治理因素进行描述性统计（见附表 2-2）。结果表明，从 2003~2016 年，平均而言，22.1% 的 CEO 兼任上市公司董事长；INDP 的均值为 0.367，表明上市公司董事会中有 36.7% 的上市公司是独立董事；INDM 的均值为 0.313，表明监事会中不在上市公司领取薪酬的监事占 31.3%；平均而言上市公司前三高级管理者的薪酬为 151.2 万元，管理者持股的比例为 5.2%，国有企业对于企业的控制达到国有弱相对控股；第一大股东的持股比例平均而言达到 36.4%，前三大、前十大股东的股权集中度分别为 17.3% 和 17.5%；关联交易的均值为 312 万元；平均而言，6.9% 的上市公司同时在境外上市；公司治理水平的均值为 0；公司的平均资产规模为 2935078394 元；LEV 的均值为 0.466。

附表 2-2　描述性统计

变量名称	25 分位	中位数	均值	75 分位	标准差
DUAL	0.000	0.000	0.221	0.000	0.415
INDP	0.333	0.333	0.367	0.400	0.052
INDM	0.000	0.333	0.313	0.600	0.288
COMP （Millions）	0.667	1.131	1.512	1.876	1.413
MANSH	0.000	0.000	0.052	0.016	0.124
SOE	1.000	1.000	2.244	4.000	1.728

① 行业分类标准来源于中国证监会 2012 年修订的上市公司分类标准。

续表

变量名称	25 分位	中位数	均值	75 分位	标准差
TOPSP	0.241	0.345	0.364	0.477	0.154
HHI3	0.077	0.144	0.173	0.244	0.122
HHI10	0.081	0.146	0.175	0.246	0.121
TRSCT（Billions）	0.100	0.487	3.120	1.910	9.310
ABORD	0.000	0.000	0.069	0.000	0.254
COMP1	-1.216	0.453	0.000	1.565	2.022
SIZE	20.90	21.66	21.80	22.52	1.280
LEV	0.293	0.462	0.466	0.625	0.227

回归分析。为了分析 XBRL 实施对于上市公司治理水平的影响，进行回归分析（见附表 2-3）。首先将常规的公司治理变量如两职兼任、外部董事比例、外部监事比例、高管薪酬、高管持股比例、第一大股东性质、第一大股东持股比例、关联交易、股权集中度和海外上市，进行主成分分析，得出第一主成分作为公司治理综合水平的代理变量，研究 XBRL 的实施对于公司治理水平的影响。模型（1）中包含自变量 XBRL_ 2008 和 XBRL_ 2010 以及行业控制变量，模型（2）进一步控制了公司的规模（SIZE）以及财务杠杆（LEV），其回归结果如下：

附表 2-3 XBRL 对公司治理水平影响回归分析

变量名称	被解释变量（公司治理水平）	
	模型（1）	模型（2）
XBRL_ 2008	0.407 * * *	0.530 * * *
	(8.20)	(11.18)
XBRL_ 2010	0.586 * * *	0.922 * * *
	(16.09)	(25.88)
	(7.20)	(8.45)

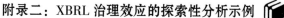

续表

变量名称	被解释变量（公司治理水平）	
	模型（1）	模型（2）
SIZE		-0.470 * * *
		(-42.55)
LEV		-0.019 * *
		(-2.51)
常数项	-0.359 * * *	9.397 * * *
	(-3.48)	(38.13)
行业	控制	控制
R^2	0.058	0.140
样本量	23012	23012

回归结果显示，模型（1）中仅观察自变量 XBRL_ 2008 和 XBRL_ 2010 对于公司治理水平的影响。XBRL_ 2008 的系数为 0.407，在 1% 的水平下显著为正，XBRL_ 2010 的系数为 0.586，在 1% 的水平上显著为正。这表明 XBRL 实施之后显著增加了公司治理水平，证监会介入之后公司治理水平更加高了。模型（2）中控制了公司的规模，以及公司的财务杠杆之后，XBRL_ 2008 的系数为 0.530，在 1% 的水平下显著为正。XBRL_ 2010 的系数为 0.922，在 1% 的水平下显著。综上，XBRL 的实施提升了公司治理水平。在证监会介入监管之后，上市公司的公司治理水平得到进一步的提升。

（四）研究展望

XBRL 通过影响公司的信息透明度，进而影响上市公司的公司治理水平。总的来说，XBRL 实施后公司治理水平总体上有显著提升。然而，总体的公司治理与具体的公司治理工具有所不同。总体的治理水平反映的是代理矛盾的强弱以及投资者与管理层目标收益的一致性，而传统具体的治理工具是针对代理问题应运而生的。治理工具本身代表了公司治理的需要，并不必然表示公司治理的好坏。XBRL 作为从信息不对称本质入手的新兴治理工具，其本质与各种传统治理工具必然存在一定程度上的互补或替代关系。而 XBRL 与传统治理工具，如独立董事、两职合一、管理层持股等的具体关系，一方面受到这些治理工具与 XBRL 职能关系的影响，另一方面也受到工具主体对 XBRL 技术的应用能力影响。因而，进一步的研究可以深入探讨传统治理工具与 XBRL 技术的关系以及 XBRL 技术下传统治理工具的存续革新。

参考文献

［1］ Abdolmohammadi M. J. , DeSimone S. M. , Hsieh T. S. , et al. Factors Associated with Internal Audit Function Involvement with XBRL Implementation in Public Companies: An Internationalstudy ［J］. International Journal of Accounting Information Systems, 2017 (25): 45-56.

［2］ Adams G. XBRL: Users and Share Holders Benefit ［J］. Financial Executive, 2005, 21 (4): 15-16.

［3］ Aguilera R. V. , Desender K. , Bednar M. K. & Lee J. H. Connecting the Dots: Bringing External Corporate Governance into the Corporate Governance Puzzle ［J］. Academy of Management Annals, 2015, 9 (1): 483-573.

［4］ Alles M. G. , Gray G. L. A Relative Cost Framework of Demand for External Assurance of XBRL Filings ［J］. Journal of Information Systems, 2012, 26 (1): 103-126.

［5］ Alles M. , Piechocki M. Will XBRL Improve Corporate Governance? A Framework for Enhancing Governance Decision Making Using Interactive Data ［J］. International Journal of Accounting Information Systems, 2012, 13 (2): 91-108.

［6］ Altova. Maryland Association of CPAs Case Study ［EB/OL］. Retrieved from: http: // www. altova. com/ documents /macpa_ casestudy. pdf2011.

［7］ Amit R. , Schoemaker P. J. Strategic Assets and Organizational Rent ［J］. Strategic Management Journal, 1993, 14 (1): 33-46.

［8］ Apostolou A. K. , Nanopoulos K. A. Interactive Financial Reporting Using XBRL: An Overview of the Global Markets and Europe ［J］. International Journal of Disclosure and Governance, 2009, 6 (3): 262-272.

［9］ Argyrou A. , Andreev A. A Semi-supervised Tool for Clustering Accounting Databases with Applications to Internal Controls [J]. Expert Systems with Applications, 2011, 38 (9): 11176-11181.

[10] Baldwin A. A., Brand T. The Impact of XBRL: A Delphi Investigation [J]. 2011 (11): 1-24

[11] Bazerman M. H., Samuelson W. F. I Won the Auction But Don't Want the Prize [J]. Journal of Conflict Resolution, 1983, 27 (4): 618-634.

[12] Benson J. K., Pfeffer J., Salancik G. R. The External Control of Organizations [J]. Administrative Science Quarterly, 1978, 23 (2): 358.

[13] Berle A., Means G. C. The Modern Corporation and Private Property [M]. Harvourt, Brace and World Inc., New York, Revised Edition, 1967.

[14] Berle A. A., Means G. C., Weidenbaum M. L. & Jensen M. The Modern Corporation and Private Property [J]. Economic Journal, 1935, 20 (6): 119-129.

[15] Bertrand M. Corporate Governance and Executive Pay: Evidence from Takeover Legislation [R]. Woking Poper, 2000.

[16] Besley T., Prat A. Handcuffs for the Grabbing Hand? Media Capture and Government Accountability [J]. The American Economic Review, 2006, 96 (3): 720-736.

[17] Bharadwaj A. S. A Resource-based Perspective on Information Technology Capability and Firm Performance: An Empirical Investigation [J]. MIS Quarterly, 2000, 24 (1): 169-196.

[18] Blankespoor E., Miller B. P., White H. D. Initial Evidence on the Market Impact of the XBRL Mandate [J]. Review of Accounting Studies, 2014, 19 (4): 1468-1503.

[19] Bliss R. T., Rosen R. J. CEO Compensation and Bank Mergers [J]. Journal of Financial Economic, 2001 (1): 17-138.

[20] Bodaghi A., Ahmadpour A. The Improvement of Governance Decision Making Using XBRL [C] //7th International Conference on Enterprise Systems, Accounting and Logistics (7th ICESAL 2010), 2010: 28-29.

[21] Bonsón E., Cortijo V., Escobar T. The Role of XBRL in Enhanced Business Reporting (EBR) [J]. Journal of Emerging Technologies in Accounting, 2008, 5 (1): 161-173.

［22］ Bonsòn E. The role of XBRL in Europe ［J］. The International Journal of Digital Accounting Research, 2001, 1 (2): 101-110.

［23］ Bonson E. , V. Cortijo and T. Escobar. A Delphi Investigation to Explain the Voluntary Adoption of XBRL ［J］. The International Journal of Digital Accounting Research, 2009 (9): 193-205.

［24］ Boritz J. E. , No W. G. Computer-Assisted Functions for Auditing XBRL - Related Documents ［J］. Journal of Emerging Technologies in Accounting, 2016, 13 (1): 53-83.

［25］ Boritz E. J. , & No W. G. The SEC's XBRL Voluntary Filing Program on EDGAR: A Case for Quality Assurance ［J］. Current Issues in Auditing, 2008, 2 (2): A36-A50.

［26］ Borys B. , Jemison D. B. Hybrid Arrangements as Strategic Alliances: Theoretical Issues in OrganizationalCombinations ［J］. Academy of Management Review, 1989, 14 (2): 234-249.

［27］ Bovee M. , Ettredge M. , Srivastava R. P. , Vasarhelyi M. Does the year 2000 XBRL Taxonomy Accommodate Current Business Financial Reporting Practice ［J］. Journal of Information Systems, 2002, 16 (2): 165-182.

［28］ Brands K. XBRL and Corporate Actions Reporting ［J］. Strategic Finance, 2012, 94 (1): 56-58.

［29］ Buys P. W. The Impact of XBRL on the Financial Reporting Supply Chain: A South African Case Study ［J］. Meditari Accountancy Research, 2008, 16 (1): 43-58.

［30］ Callaghan J. , Nehmer R. Financial and Governance Characteristics of Voluntary XBRL Adopters in the United States ［J］. International Journal of Disclosure and Governance, 2009, 6 (4): 321-335.

［31］ Cash J. I. , Konsynski B. R. Is Redraws Competitive Boundaries. Harvard Business Review Rev 1985: 134-142. March-April.

［32］ Cha, Yuk-Shee. On the Positive Role of Financial Inter Mediation in Allocation of Venture Capital in a Market with Imperfect Information ［J］. Journal of Financial, 1983: 38.

［33］ Chen C. W. , Pantzalis C. , Park J. C. Press Coverage and Stock Price Deviation from Fundamental Value ［J］. Journal of Financial Research,

2013, 36 (2): 175-214.

[34] Chen S. S. , Guo J. , Tong X. X. XBRL Implementation and Real Earnings Management: Evidence from XBRL Dual Regulation in China [R]. Working Paper, 2017.

[35] Chen S. S. , Guo J. , Tong X. X. XBRL Implementation and Post-Earnings-Announcement Drift: The Impact of State Ownership in China [J]. Journal of Information Systems, 2017, 31 (1): 1-19.

[36] Chen S. S. , Harris L. , Li W. Y. , Wu D. L. ERP Systems and Earnings Quality: The Impact of Dominant Shareholdings in China [J]. Journal of Emerging Technology in Accounting, 2016, 13 (2): 49-69.

[37] Chen S. S. , Harris L. , Lai J. , Li W. Y. How XBRL Affects the Cost of Equity Capital? Evidence from Emerging Market [J]. Journal of International Accounting Research, 2015, 14 (2): 123-145.

[38] Chen Y. C. A Comparative study of E-Government XBRL Implementations: The Potential of Improving Information Transparency and Efficiency [J]. Government information Quarterly, 2012, 29 (4): 553-563.

[39] Chen Y. C. Improving Transparency in the Financial Sector [J]. Public Performance & Management Review, 2013, 37 (2): 241-262.

[40] Child J. , Faulkner D. Strategies of Co-operation [M]. Oxford, UK: Oxford University Press, 1998.

[41] Chopra S. , Meindl P. Supply Chain Management: Strategy, Planning and Operation [M]. 5th ed. Upper Saddle River, New Jersey, US: Prentice Hall, 2012.

[42] Chou C. C. , Chang C. J. , Peng J. Integrating XBRL Data with Textual Information in Chinese: A Semantic web Approach [J]. International Journal of Accounting Information Systems, 2016 (21): 32-46.

[43] Chrisman J. J. , Chua J. H. , & Litz R. A. Comparing the Agency Costs of Family and Non-Family Firms: Conceptual Issues and Exploratory Evidence [J]. Entrepreneurship Theory and Practice, 2004, 28 (4): 335-354.

[44] Claessens S. , Djankov S. , Lang L. H. P. The Separation of Ownership and Control in East Asian Corporations [J]. Journal of Financial Economics, 2000 (58).

［45］ Cohen E. E. XBRL's Global Ledger Framework: Exploring the Stan-dardised Missing Link to ERP Integration ［J］. International Journal of Disclosure and Governance, 2009, 6 (3): 188-206.

［46］ Cohen W. M. , Levinthal D. A. Absorptive Capacity: A New Perspec-tive on Learning and Innovation ［J］. Administrative Science Quarterly, 1990 (35): 128-152.

［47］ Core J. E. , R. W. Holthausen, D. F. Larcker. Corporate Governance, Chief Executive Officer Compensation, and Firm Performance ［J］ . Journal of Financial Economics, 1999 (51): 371-406.

［48］ De Pietro R. , Wiarda E. , Fleischer M. The Context for Change: Organization, Technology and Environment ［A］ // Tornatzky L. G. , Fleischer M. , Editors. The Process of Technological Innovation. Lexington (MA): Lexing-ton Books; 1990: 151-175.

［49］ Debreceny R. S. , Chandra A. , Cheh J. J. , et al. Financial Reporting in XBRL on the SEC's EDGAR System: A Critique and Evaluation ［J］. Journal of Information Systems, 2005, 19 (2): 191-210.

［50］ Devaraj S. , Krajewski L. , Wei J. C. Impact of e Business Technolo-gies on Operational Performance: The Role of Production Information Integration in the Supply Chain ［J］. Journal of Operations Management, 2007, 25 (6): 1199-1216.

［51］ Dhole S. , Lobo G. J. , Mishra S. Effects of the SEC's XBRL Man-date on Financial Reporting Comparability ［J］ . International Journal of Accounting Information Systems, 2015 (19): 29-44.

［52］ Ding H. , Li X. R. , Sun J. F. The Information Amount and Audit Pricing: A New Perspective from XBRL ［R］. Working paper, 2017.

［53］ Doolin B. , Troshani I. XBRL: A Research Note ［J］. Qualitative Re-search in Accounting & Management, 2004, 1 (2): 93-104.

［54］ Du H. , Roohani S. Meeting Challenges and Expectations of Continu-ous Auditing in the Context of Independent Audits of Financial Statements ［J］. International Journal of Auditing, 2007, 11 (2): 133-146.

［55］ Dyck A. , Volchkova N. , Zingales L. The Corporate Governance Role of the Media: Evidence from Russia ［J］. The Journal of Finance, 2008,

63 (3): 1093-1135.

[56] Efendi J., Park J. D., Smith L. M. Do XBRL Filings Enhance Informational Efficiency? Early Evidence From Post-earnings Announcement Drift [J]. Journal of Business Research, 2014, 67 (6): 1099-1105.

[57] Efendi J., Park J. D., Subramaniam C. Does the XBRL Reporting Format Provide Incremental Information Value? A Study Using XBRL Disclosures during the Voluntary Filing Program [J]. Abacus, 2016, 52 (2): 259-285.

[58] Fahy M., Feller J., Finnegan P., et al. Complexity and Context: Emerging Forms of Collaborative Inter-Organizational Systems [J]. Jitta Journal of Information Technology Theory & Application, 2007, 8 (4): 1-19.

[59] Fama E. F., Jensen M. C. Separation of Ownership and Control [J]. The Journal of Law and Economics, 1983, 26 (2): 301-325.

[60] Fama E. F. Agency Problems and the Theory of the Firm [J]. Journal of Political Economy, 1980, 88 (2): 288-307.

[61] Fang J., Levine H. Improving Stock Market Efficiency: XBRL for Financial Reporting [J]. GSTF Business Review (GBR), 2011, 1 (1): 1.

[62] Florin D., Daniel V., Florina P. A. Financial Reporting Under XBRL and the Impact on the Financial Audit [J]. Ovidius University Annals, Series Economic Sciences, 2013, 13 (1): 1199-1203.

[63] Franks J., Mayer C. The Ownership and Control of German Corporation [Z]. Manuscript, London Business School, 1994.

[64] Gara S. C., Karim K. E., Pinsker R. E. The Benefits of XML Implementation for tax Filing and Compliance [J]. The CPA Journal, 2005, 75 (12): 66.

[65] Ghani E. K., Laswad F., Tooley S., et al. The Role of Presentation Format on Decision-makers' Behaviour in Accounting [J]. International Business Research, 2009, 2 (1): 183.

[66] Ghani E. K., Said J., Muhammad K. Enhancing Corporate Governance Via XBRL: Preparers' Perception on Compatibility Expectation [J]. Procedia-Social and Behavioral Sciences, 2014 (145): 308-315.

[67] Ghosh A., Moon D. Auditor Tenure and Perceptions of Audit Quality [J]. The Accounting Review, 2005, 80 (2): 585-612.

［68］ Goetzmann W. N. , Spiegel M. Private Value Components, and the Winner's Curse in an Artindex ［J］. European Economic Review, 1995, 39 (3-4): 549-555.

［69］ Gräning D. K. A. , Felden C. , Piechocki M. Status Quo and Potential of XBRL for Business and Information Systems Engineering ［J］. Business & Information Systems Engineering, 2011, 3 (4): 231-239.

［70］ Grinstein Y. , Hribar P. CEO Coppensation and Incentive: Evidence From M&A Bonuses ［J］. Journal of Financial Economics, 2004 (73): 119-143.

［71］ Grossman S. , O. Hart. One Share one Vote and the Market for Corporate Control ［J］. Journal of Financial Economics, 1988 (20): 175-202.

［72］ Grosu V. , Hlaciuc E. , Lancu E. , et al. The Role of the XBRL Standard in Optimizing the Financial Reporting ［J］. Computer Sciena, 2010, 2 (2): 44-48.

［73］ Gulati R. , Kletter D. Shrinking Core, Expanding Periphery: The Relational Architecture of High-Performing Organizations ［J］. California Management Review, 2005, 47 (3): 77-104.

［74］ Gulati. Does Familiar Breed Trust? The Implication of Repeated Ties for Contractual Choice in Alliance ［J］. Academy of Management Journal, 1995 (38): 85-112.

［75］ Gunn J. XBRL: Opportunities and Challenges in Enhancing Financial Reporting and Assurance Processes ［J］. Current Issues in Auditing, 2007, 1 (1): A36-A43.

［76］ Hamel G. Competition for Competence and Inter-partner Learning Within International Strategic Alliances ［J］. Strategic Management Journal, 1991 (12): 83-103.

［77］ Hannon N. Accounting Scandals: Can XBRL help? ［J］. Strategic Finance, 2002, 84 (2): 61.

［78］ Harris R. S. , Franks J R. , Mayer C. Means of Payment in Takeovers ［J］. CEPR Discussion Papers, 1987 (2456): 1-69.

［79］ Hartzell J. , Ofek E. , Yermack D. What is in it for me? CEO Whose Firms are Acquires ［J］. Review of Financial Studies, 2004 (17): 31-61.

［80］ Henderson D. , Sheetz S. D. , Trinkle B. S. The Determinants of Inter
-Organizational and Internal in-house Adoption of XBRL：A Structural Equation
Model ［J］. International Journal of Accounting Information Systems, 2012, 13
（2）：109-140.

［81］ Ho C. Evaluating Dampening Effects of Alternative lot-Sizing Rules to
Reduce MRP System nervousness ［J］. International Journal of Production Re-
search, 2002, 40 （11）：2633-2652.

［82］ Hodge F. D. , Kennedy J. J. , Maines L. A. Does Search-Facilitating
Technology Improve the Transparency of Financial Reporting? ［J］. The Account-
ing Review, 2004, 79 （3）：687-703.

［83］ Hoffman C. Digital Financial Reporting Using an XBRL-Based Model
［J］. Digital Financial Reporting, 2012, （8）：76.

［84］ Hoopes D. G. , Madsen T. L. A Capability - Based View of
Competitive Heterogeneity ［J］. Industrial and Corporate Change, 2008, 17
（3）：393-426.

［85］ Horrigan J. O. The Determination of Long-term Credit Standing with
Financialratios ［J］. Journal of Accounting Research, 1966, 4 （3）：44-62.

［86］ Howard M. , Vidgen R. , Powell P. Overcoming Stakeholder Barriers
in the Automotive Industry：Building to Order With Extra-Organizational Systems
［J］. Journal of Information Technology, 2003, 18 （1）：27-43.

［87］ Huang S. , Ou C. , Chen C. , et al. An Empirical Study of Relation-
ship Between IT Investment and Firm Performance：A Resource-Based Perspective
［J］. European Journal of Operational Research, 2006, 173 （3）：984-999.

［88］ Iqbal K. M. Business Reporting on the Internet in Malaysia and Singa-
pore：A Comparative Study ［J］. Corporate Communications：An International
Journal, 2005, 10 （1）：58-68.

［89］ Jensen M. C. , Meckling W. H. Theory of the Firm：Managerial Be-
havior, Agency Costs and Owner Ship Structure ［J］. Journal of Financial Eco-
nomics, 1976, 3 （4）：305-360.

［90］ Jensen M. C. Takeovers：Their Causes and Consequences ［J］.
Journal of Economic Perspectives, 1988, 2 （1）：21-48.

［91］ Jensen M. C. Agency Cost of Free Cash Flow, Corporate Finance ［J］.

American Economic Review, 1986, 76 (2): 323-329.

[92] Jensen M. C. , Meckling W. H. Theory of the Firm: Managerial Behavior, Agency Costs, and Ownership Structure [M]. Springer Netherlands, 1976.

[93] Johnson H. R. , Vitale M. R. Creating Competitive Advantage with Interorganizational Information Systems [J]. MIS Q 1988, 12 (2): 152-165.

[94] Johnson S. , Porta R. L. , Lopez-De-Silanes F. Tunneling [J]. American Economic Review, 2000, 90 (2): 22-27.

[95] Kaya D. , Pronobis P. The Benefits of Structured Data Across the Information Supply Chain: Initial Evidence on XBRL Adoption and loan Contracting of Private Firms [J]. Journal of Accounting and Public Policy, 2016, 35 (4): 417-436.

[96] Keen P. G. W. Information Technology and the Management Difference: A Fusion Map [J]. IBM Systems Journal, 1993, 32 (1): 17-39.

[97] Khorana A. , Zenner M. Executive Compensation of large Acquirors in the 1980s [J]. Journal of Corporate Finance, 1998, 4 (3): 209-240.

[98] Kim J. B. , Kim J. W. , Lim J. H. Does XBRL Adoption Constrain Managerial Opportunism in Financial Reporting? Evidence from Mandated U. S. Filers [J].

[99] Kim J. W. , Lim J. H. , No W. G. The Effect of First Wave Mandatory XBRL Reporting Across the Financial Information Environment [J]. Journal of Information Systems, 2012, 26 (1): 127-153.

[100] Kim J. W. , Lim J. H. , No W. G. The Effect of First Wave Mandatory XBRL Reporting Across the Financial Information Environment [J]. Journal of Information Systems, 2012, 26 (1): 127-153.

[101] Kogut B. , Zander U. Knowledge of the Firm, Combinative Capabilities, and the Replication of Technology [J]. Organization Science, 1992, 3 (3): 383-397.

[102] Kraatz M. S. Learning by Association? Interorganizational Networks and Adaptation to Environmental Change [J]. Academy of Management Journal, 1998, 41 (6): 621-643.

[103] La Porta R. , et al. Investor Protection and Corporate Valuation [J]. Journal of Finance, 2002, 57 (3): 1147-1170.

[104] Lai F. , Li D. , Wang Q. The Information Technology Capability of Third – party Logistics Providers: A Resource – based View and Empirical Evidence from China [J]. Journal of Supply Chain Management, 2008, 44 (3): 22-38.

[105] Lee H. L. , So K. C. , Tang C. S. The Value of Information Sharing in a Two – level Supply Chain [J]. Management Science, 2000, 46 (5): 626-643.

[106] Leiblein M. J. , Macher J. T. The Problem Solving Perspective: A Strategic Approach to Understanding Environment and Organization [D]. Bingley, UL: Emerald Group, 2009.

[107] Leiblein M. J. What do Resource – and Capability – based Theories Propose? [J]. Journal of Management, 2011, 37 (4): 909-932.

[108] Li Y. , Roge J. N. , Rydl L. Achieving Sarbanes–Oxley Compliance with XBRL–based ERP and Continuous Auditing [J]. Issues in Information Systems, 2007, 8 (2): 430-436.

[109] Li Y. , Roge J. N. , Rydl L. Information Technology Addresses Transparency: The Potential Effects of XBRL on Financial Disclosure [J]. Issues in Information Systems, 2006, 7 (2): 241-245.

[110] Liu C. , Luo X. R. , Sia C. L. The Impact of XBRL Adoption in PR China [J]. Decision Support Systems, 2014 (59): 242-249.

[111] Liu C. , Luo X. R. , Wang F. L. An Empirical Investigation on the Impact of XBRL Adoption on Information Asymmetry: Evidence from Europe [J]. Decision Support Systems, 2017 (93): 42-50.

[112] Liu C. , O'Farrell G. The Role of Accounting Values in the Relation between XBRL and Forecast Accuracy [J]. International Journal of Accounting and Information Management, 2013, 21 (4): 297-313.

[113] Liu C. , Wang T. , Yao L. J. XBRL's Impact on Analyst Forecast Behavior: An Empirical Study [J]. Journal of Accounting and Public Policy, 2014, 33 (1): 69-82.

[114] Liu C. , Yao L. J. , Sia C. L. , Wei K. K. The Impact of Early XBRL Adoption on Analysts' Forecast Accuracy–empirical Evidence from China [J]. Electronic Markets, 2014, 24 (1): 47-55.

［115］ Locke J. Is XBRL a "killer app"? ［R］. The Routledge Companion to Accounting Communication, 2013: 191.

［116］ Ly K. Extensible Business Reporting Language for Financial Reporting (XBRLfr) and Financial Analysts' activity: Early Evidence ［J］. Academy of Accounting & Financial Studies Journal, 2012, 16 (2): 25-44.

［117］ Lymer A. , Debreceny R. The Auditor and Corporate Reporting on the Internet: Challenges and Institutional Responses ［J］. International Journal of Auditing, 2003, 7 (2): 103-120.

［118］ Lys T. , Sohn S. The Association between Revisions of Financial Analysts' Earnings Forecasts and Security - price Changes ［J］. Journal of Accounting & Economics, 1990, 13 (4): 341-363.

［119］ Madden P. Greater Accountability, Less Red Tape: The Australian Standard Business Reporting Experience ［J］. International Journal of E - Business Research (IJEBR), 2011, 7 (2): 1-10.

［120］ Makadok R. Toward a Synthesis of the Resource-based and Dynamic Capability Views of Rent Creation ［J］. Strategic Management Journal, 2001, 22 (5): 387-401.

［121］ Malhotra R. , Garritt F. Extensible Business Reporting Language: The Future of e-commerce-driven Accounting ［J］. International Journal of Business, 2004, 9Supp (2): 55.

［122］ Mata F. J. , Fuerst W. L. , Barney J. B. Information Technology and Sustained Competitive Advantage: A Resource-based Analysis ［J］. MIS Quarterly, 1995, 19 (4): 487-505.

［123］ Mejzlik L. XBRL the Tool for Automated Semantic Readability of Electronic Financial Statements ［J］. International Journal of Technology Transfer & Commercialisation, 2008, 7 (1): 59-67.

［124］ Mody A. Learning through Alliances ［J］. Journal of Economic Behavior and Organization, 1993 (2): 151-170.

［125］ Monterio B. J. XBRL and its Impact on Corporate Tax Departments ［J］. Strateg Finance, 2011 (8): 56-61.

［126］ Morck R. , Shleifer A. , Vishny R. W. , et al. The Stock Market and Investment: Is the Market a Sideshow? ［J］. Brookings Papers on Economic

Activity, 1990, 21（2）：157-215.

［127］ Mowery D. C. , Oxley J. E. , Silverman B. S. Strategic Alliances and Interfirm Knowledge Transfer［J］. Strategic Management Journal, 1996, 17（S2）：77-91.

［128］ Muller D. C. A Theory of Conglomerate Mergers［J］. Quarterly Journal of Economics, 1969（8）：643-659.

［129］ Myers, S. C. Determinants of Corporate Borrowing［J］. Journal of Financial Economics, 1976, 5（2）：147-175.

［130］ Normann R. , Ramirez R. From Value Chain to Value Constellation：Designing Interactive Strategy［J］. Harvard Business Review, 1993, 71（4）：65.

［131］ Pavitt K. , Robson M. , Townsend J. Technological Accumulation, Diversification and Organisation in UK Companies, 1945 - 1983［J］. Management Science, 1989, 35（1）：81-99.

［132］ Pavitt K. Sectoral Patters of Technical Change：Towards a Taxonomy and Theory［J］. Research Policy, 2000, 13（6）：343-373.

［133］ Peng E. Y. , Shon J. , Tan C. XBRL and Accruals：Empirical Evidence from China［J］. Accounting Perspectives, 2011, 10（2）：109-138.

［134］ Peter L. , Johan R. Strategic Alliance-formation, Implementation and Evolution［M］. Cambridge, MA：Blackwell Publisher, 1993.

［135］ Pfeffer J. , Nowak P. Joint Ventures and Interorganizational Interdependence［J］. Administrative Science Quarterly, 1976, 21（3）：398-418.

［136］ Pinches G. E. , Mingo K. A. The role of Subordination and Industrial Bond Ratings［J］. The Journal of Finance, 1975, 30（1）：201-206.

［137］ Pinsker R. , Wheeler P. Nonprofessional Investors' Perceptions of the Efficiency and Effectiveness of XBRL-enabled Financial Statement Analysis and of Firms Providing XBRL-formatted Information［J］. International Journal of Disclosure and Governance, 2009, 6（3）：241-261.

［138］ Pinsker R. An Empirical Examination of Competing Theories to Explain Continuous Disclosure Technology Adoption Intentions Using XBRL as the Example Technology［J］. International Journal of Digital Accounting Research, 2008, 8（14）：81-96.

［139］Pinsker R. E. ，Felden，C. Professional Role and Normative Pressure：The Case of Voluntary XBRL Adoption in Germany ［J］. Journal of Emerging Technologies in Accounting, 2016, 13 （1）：95-118.

［140］Pinsker. XBRL Awareness in Auditing：a Sleeping Giant? ［J］. Managerial Auditing Journal，2003，18 （9）：732-736.

［141］Porter M. E. Technology and Competitive Advantage ［J］. Journal of Business Strategy，1985，5 （3）：60-78.

［142］Powell W. W. Inter-organizational Collaboration in the Biotechnology Industry ［J］. Journal of Institutional & Theoretical Economics，1996，152 （1）：197-215.

［143］Premkumar G. ，Ramamurthy K. ，Saunders C. S. Information Processing View of Organizations：An Exploratory Examination of Fit in the Context of Interorganizational Relationships ［J］. Journal of Management Information Systems，2005，22 （1）：257-294.

［144］Premuroso R. F. ，Bhattacharya S. Do Early and Voluntary Filers of Financial Information in XBRL Format Signal Superior Corporate Governance and Operating Performance? ［J］. International Journal of Accounting Information Systems，2008，9 （1）：1-20.

［145］Pryde C. What's in Your XBRL Report? ［J］. Internal Auditor, 2013，70 （2）：39-42.

［146］Rajan R. Insiders and Outsiders：The Choice between Relationship and Arms-length Debt ［J］. Journal of Finance，1992 （47） .

［147］Rao Y. ，Guo K. ，Hou J. Who Extends the Extensible? The Effects of Corporate Governance on XBRL Taxonomy Extensions in China ［J］ . International Journal of Accounting & Information Management，2013，21 （2）：133-147.

［148］Roll R. The Hubris Hypothesis of Corporate Takeover ［J］. Journal of Business，1986 （2）：197-216.

［149］Roohani S. ，Furusho Y. ，Koizumi M. XBRL：Improving Transparency and Monitoring Functions of Corporate Governance ［J］ . International Journal of Disclosure and Governance，2009，6 （4）：355-369.

［150］Roohani S. What is XBRL. XBRL Resource Center at Bryant University［EB/OL］. http// www. xbrleducation. com/edu/basicxbrl. htm, 2008.

［151］Roos M. Using XBRL in a Statistical Context. The Case of the Dutch Taxonomy Project［J］. Journal of Official Statistics, 2010, 26（3）: 559-575.

［152］Rosa F. L. , Caserio C. Are Auditors Interested in XBRL? A Qualitative Survey of Big Auditing Firms in Italy［M］// Accounting Information Systems for Decision Making, 2013: 13-45.

［153］Rosenberg N. Inside the Black Box: Technology and economics［M］. Cambridge University Press, 1982.

［154］Rosenberg N. On Technological Expectations［J］. Economic Journal, 1976, 86（343）: 523-535.

［155］Santhanam R. , Hartono E. Issues in Linking Information Technology Capability to Firm Performance［J］. MIS Quarterly, 2003, 27（1）: 125-153.

［156］Schmenner R. W. , swink M. L. On Theory in Operation Smanagement［J］. Journal of Operations Management, 1998, 17（1）: 97-113.

［157］Shan Y. G. , Troshani I. , Richardson G. An Empirical Comparison of the Effect of XBRL on Audit Fees in the US and Japan［J］. Journal of Contemporary Accounting & Economics, 2015, 11（2）: 89-103.

［158］Shan Y. G. , Troshani I. Does XBRL Benefit Financial Statement auditing［J］. Journal of Computer Information Systems, 2014, 54（4）: 11-21.

［159］Skinner D. J. , Sloan R. G. Earnings Surprises, Growth Expectations, and Stock Returns or don't Let an Earnings Torpedo Sink Your Portfolio［J］. Review of Accounting Studies, 2002, 7（2）: 289-312.

［160］Sledgianowski D. , Fonfeder A. , Lam J. Outsourcing XBRL Financial Statement Filing: A Case Study of Practices in two Public Frms［J］. Issues in Information Systems, 2010, 11（1）: 347-351.

［161］Smith C. W. , Warner J. B. On Financial Contracting: An Analysis of Bond Covenants［J］. Journal of Financial Economics, 1979, 7（2）: 117-161.

［162］Smith H. , Fingar P. Business Process Management: The Third Wave［J］. Information aud Software Technology, 2003, 45（15）: 1065-1069.

［163］Stiglitz J. E. , Weiss A. Credit Rationing in Markets with Imperfect Information［J］. American Economic Review, 1981, 71（3）: 393-410.

［164］Sullivan M. J. , Hudson C. D. The Role of Medium of Exchange in Merger Offers: Examination of Terminated Merger Proposals［J］. Financial Management, 1994, 23（3）: 51-62.

［165］Teece D. J. , Pisano G. , Shuen A. Dynamic Capabilities and Strategic Management［J］. Strategic Management Journal, 1997, 18（7）: 509-533.

［166］Teece D. J. Competition, Cooperation and Innovation: Organizational Arrangements for Regimes of Rapid Technological Process［J］. Journal of Economic Behavior & Organization, 1992（18）: 1-25.

［167］Thorelli H. B. Networks: Between Markets and Hierarchies［J］. Strategic Management Journal, 1986, 7（1）: 37-51.

［168］Troshani I. , Rao S. Drivers and Inhibitors to XBRL Adoption: A Qualitative Approach to Build a Theory in Under-researched Areas［J］. Int J. E-Bus Res, 2007, 3（4）: 98-119.

［169］Tse M. K. S. , Pretorius F. I. H. , Chau K. W. Market Sentiments, Winner's Curse and Bidding Outcome in Land Auctions［J］. Journal of Real Estate Finance & Economics, 2011, 42（3）: 247-274.

［170］Valentinetti D. , Rea M. A. IFRS Taxonomy and Financial Reporting Practices: The Case of Italian Listedcompanies［J］. International Journal of Accounting Information Systems, 2012, 13（2）: 163-180.

［171］Vasarhelyi M. A. , Chan D. Y. , Krahel J. P. Consequences of XBRL Standardization on Financial Statement Data［J］. Journal of Information Systems, 2012, 26（1）: 155.

［172］Williamson O. E. The Economic Institutions of Capitalism: Firms Markets, Relational Contracting［M］. New York: The Free Press, 1985.

［173］Wagenhofer A. Economic Consequences of Internet Financial Reporting［J］. Schmal bach Business Review, 2003, 4（4）: 262-279.

［174］Wang T. , Wen C. Y. , Seng J. L. The Aassociation between the Mandatory Adoption of XBRL and the Performance of Listed State-owned Enterprises and Non-state-owned Enterprises in China［J］. Information and Management, 2014, 51（3）: 336-346.

［175］Waters D. Supply Chain Risk Management: Vulnerability and Resilience Inlogistics ［M］. London, UK: Kogan Page Publishers, 2011.

［176］Wernerfelt. A resource-based View of the Firm ［J］. Strategic Management Journal, 1984（5）: 171-180.

［177］Williamson O. E., Markets and Hierarchies: Aanalysis and Antitrust Implication ［M］. New York: Free Press, 1975.

［178］Williamson E. O. Comparative Economic Organization: The Analysis of Discrete Structural Alternatives ［J］. Administrative Science Quarterly, 1991（36）: 269-296.

［179］Womack K. L. Do Brokerage Analysts' Recommendations Have Investment Value? ［J］. Journal of Finance, 2012, 51（1）: 137-167.

［180］Yao Y., Palmer J., Dresner M. An Interorganizational Perspective on the Use of Electronically-enabled Supply Chains ［J］. Decis Support Syst, 2007（43）: 884-896.

［181］Yermack D. Flights of Fancy: Corporate Jets, CEO Perquisites, and Inferior Shareholder Returns ［J］. Journal of Financial Economics, 2006, 80（1）: 211-242.

［182］Yoon H., Zo H., Ciganek A. P. Does XBRL Adoption Reduce Information Asymmetry? ［J］. Journal of Business Research, 2011, 64（2）: 157-163.

［183］Yoshino M. and U. S. Rangan. Strategic Alliances: An Entrepreneurial Approach to Globalization ［M］. Harvard Business School Press, Boston, MA. 1995.

［184］Yuan Z., Yuan J. Subletting the Resource-based View and the Capability-based View of the Firm-the Construction of a Management Theory Frame for Analyzing Competitive Advantage ［C］// 2007 Proceedings of International Conference on Enterprise and Management Innovation, 2007.

［185］Yuan G. S., Troshani I. Does XBRL Benefit Financial Statement Auditing? ［J］. Journal of Computer Information Systems, 2014, 54（4）: 11-21.

［186］Zhao N., Yen D. C., Chang I. C. Auditing in the E-commerce era ［J］. Information Management & Computer Security, 2004, 12（5）: 389-400.

［187］安志勇, 庞永峰, 胡彧. 基于 OLAP 技术的税务稽查系统 ［J］. 科技情报开发与经济, 2003, 13（12）: 193-195.

［188］白重恩，刘俏，陆洲等．中国上市公司治理结构的实证研究［J］．经济研究，2005（2）：81-91．

［189］蔡伟．信息披露对上市公司银行贷款影响的实证研究［D］．华中科技大学硕士学位论文，2009．

［190］陈宏明，李芬桂．试析推行 XBRL 对我国资本市场的影响［J］．财会月刊（理论版）（下），2010（11）：30-32．

［191］陈宏明，杨锐红．论 XBRL 分类标准扩展——以石油天然气行业为例［J］．财会月刊（上），2014（2）：5-7．

［192］陈庆勇，韩立岩．上市公司对外并购中高管薪酬变动实证研究［J］．北京航空航天大学学报（社会科学版），2008，21（1）：13-16．

［193］陈宋生，李文颖，吴东琳．XBRL，公司治理与权益成本——财务信息价值链全视角［J］．会计研究，2015（3）：64-71．

［194］陈宋生，罗少东，严文龙．XBRL 报表披露，投资者认知与投资效率——以深交所主板上市公司为例［J］．中国会计评论，2016，14（3）：401-420．

［195］陈宋生，童晓晓．XBRL 对盈余公告后股价漂移的影响：基于股权结构的视角［J］．财务研究，2015（4）：66-77．

［196］陈小雪．信息披露质量对股权融资成本的影响研究［D］．西南财经大学硕士学位论文，2012．

［197］崔学刚．公司治理机制对公司透明度的影响——来自中国上市公司的经验数据［J］．会计研究，2004（8）：72-80．

［198］戴晋芳．我国上市公司会计信息披露问题研究——基于公司治理视角［D］．山西财经大学硕士学位论文，2014．

［199］戴军，张广玲．国有资产监管体制市场化改革路径研究——以淡马锡模式的本土化创新为例［J］．天津大学学报（社会科学版），2015，17（3）：199-203．

［200］狄为，苏晓梅．XBRL 实施效果研究——基于信息不对称视角［J］．财会通讯（上），2015（9）：108-110．

［201］杜国用．中国国有企业分类改革的理论与实践［J］．改革与战略，2014（1）：24-29．

［202］杜美杰，李吉梅，杜蕊朱．石油行业 XBRL 扩展分类标准研究［J］．财务与会计（理财版），2014（10）．

［203］杜美杰，刘凯，李吉梅．综合报告与 XBRL［J］．财务与会计（理财版），2014（6）：41-44.

［204］杜威，董珊珊，张天西．基于 XBRL 分类标准视角的上市公司信息披露影响因素研究［J］．管理现代化，2015，35（4）：97-99.

［205］杜舟，黄庆华，罗莉．XBRL 实施与上市公司自愿性信息披露——公司治理视角［J］．经济问题，2017（3）：101-106.

［206］冯琰琰．XBRL，政治关联和债务资本成本［J］．产业经济评论，2016（4）：70-83.

［207］付江峰．我国增值税改革问题探析［J］．税务研究，2015（11）：42-46.

［208］傅少川，张文杰，施先亮．供应链信息风险的形成机理和防范对策［J］．中国安全科学学报，2004，14（11）：88-91.

［209］高芳．公司治理、管理者代理问题与财务重述研究［J］．南开管理评论，2016，19（3）：168-177.

［210］高锦萍，彭晓峰．XBRL 财务报告分类标准的质量及特征研究［J］．经济问题探索，2008（7）：78-83.

［211］高锦萍，张天西．XBRL 财务报告分类标准评价——基于财务报告分类与公司偏好的报告实务的匹配性研究［J］．会计研究，2006（11）：24-29.

［212］高锦萍，周慧琴．财务呈报创新对公司股权资本成本的影响研究［J］．湖北社会科学，2016（8）：81-87.

［213］高锦萍．我国 XBRL 财务报告分类标准的创建模式研究——从IFRS 分类到扩展分类［J］．山西财经大学学报，2008，30（7）：119-124.

［214］高倩．XBRL 对会计信息质量的影响研究［D］．首都经济贸易大学硕士学位论文，2014.

［215］韩德宗，向凯．从企业债权融资的现实看公司债券的发行——以医药、生物制品行业上市公司为例的实证分析［J］．浙江社会科学，2003（4）：73-77.

［216］韩东东，施国洪，马汉武．供应链管理中的风险防范［J］．工业工程，2002，5（3）：37-41.

［217］韩庆兰，蔡苗．XBRL 分类标准理论研究［J］．上海立信会计学院学报，2008，22（3）：34-38.

［218］贺建刚，魏明海，刘峰．利益输送、媒体监督与公司治理：五粮液案例研究［J］．管理世界，2008（10）：141-150.

［219］黄长胤，张天西．XBRL 技术分类标准扩展：研究综述［J］．科技管理研究，2011，31（22）：176-179.

［220］贾勇，蒋梦圆．会计信息质量内外部治理效应实证研究——以我国深圳 A 股上市公司为例［J］．生产力研究，2017（1）：138-141.

［221］江旭，姜飞飞．不确定性、联盟风险管理与合作绩效满意度［J］．管理工程学报，2015，29（3）：180-190.

［222］蒋丽华．数据挖掘技术在税务稽查中的应用［J］．税务研究，2007（5）：84-86.

［223］靳万军．中国增值税改革及其初步思考［J］．税收经济研究，2011（4）：1-9.

［224］李辉．XBRL 会计信息披露研究［D］．西北大学博士学位论文，2013.

［225］李慧云，刘镝．市场化进程，自愿性信息披露和权益资本成本［J］．会计研究，2016（1）：71-78.

［226］李萌．Logit 模型在商业银行信用风险评估中的应用研究［J］．管理科学，2005，18（2）：33-38.

［227］李培功，沈艺峰．媒体的公司治理作用：中国的经验证据［J］．经济研究，2010（4）：14-26.

［228］李善民，毛雅娟，赵晶晶．高管持股、高管的私有收益与公司的并购行为［J］．管理科学，2009，22（6）：2-12.

［229］李小燕，陶军．高管薪酬变化与并购代理动机的实证分析——基于国有与民营上市公司治理结构的比较研究［J］．中国软科学，2011（5）：122-128.

［230］李宇．浅谈税务数据挖掘与深度利用［J］．中国科技信息，2008（5）：159-160.

［231］李争争，张天西，韩宜恒等．行业分类标准有更高的信息质量吗？——基于 XBRL 财务报告的量化视角［J］．证券市场导报，2013（5）：16-21.

［232］李争争，张天西，赵现明等．XBRL 信息披露质量研究综述［J］．科技管理研究，2013，33（10）：187-192.

［233］李争争，张天西．XBRL 财务报告分类标准的创建质量评价［J］．西安交通大学学报（社会科学版），2013（2）：29-33.

［234］李志辉．现代信用风险量化度量和管理研究［M］．北京：中国金融出版社，2001.

［235］梁晨．上市公司会计信息披露质量与公司治理的研究［D］．山西财经大学硕士学位论文，2012.

［236］廖红伟．我国国有资产监管问题与对策研究［J］．经济纵横，2009（1）：109-112.

［237］廖井婷．论资本结构、信息披露与股权资本成本［D］．西南财经大学硕士学位论文，2013.

［238］刘敏．供应链战略合作伙伴的评估及风险防范［D］．武汉理工大学硕士学位论文，2003.

［239］刘勤．对当前一些有关 XBRL 流行观点的思考［J］．会计研究，2006，8（8）：80-85.

［240］刘维晓，陈俊丽，万旺根．基于 Web 的税务数据仓库的设计与实现［J］．计算机工程与设计，2010（8）：1722-1725.

［241］刘玉廷．推广应用 XBRL 推进会计信息化建设［J］．会计研究，2010（11）：3-9.

［242］楼文高，楼际通，宋雷娟，王浪庆．中小企业税务稽查投影寻踪建模与实证分析［J］．经济数学，2015（4）：1-6.

［243］陆正飞，叶康涛．中国上市公司股权融资偏好解析——偏好股权融资就是缘于融资成本低吗？［J］．经济研究，2004（4）：50-59.

［244］吕敏康，许家林．企业内部控制专家系统研究——以 GLNT 集团采购成本控制为例［J］．会计研究，2012（12）：61-67.

［245］聂萍，周戴．基于 XBRL 环境网络财务报告网页呈现质量实证研究［J］．会计研究，2011（4）：8-14，93.

［246］欧阳励励．分析师跟进的公司治理效应研究综述［J］．云南财经大学学报，2011，27（2）：135-140.

［247］潘琰，林琳．公司报告模式再造：基于 XBRL 与 Web 服务的柔性报告模式［J］．会计研究，2007（5）：80-87.

［248］潘琰．可扩展企业报告语言及其对会计的影响［J］．会计研究，2003（1）：39-44.

［249］彭屹松，周文玉．XBRL财务信息产权博弈研究［J］．湖南财政经济学院学报，2014，30（4）：50-56.

［250］綦好东，王伟红．国有企业信息披露与监管制度研究：一个研究述评［J］．山东财政学院学报，2012（2）：31-35.

［251］钱颖一．企业的治理结构改革和融资结构改革［J］．经济研究，1995（1）：20-29.

［252］秦楠．我国企业并购方式的比较与选择［J］．现代财经——天津财经大学学报，2008，28（4）：46-50.

［253］秦莹，丁帅．我国上市公司股权结构对债务代理成本影响的实证研究［J］．税务与经济，2014（4）：52-56.

［254］沈洪涛．公司特征与公司社会责任信息披露——来自我国上市公司的经验证据［J］．会计研究，2007（3）：9-16，93.

［255］沈艺峰．会计信息披露和我国股票市场半强式有效性的实证分析［J］．会计研究，1996（1）：14-17.

［256］盛丹，刘灿雷．外部监管能够改善国企经营绩效与改制成效吗？［J］．经济研究，2016（10）：97-111.

［257］史永，张龙平．XBRL财务报告对分析师预测的影响研究［J］．宏观经济研究，2014（8）：121-132.

［258］史永，张龙平．XBRL财务报告实施效果研究——基于股价同步性的视角［J］．会计研究，2014（3）：3-10.

［259］宋清华．资本市场与公司治理［J］．中南财经政法大学学报，2004（1）：57-62，143.

［260］孙凡，杨周南．XBRL技术体系结构的语言学分析与改进研究［J］．会计研究，2013（7）：13-19，96.

［261］汪海波．中国国有资产监管的实践进程（1979~2003）［J］．中国经济史研究，2004（4）：52-60.

［262］唐跃军，谢仍明．大股东制衡机制与现金股利的隧道效应——来自1999~2003年中国上市公司的证据［J］．南开经济研究，2006（1）：60-78.

［263］田高良，封华，司毅．审计视角下XBRL财务报告在我国A股上市公司的实施效果研究［J］．西安交通大学学报（社会科学版），2017，37（1）：45-54.

［264］汪炜，蒋高峰．信息披露、透明度与资本成本［J］．经济研究，2004（7）：107-114.

［265］王琳，龚昕．我国 XBRL 财务报告应用与会计信息质量——基于沪深经验数据的实证分析［J］．财经问题研究，2012（11）：124-129.

［266］王满四，邵国良．民营上市公司大股东机制的公司治理效应实证分析——考虑各种主体治理机制的相关性［J］．金融研究，2007（2）：133-145.

［267］王世东．XBRL 技术分析与应用研究［D］．厦门大学硕士学位论文，2009.

［268］王晓芳，谢金静．IPO 折价的信息不对称理论述评［J］．金融理论探索，2008（2）：53-56.

［269］王逸，周铁军．税务稽查的博弈分析及启示［J］．中南林业科技大学学报（社会科学版），2007（2）：119-121.

［270］王胤入．资本结构与信息披露质量研究［D］．西南财经大学硕士学位论文，2010.

［271］魏陆．中国金融业实施增值税改革研究［J］．中央财经大学学报，2011（8）：7-12.

［272］吴炯．公司治理［M］．北京：北京大学出版社，2014.

［273］吴笑晗，刘金东，张春雷．我国税务稽查水平的增长因素分解——基于随机生产前沿模型的实证分析［J］．财政研究，2016（9）：44-51.

［274］吴忠生，刘勤．市场竞争、政府行为与 XBRL 技术扩散［J］．会计研究，2015（8）：19-23，96.

［275］肖华，李建发．关于建立国有企业财务预警系统的探讨［J］．厦门大学学报（哲学社会科学版），1999（4）：74-80.

［276］谢盛纹．最终控制人性质、审计行业专业性与控股股东代理成本——来自我国上市公司的经验证据［J］．审计研究，2011（3）：64-73.

［277］谢志华，崔学刚．信息披露水平：市场推动与政府监管——基于中国上市公司数据的研究［J］．审计研究，2005（4）：39-45.

［278］宿淑玲．信息不对称视角下中国上市公司股权结构与股利政策关系研究［D］．山东大学博士学位论文，2012.

［289］徐经长，张艺馨，曾令会．XBRL 与经营效率——来自深圳证

券交易所的经验数据［J］. 社会科学辑刊, 2014 (2)：131-136.

［280］徐寿福. 信息披露、公司治理与现金股利政策——来自深市 A 股上市公司的经验证据［J］. 证券市场导报, 2013 (1)：29-36.

［281］杨俊. 供应链风险管理理论与方法研究［D］. 武汉理工大学硕士学位论文, 2005.

［282］杨瑞龙, 周业安. 一个关于企业所有权安排的规范性分析框架及其理论含义［J］. 经济研究, 1997 (1)：12-22.

［283］杨世忠. 企业会计信息供需博弈关系分析［J］. 会计研究, 2007 (4)：34-40.

［284］杨周南, 赵秀云. 可扩展商业报告语言的发展与应用研究［J］. 中国注册会计师, 2005 (2)：40-43.

［285］叶建芳, 尤家荣, 宋夏云. 涉外税务审计的现状问题及改进建议［J］. 税务研究, 2005 (11)：82-84.

［286］企业会计准则通用分类标准编报规则［M］. 中国会计年鉴, 2013.

［287］易海燕. 供应链风险的管理与控制研究［D］. 西南交通大学博士学位论文, 2007.

［288］于众. 大数据环境下税收数据深度利用探索［J］. 经济研究导刊, 2016 (13)：78-79.

［289］余良宇, 张天西. XBRL 与中国上市公司信息披露行为［J］. 现代管理科学, 2016 (10)：106-108.

［290］袁放建, 冯琪, 韩丹. XBRL 网络财务报告, 信息质量与企业价值研究［J］. 经济与管理, 2013, 27 (4)：63-68.

［291］曾建光, 伍利娜, 谌家兰, 王立彦. XBRL、代理成本与绩效水平——基于中国开放式基金市场的证据［J］. 会计研究, 2013 (11)：88-94.

［292］曾建光, 伍利娜, 王立彦. 技术进步、信息透明度与开放式基金的资金流量——基于中国开放式基金强制采用 XBRL 的证据［J］. 金融研究, 2014 (8)：131-145.

［293］曾庆生, 陈信元. 何种内部治理机制影响了公司权益代理成本——大股东与董事会治理效率的比较［J］. 财经研究, 2006, 32 (2)：106-117.

［294］曾颖, 陆正飞. 信息披露质量与股权融资成本［J］. 经济研究,

2006（2）：69-79.

[295] 张晨，陶亦芳，李霞．基于委托—代理理论的我国境外国有企业监管研究 [J]．经营管理者，2008（17）：21-22.

[296] 张存禄，黄培清．数据挖掘在供应链风险控制中的应用研究 [J]．科学学与科学技术管理，2004，25（1）：12-14.

[297] 张广宝，施继坤．并购频率与管理层私利——基于过度自信视角的经验分析 [J]．山西财经大学学报，2012（6）：101-109.

[298] 张鸿飞，徐富明，刘腾飞等．赢者诅咒：心理机制、影响因素及应对策略 [J]．心理科学进展，2011，19（5）：664-672.

[299] 张敏捷．国有企业公司治理之研究——完善国有资产监管机制和优化国有企业公司治理结构 [J]．经济体制改革，2013（6）：88-92.

[300] 张鸣，郭思永．大股东控制下的定向增发和财富转移——来自中国上市公司的经验证据 [J]．会计研究，2009（5）：80-88，99.

[301] 张天西．网络财务报告：XBRL 标准的理论基础研究 [J]．会计研究，2006（9）：112.

[302] 张祥建，徐晋．股权再融资与大股东控制的"隧道效应"——对上市公司股权再融资偏好的再解释 [J]．管理世界，2005（11）：127-136.

[303] 张艺馨．XBRL 应用进程及其影响——基于两类代理成本 [J]．经营与管理，2014（2）：106-108.

[304] 张宗新，张晓荣，廖士光．上市公司自愿性信息披露行为有效吗？——基于 1998~2003 年中国证券市场的检验 [J]．经济学（季刊），2005（1）：369-386.

[305] 赵昌文，蒲自立．资本市场对公司治理的作用机理及若干实证检验 [J]．中国工业经济，2002（9）：81-88.

[306] 赵现明，张天西，孙晓东．基于 XBRL 的财务信息标准博弈分析 [J]．管理学报，2011，08（2）：3.

[307] 赵现明，张天西．基于 XBRL 标准的年报信息含量研究 [J]．经济与管理研究，2010（2）：102-107.

[308] 赵现明．XBRL 财务报告标准研究：市场反应及标准扩散 [D]．上海交通大学博士学位论文，2010.

[309] 郑济孝．XBRL 格式财务报告对基金市场有效性的影响研究 [J]．会计研究，2015（12）：74-80.

［310］郑鹏．内外部治理机制、财务柔性与公司价值［D］．东北财经大学博士学位论文，2016.

［311］郑志刚．法律外制度的公司治理角色——一个文献综述［J］．管理世界，2007（9）：136-147.

［312］周海燕．网络经济时代的税收征管模式创新［J］．税务研究，2011（4）：66-68.

［313］朱琳．XBRL与上市公司资本成本的关系研究——基于我国沪市的经验证据［D］．山西财经大学硕士学位论文，2016.

［314］朱琳．XBRL在美国的发展及启示［J］．财务与会计，2009（1）：60-61.

［315］朱志标．上市公司信息披露质量与债务代理成本［D］．西南财经大学硕士学位论文，2011.

后　记

在键盘上敲下"后记"二字时，心中怎么也无法轻松，仍有一种沉甸甸的责任感。

本书的完成得益于众多德高望重的老师、热心的专家、真挚的朋友与可爱的学生相助，否则会有更多瑕疵。首先衷心感谢自 2005 年进入北京大学光华管理学院以来，合作导师王立彦教授一直不遗余力地关心、支持我从事会计信息化研究，并创造诸多学习机会。为了解德国信息化现状，我前往德国卡尔斯鲁厄大学学习访问，得到 Oberweis 教授及其团队的热心帮助，并协助访问 SAP 德国总部，尤其感谢张华玉博士的大力帮助。在美国南卡罗来纳大学访问学习期间，该会计学院原系主任、国际权威会计信息化专家 Tuttle Brad 教授给予热心帮助与指导，还有 Mark Cecchini 教授和 Scott Jackson 教授，访学期间曾与他们多次交流，使我对美国信息化有了更多了解。与南卡罗来纳大学 Harris Ling 教授、罗格斯大学 Guo Jun 教授的一次次受时差影响的隔海交流，使得我对国际会计信息化现状有了更多了解。

感谢财政部会计司应唯巡视员、冷冰处长等长期以来在 XBRL 应用方面给予我诸多中肯的建议，深受启发。感谢中国会计学会副秘书长田志心老师对 XBRL 应用的介绍，使我受益良多。无论是财政部领军班六年的学习，还是毕业后的交流，田老师都给予了无微不至的关心与帮助。更无法忘怀与财政部全国会计学术类领军班三期同学的交流与碰撞，许多会计信息化论文及相关思想的火花来自于与他们的一次次争辩，在此一并表示衷心的感谢！

自 2005 年第一次参与中国会计信息化活动以来，我作为中国会计信息化委员会委员，得到诸多委员与教授的帮助。感谢著名会计信息化专家、原中国会计学会会计信息化专业委员会主任杨周南教授的诸多支持与帮

266

助，深受启发。感谢中国会计学会会计信息化专业委员会主任、上海国家会计学院副院长刘勤教授多次创造机会让我们深入企业现场调研，一次次走进企业参与活动，开拓了我们的视野。调研活动中得到元年科技总裁韩向东先生、中兴通讯副总裁陈虎博士、金蝶软件副总裁尚惠红女士、浪潮集团企业软件副总裁魏代森先生、用友软件副总任晓慧女士、阳光保险财务总监潘丽靖女士、四川长虹财务总监胡嘉女士、汇付天下有限公司财务总监金源先生的大力支持与帮助，感谢他们在调研过程中对我们的热心帮助与支持。尤其感谢用友软件公司高级副总裁兼用友新航道总裁郭延生先生、用友软件高级副总裁兼北京分公司总裁杨晓柏先生、用友软件副总裁杨宝刚先生一直以来在用友 XBRL 设计与应用的访谈与实地调研方面的鼎力支持，在此深表感谢！在 XBRL 应用的实地调研中，得到银河证券公司副总裁祝瑞敏博士、张帐博士，以及中石油、厦门港相关人员的大力支持。我们对信息化的了解，得益于与他们的深度学习与交流。感谢会计信息化委员会其他教授委员的大力支持与帮助，与他们的一次次交流使我受益良多。

从课题撰写到整理成书，各位老师与团队成员都付出了很多。北京理工大学佟岩教授、刘宁悦博士，昆明理工大学吕文岱博士一直关心与帮助课题的完成。在课题撰写过程中，罗少东博士、高文星同学与我们一起努力完成课题的申报，北京理工大学管理与经济学院副院长刘平青教授为课题申报书的完善提出了宝贵的修改意见，在此表示衷心的感谢！

本书是集体智慧的结晶。由本人提出写作大纲、前期大量阅读中外文献并整理。后来考虑到工作量巨大，请我指导过的学生协助我整理文献，主要有张凌宵、李丹、王祎文、陈牧、周东来、景欢、肖桢玮、孙艺萌八位同学。他们分别将这些文献列成表格，区分自变量与因变量名称、主要结论与局限性、未来研究展望。严文龙（在读博士生）细化每个章节的标题与小节写作内容。韩晓彤（在读博士生）根据文献整理了 XBRL 应用与公司治理路径小节。根据这些文献，下列同学协助整理了相关的文献初稿，其中刘青青（在读博士生）负责 XBRL 对公司外部治理的影响、曹圆圆（在读博士生）负责 XBRL 对公司内部治理的影响、田至立（在读博士生）负责 XBRL 历史发展回顾、严文龙负责 XBRL 与组织间治理影响及前言，其余章节由本人负责撰写。书中参考文献整理由周华艳同学、叶敏杰同学负责。最后，本书所有内容由本人与文龙同学反复修改与打磨，力求少犯错误。罗少东博士以 XBRL 为题完成了高质量的博士论文，本书中的一些灵感来自与他的交流和碰撞。在本书的写作过程中，李文颖同学（在读博士生）、童晓晓同学、吴东琳同学付出了艰辛的劳动。感谢同学们的辛苦付出，尤其是每周的 Seminar 学术研讨会上，他们提出了许多弥足珍贵的建议，没有他们，本书实难完成。

衷心感谢北京理工大学管理与经济学院院长、教育部长江学者特聘教授、国家杰出青年基金获得者、院长魏一鸣教授，长期以来支持我从事学术研究，并创造良好的学术氛围。感谢管理与经济学院党委书记、国家杰出青年基金获得者王兆华教授的大力支持。还要感谢管理与经济学院原院长李金林教授一直以来对我的关心与支持！

衷心感谢经济管理出版社杨世伟社长、张艳副总编十多年来的大力支持与帮助！无以言谢，唯有努力写出高质量的书稿，让他们不至于奉献太多而一无所获。

文龙同学为了本书的写作，常常深夜挑灯奋战，付出太多，十分感谢！也深深感谢我们的家人，为了我们潜心向学，他们站在身后默默付出，成为我们坚强的后盾！

本书最后交稿期间，无暇欣赏美轮美奂的金秋北京红叶，南下雨季的花园国家新加坡访学。了却繁重的教学任务，方能静心写作与思考。与新加坡国立大学 Ke Bin 教授、Luo Shuqing 教授、Srinivasan Sankaraguruswam 教授、Charles SHI 教授的交流让我受益匪浅，衷心感谢他们的热情接待与深度交流，这份美好将带给我长久的回忆！

陈宋生

谨识于新加坡国立大学商学院

2017 年 10 月 15 日